证券业从业资格考试辅导丛书
（2011）

根据证券业从业资格考试统编教材/大纲（2011）编写

证券发行与承销

杨长汉　主编

证券业从业资格考试辅导丛书（2011）编写组

杨长汉　王力伟　段 培　陈 捷　邹照洪　张洁梅　张思远

第八版

经济管理出版社
ECONOMY & MANAGEMENT PUBLISHING HOUSE

（2011）

证券发行与承销

杨长汉 主编

第八版

中国财政经济出版社

前　言

　　证券业从业人员必须通过考试取得证券业从业资格。

　　从 2003 年起，证券从业人员资格考试向全社会放开了。所有高中以上学历、年满 18 周岁、有完全民事行为能力的人士都可以通过证券从业人员资格考试取得证券从业人员资格。考试科目包括：证券市场基础知识、证券交易、证券发行与承销、证券投资基金、证券投资分析。报考科目学员自选。

　　2011 年 7 月起，证券业从业资格考试教材、大纲、考题全部更新。**学习和应试人员迫切需要加大学习、复习、培训、强化练习的力度，才能取得良好的成绩。**证券业从业人员资格考试采取计算机上机考试。往届每套试卷 160 道题，100 分满分，60 分通过。每套试卷单项选择题 60 题、不定项选择题（或多项选择题）40 题、判断题 60 题。单科考试时间为 120 分钟。考试成绩合格可取得成绩合格证书，考试成绩长年有效。通过基础科目及任意一门专业科目考试的，即取得证券从业资格，符合《证券业从业人员资格管理办法》规定的从业人员，可通过所在公司向中国证券业协会申请执业证书。

　　证券业从业资格考试报名采取网上报名方式。考生登录中国证券业协会网站，按照要求报名。一般年度全年四次在北京、天津、石家庄、太原、呼和浩特、沈阳、长春、哈尔滨、上海、南京、杭州、合肥、福州、南昌、济南、郑州、武汉、长沙、广州、南宁、海口、重庆、成都、贵阳、昆明、西安、兰州、西宁、银川、乌鲁木齐、大连、青岛、宁波、厦门、深圳、苏州、烟台、温州、泉州、拉萨等 40 个城市同时举行证券业从业资格考试。

　　2011 年 7 月，中国证券业协会发布新的证券业从业人员资格考试教材和大纲。对考试要求、内容进行了全面更新。本辅导丛书依据证券业从业人员资格考试统编教材/大纲（2011）编写，指导 2011～2012 年度的证券业从业人员资格学习和考试。

一、学习与通过证券业从业人员资格考试的意义

　　学习与通过证券业从业人员资格考试，**是进入证券行业的必经途径。**在证券公司、基金管理公司、资产管理公司、投资公司就业，国内外都是"金领"的职业选择。

　　是就业竞争的知识和能力的一个证明。知识经济时代，知识和能力是实现自我价值的根本手段。个人对知识的投资，就是对个人最好的价值投资和长期投资。通过国内证券业从业资格考试，对于证券从业和个人发展都有持续的、巨大的价值。

　　有广泛的高薪的就业渠道。证券行业及其他金融机构、上市公司、大型企业集团、投资公司、会计公司、财经资讯公司、政府经济管理部门等录用人员都可以参考证券资格考试成绩。持有证券资格并能够实现良好业绩的高薪人员大有人在，其年薪水平非一

般行业可比。通过国内证券业从业资格考试之后，学员继续努力考试通过如国外 CFA 考试、国内的保荐代表人考试等，年薪数十万元乃至数百万元的人才大有人在。

是提高个人财绩的重要手段。巴菲特专门从事证券投资而成为世界首富之一，个人财富达数百亿美元。国内个人证券投资业绩超人者也大有人在。证券投资成功并不一定需要高深的专业学术理论水平，也不一定需要巨额的原始投资。掌握了基本的市场知识和规则，以价值投资的理念和方法，普通的投资者也可能实现数千万元乃至数亿元的投资增值潜力。我们坚信：本书的读者当中必然有未来的"中国巴菲特"。

是提高企业财绩的重要手段。不会资本经营的企业只能蹒跚如企鹅，产业经营和资本经营相结合的企业才可能纵情翱翔于无限广阔的蓝天。

是深入进行金融经济学研究的极有价值的一个起点。证券研究同样可以成就学术上的光荣与梦想，很多经济学家因为证券研究的突出贡献获得了世界经济学的最高荣誉：诺贝尔经济学奖。

二、学习方法

证券从业人员资格考试点多面广、时间紧、题量大、单题分值小，学员考前复习时间仅仅几个月时间。应考人员或者是在职人员本职工作繁忙，或者是在校学生本身学习紧张，学习证券从业资格考试课程，难度不小。我们建议的学习方法是：

1. 全面系统学习

学员对于参加考试的课程，必须紧扣当年考试大纲全面系统地学习。对于课程的所有要点，必须全面掌握。很难说什么是重点、什么不是重点。从一些重要的历史性的时间、地点、人物，到证券价值的决定、证券投资组合的模型，再到最新的政策法规，等等，都是考试的范围。

全面学习并掌握了考试课程，应付考试可以说是游刃有余，胸有成竹。任何投机取巧的方法，猜题、押题的方法，对付这样的考试，只能是适得其反。

2. 在理解的基础上记忆

客观地说，证券资格考试的课程和相关法规的内容量很大。大量的知识点和政策法规要学习，记忆量是相当大的。一般学员都会有畏难情绪。

实际上，这种考试采取标准化试题，放弃了传统的需要"死记硬背"的考试方法，排除了简答题、论述题、填空题等题型，考试的目的是了解学员对知识面的掌握。

理解也是记忆的最好前提，如果学员理解了课程内容，应付考试就已经有一定的把握了。而且理解了学习内容，更是学员将来在工作中学以致用的前提。

3. 抓住要点

学员从报考到参加考试，这个时间过程很短，往往仅有几个月的时间。在很短的时间内，学员要学习大量的课程内容和法律法规，学习任务很重，内容很多。

面对繁杂的内容，想完全记住课程所有内容是不可能的，也是不现实的，学习的最佳方式是抓住要点。

所有知识都有一个主次轻重，学员在通读教材的同时，应该根据考试大纲、考试题型标记、总结知识要点。学员学习紧扣各科考试大纲，可以取得事半功倍的效果。

4. 条理化记忆

根据人类大脑记忆的特点，人类的知识储存习惯条理化的方式。

学习过程中，学员如果能够适当进行总结，以知识树的方式进行记忆储存，课程要点可以非常清晰地保留在学员的头脑里。

学员可以参考借鉴辅导书并根据自己的理解和需要做一些归纳总结，总结各种知识框图、知识树、知识体系图。条理化记忆既可以帮助学员加深对知识的理解，又可以帮助学员提高记忆效率和效果。

5. 注重实用

证券业从业资格考试是对实际的从业能力的考查，要重点注意掌握实际工作中需要的证券知识。

考试的大量内容是学员现在或将来实际工作中要碰到的问题，包括各种目前实用的和最新的法律、法规、政策、规则、操作规程等，这些知识既是考试的重要内容，也是学员在现在和将来工作中要用到的。证券业从业资格考试学习的功利目的首先是取得证券从业资格，其次是学以致用为实际工作打好知识基础。证券业从业资格考试学习的每一个知识点，几乎在证券业实际工作当中全部都用得上而且必须要掌握。

6. 适当的培训

参加证券资格考试的人员对证券知识的掌握程度差别很大，部分学员可以通过自学顺利通过考试。由于考试难度加大，加之很多非证券专业人士学习证券从业资格课程，适当参加证券从业资格考试培训，对应考人员有很大的帮助。高质量的考试辅导可以帮助学员理解知识、掌握要点、加深记忆、优化方法、提高效率。

7. 适当的证券法规学习

证券法规，尤其是最新的重要法规，既是教材的重点内容，也是考试的重点内容，而且是逻辑最严密、文字最精简、条理最清晰的知识，可以有针对性地适当学习相关重点法律法规。

8. 不必纠缠难点

证券业从业资格考试重点是考查学员对证券业的基础知识、基本规则的掌握，这种考试不是考研究生、博士生，高深的理论研究内容不是这种考试的重点。证券业从业资格考试教材当中一些理论层次高深的内容如证券价值的决定、各类模型、风险调整、业绩评估指数等，一般掌握基本概念、基本知识即可。

9. 优化学习步骤

我们建议的学习步骤是：

第一步：根据辅导书，快速浏览模拟测试试题和出题题型特点分析，掌握考试的考点、出题方法，了解学习方法和应试方法。这样，学员学习教材才可以有的放矢。

第二步：紧扣大纲，通读教材。根据出题特点、考试大纲，标记教材重点、要点、难点、考点。

第三步：精读教材重点、要点、难点、考点。对各章进行自我测试，基本掌握各科知识。

第四步：对各科进行模拟测试。了解自己对各科知识的掌握程度，加深对各科知识的掌握。

第五步：根据自我测试的情况，进一步通读教材，精读教材重点、要点、难点、考点，保证自己对各科各章知识了然于胸。

三、报考与应试方法

学员课程学习时间只有几个月。考试当中每科考试时间120分钟，平均每道题的答题时间仅仅不到一分钟。如此紧张的学习与应试，没有"门道"、没有独特的方法，是很难取得良好的效果的。我们反对猜题、押题等投机取巧的方法，但是，我们建议学员应该总结和借鉴科学的、有效的应试方法。

关于学员报考，我们的建议是：学员根据自己的情况，一次报考一门、两门甚至五门全报，都可以自行选择，关键是量力而行。财经类专业院校的学生和其他有一定财经知识基础的学员，如果知识基础较好、准备时间较充裕，可以考虑一次全部报考五门课程。

根据证券从业人员资格考试出题与考试特点，学员应试可以参考以下应试方法，也可以自己总结其他的应试方法。

1. 考前高效学习

学习与应试都是有方法的。学员考前复习时间仅仅几个月，考试当中平均每道题的答题时间仅仅不到一分钟。复习准备和应试的时间都非常紧张。

"凡事预则立"，考前充分地准备、高效地学习、全面地掌握考试知识，是顺利通过考试的根本。考前学习既要全面，又要熟悉。对应的学习与应试方法既要扎实，更要高效。如何实现高效率、高质量的学习，正是我们这套丛书的价值所在。考前应该安排必要时间学习，如果临考临时抱佛脚，学习与考试的效果、感觉都会很差。

2. 均衡答题速度

考试题量大、时间少，单题分值小而且均衡。参加考试，一定要均衡答题速度，尽量做到所有试题全部解答。在单题中过多地耽误时间，对考试的整体成绩影响不利。

3. 不纠缠难题

遇到难题，可以在草稿纸上做好记号，不要纠缠，最后有时间再解决。有的考试难题，认真解析起来，花半个小时都不为过。但是，根据证券资格考试的题型和考试特点，这种考试并没有给学员答一道题半个小时的时间。

4. 考前不押题

猜题、押题，适得其反。考试原则上是全部覆盖各科主要内容的。考试主办单位采取的是从题库中随机抽题的方式，考试是国家有专门法规规范的考试。学员猜题、押题，根本没有意义。

5. 根据常识答题

学员学习时间紧张。在很短的时间里要把所有课程内容完全"死记硬背"以全部记住是不可能的。但是，绝大部分学员在平时的工作或学习当中已经对考试内容有一定的了解，可以根据学员平时对证券业知识和工作规则的了解进行答题。

6. 把握第一感觉

学习内容繁杂，考试题量大，学习和应试的时间紧张。学员面对考卷，很容易对考题的知识模棱两可。在标准化的考试中，对自己的第一感觉的把握非常重要。很多时候，学员对考题的解答，第一感觉的正确性往往比较大。犹豫、猜疑之下，往往偏离正确的判断。

7. 健康的应试心理

心理健康是搞好所有学习和工作的前提。任何负面的心理如过度紧张、急躁、投机取巧、急功近利等，对考试和学习及工作都有害无益。健康的心理是平和、达观、踏实、积极、认真、自信，等等。

四、题型解析

近年出题有时候有不定项选择题，有时候有多项选择题。有时候题目答对得分、答错倒扣分，有时候答错不得分也不倒扣分。学员考试务必要仔细审查考试答卷要求。

根据历年的考题，尤其是 2001 年以来的标准化、规范化、专业化的考题特点，从证券从业资格考试历年出题形式到出题重点内容，可以大致归纳为如下常见的出题方法和出题特点：根据重大法律、法规、政策出题；根据重大时间出题；根据重大事件出题；根据重要数量问题出题；计算题隐蔽出题；根据市场限制条件出题；根据市场禁止规则出题；根据业务程序、业务内容、业务方式出题；根据行为的主体出题；正向出题，反向出题；根据应试者容易模糊的内容出题；根据行为范围、定义外延等出题；根据主体的行为方式出题；根据主体的权利、义务出题；根据各种市场和理论原则出题；根据各种概念分类出题；根据事物的性质、特点、特征、功能、作用、趋势等出题；根据事物之间的关系出题；根据影响事物的因素出题；根据国际证券市场知识出题；等等。

对照这些题型，学员可以在学习教材过程中，模拟自测。根据出题方法和出题特点，学员在学习当中有的放矢，学习和应试事半功倍。

五、2011 年证券业从业人员资格考试辅导丛书特点

（1）彻底更新所有知识模块。根据最新 2011 年教材、大纲编写。

（2）研究并综合历年教材特点、考题特点、考试特点。

（3）总结提炼了各院校及重要券商相关考前辅导的讲义和方法。

（4）学习和辅导的方法在历年的考前培训中已经应用，效果良好。

（5）根据学员的实际需要，直接面向学员的实际需求。

（6）涵盖学习与应试指导、考试大纲、题型解析、各章习题、各科模拟题及参考答案。

（7）根据历年真题，进行题型解析，使学员的学习有的放矢。

（8）以独特的方法辅导学员，提高学员学习效率和效果，提高学员的考试通过率。

辅导书只是对参加证券从业资格考试的一种辅导、一种帮助。这里除了提供具体的知识辅导之外，**更主要的是给学员提示一种方法。**

笔者19年来一边参与上市公司、证券投资、私募基金、投资银行等实际工作,一边从事证券研究。很早就亲自参加并通过了证券资格各科考试。长期听取并研究了部分券商的相关专家、中央财经大学证券期货研究所、中国人民大学金融证券研究所、原中国金融学院的相关培训教程。对考试的特点、内容、方式,尤其是参加考试的学员的实际需要有一定的了解。

连续八届主编证券业从业资格考试辅导丛书,含《证券市场基础知识》、《证券投资分析》、《证券交易》、《证券发行与承销》、《证券投资基金》等,为同类书籍中畅销作品。

连续10年组织并主讲大量证券从业资格考试培训班,学员成绩优异。真诚希望这套丛书对参加证券业从业资格考试的学员有实际、有效的帮助。证券从业资格考试和职业发展并非难事,机遇总是青睐有准备的人,有志者事竟成,自助者天助。

六、几点说明

提示的学习方法和应试方法只是我们建议的参考方法,仅供读者参考而已。

测试题和模拟题的目的是向读者提示要点和考点、提示学习和应试的方法、帮助学员强化训练。**测试题和模拟题及其答案如有错误和疏漏之处,请以统编教材内容为准。**对于考试的具体要求,请大家以中国证券业协会官方网站 www. sac. net. cn 公告为准。

虽然我们对编写工作的要求是"用心编写、雕刻文字",但由于时间仓促、水平有限,难免有错误、疏漏之处,恳请读者批评、指正。诚挚欢迎读者通过 Banker12@163.com 对本书提出意见,以便再版修订。

杨长汉(杨老金)

2011年7月

目 录

第一篇 《证券发行与承销》考试目的与要求

　　本部分内容包括：证券经营机构的投资银行业务、股份有限公司概述、企业的股份制改组、首次公开发行股票的准备和推荐核准程序、首次公开发行股票的操作、首次公开发行股票的信息披露、上市公司发行新股、可转换公司债券及可交换公司债券的发行、债券的发行、外资股的发行、公司收购、公司重组与财务顾问业务等。

　　通过本部分的学习，要求学员掌握上述内容以及相应的法规政策。

第二篇 《证券发行与承销》同步辅导

第一章 证券经营机构的投资银行业务

一、本章考纲

熟悉投资银行业的含义。了解国外投资银行业的历史发展。掌握我国投资银行业发展过程中发行监管制度的演变、股票发行方式的变化、股票发行定价的演变以及债券管理制度的发展。

了解证券公司的业务资格条件。掌握保荐机构和保荐代表人的资格条件。了解国债的承销业务资格、申报材料。

掌握投资银行业务内部控制的总体要求。熟悉承销业务的风险控制。了解证券承销业务中的不当行为以及对不当行为的处罚措施。

了解投资银行业务的监管。熟悉核准制的特点。掌握证券发行上市保荐制度的内容，以及中国证监会对保荐机构和保荐代表人的监管。了解中国证监会对投资银行业务的非现场检查和现场检查。

二、本章知识体系

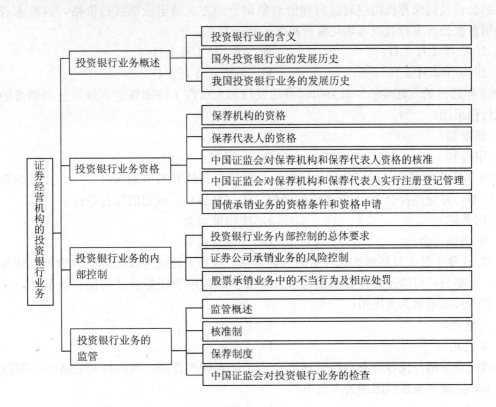

三、同步强化练习题及参考答案

同步强化练习题

一、单项选择题

1. 1864 年美国(　　)禁止商业银行从事证券承销与销售等业务。
   - A.《麦克法顿法》
   - B.《国民银行法》
   - C.《格拉斯·斯蒂格尔法》
   - D.《金融服务现代化法案》

2. 1999 年 11 月(　　)先后经美国国会通过和总统批准，意味着 20 世纪影响全球各国金融业的分业经营制度框架的终结，并标志着美国乃至全球金融业真正进入了金融自由化和混业经营的新时代。
   - A.《麦克法顿法》
   - B.《国民银行法》
   - C.《格拉斯·斯蒂格尔法》
   - D.《金融服务现代化法案》

3. 2003 年 12 月 28 日，中国证监会颁布了《证券发行上市保荐制度暂行办法》，于(　　)开始实施。
   - A. 2003 年 12 月 28 日
   - B. 2004 年 1 月 1 日

C. 2004 年 2 月 1 日　　　　　　　　　　D. 2004 年 3 月 1 日

4. (　　)试行首次公开发行股票询价制度。按照中国证监会的规定，首次公开发行股票的公司及其保荐机构应通过向询价对象询价的方式确定股票发行价格，这标志着我国首次公开发行股票市场化定价机制的初步建立。
   A. 2003 年 1 月 1 日　　　　　　　　　　B. 2004 年 1 月 1 日
   C. 2005 年 1 月 1 日　　　　　　　　　　D. 2006 年 1 月 1 日

5. 1998 年通过的《证券法》对公司债券的发行和上市作了特别规定，规定公司债券的发行仍采用(　　)。
   A. 核准制　　　　　　　　　　　　　　　B. 注册制
   C. 审批制　　　　　　　　　　　　　　　D. 登记制

6. 2006 年实施的经修订的《公司法》规定，发行公司债券的申请须经(　　)授权的部门核准，并应当符合 2006 年实施的经修订的《证券法》规定的发行条件。
   A. 国务院　　　　　　　　　　　　　　　B. 中国证监会
   C. 中国银监会　　　　　　　　　　　　　D. 中国保监会

7. 于 2006 年 1 月 1 日实施的修订后的《证券法》规定，经国务院证券监督管理机构批准，证券公司可以经营证券承销与保荐业务。经营单项证券承销与保荐业务的，注册资本最低限额为人民币(　　)。
   A. 1 亿元　　　　　　　　　　　　　　　B. 2 亿元
   C. 3 亿元　　　　　　　　　　　　　　　D. 5 亿元

8. 经营证券承销与保荐业务且经营证券自营、证券资产管理、其他证券业务中一项以上的，注册资本最低限额为人民币(　　)。
   A. 1 亿元　　　　　　　　　　　　　　　B. 2 亿元
   C. 3 亿元　　　　　　　　　　　　　　　D. 5 亿元

9. 中国证监会依法受理、审查申请文件。对保荐机构资格的申请，自受理之日起(　　)个工作日内作出核准或者不予核准的书面决定。
   A. 30　　　　　　　　　　　　　　　　　B. 35
   C. 40　　　　　　　　　　　　　　　　　D. 45

10. 中国证监会依法受理、审查申请文件。对保荐代表人资格的申请，自受理之日起(　　)个工作日内作出核准或者不予核准的书面决定
   A. 20　　　　　　　　　　　　　　　　　B. 30
   C. 40　　　　　　　　　　　　　　　　　D. 45

11. 保荐机构应当于每年(　　)月份向中国证监会报送年度执业报告。
   A. 1　　　　　　　　　　　　　　　　　B. 4
   C. 6　　　　　　　　　　　　　　　　　D. 12

12. 首次公开发行股票并在创业板上市的，持续督导的期间为证券上市当年剩余时间及其后(　　)个完整会计年度。
   A. 1　　　　　　　　　　　　　　　　　B. 2
   C. 3　　　　　　　　　　　　　　　　　D. 4

13. ( )以来，美国金融业开始逐渐从分业经营向混业经营过渡。
    A. 20 世纪 80 年代　　　　　　B. 20 世纪 70 年代
    C. 20 世纪 60 年代　　　　　　D. 20 世纪 50 年代

14. 2008 年美国由于次贷危机而引发的连锁反应导致了罕见的金融风暴，在此次金融风暴中，美国著名投资银行贝尔斯登和雷曼兄弟崩溃，其原因主要在于( )。
    A. 商业银行、证券业、保险业在机构、资金操作上的混合
    B. 美国放松金融管制
    C. 商业银行将存款大量贷放到股票市场导致了股市泡沫
    D. 风险控制失误和激励约束机制的弊端

15. 2008 年，为了防范华尔街危机波及高盛和摩根斯坦利，美国联邦储备委员会批准了摩根斯坦利和高盛发生了什么样的转变：( )。
    A. 更加复杂的衍生金融交易必须上报监管机构
    B. 从投资银行转型为传统的银行控股公司
    C. 投资银行业与商业银行在业务上严格分离
    D. 要求金融机构在证券业务与存贷业务之间作出选择

16. 我国发行监管制度的核心内容是( )。
    A. 企业债券和国债现券交易和回购　　B. 股票发行种类和发行数量
    C. 股票发行决定权的归属　　　　　　D. 首次公开发行股票询价制度

17. 股票发行的( )要求发行人在发行证券过程中，不仅要公开披露有关信息，而且必须符合一系列实质性的条件。
    A. 注册制　　　　　　　　　　　B. 审查制
    C. 监管制　　　　　　　　　　　D. 核准制

18. 股票发行的( )指股票发行之前，发行人必须按法定程序向监管部门提交有关信息，申请注册，并对信息的完整性、真实性负责。
    A. 注册制　　　　　　　　　　　B. 审查制
    C. 监管制　　　　　　　　　　　D. 核准制

19. 1998 年( )的出台，提出要打破行政推荐家数的办法，以后国家就不再确定发行额度，发行申请人需要由主承销商推荐，由发行审核委员会审核，中国证监会核准。
    A.《中华人民共和国证券投资基金法》
    B.《证券市场禁入规定》
    C.《中华人民共和国证券法》
    D.《证券发行与承销管理办法》

20. ( )是指由保荐人负责发行人的上市推荐和辅导，核实公司发行文件中所载资料的真实、准确和完整，协助发行人建立严格的信息披露制度，不仅承担上市后持续督导的责任，还将责任落实到个人。
    A. 发行注册制　　　　　　　　　B. 发行审查制
    C. 上市保荐制　　　　　　　　　D. 上市核准制

21. 我国证券市场的( )方式基本避免了限量发行方式的主要弊端，体现了"三公"原则。
    A. 自办发行
    B. 上网竞价方式
    C. 无限量发售认购证
    D. 无限量发售申请表方式以及与银行储蓄存款挂钩方式

22. ( )是储蓄存款挂钩方式的延伸，但它更方便，节省时间。
    A. 上网竞价方式
    B. 无限量发售认购证
    C. 无限量发售申请表方式以及与银行储蓄存款挂钩方式
    D. 全额预缴款、比例配售

23. 1998 年 8 月 11 日，中国证监会规定：公开发行量在( )的新股，均可向基金配售。
    A. 1000 万股（含 1000 万股）以上   B. 2000 万股（含 2000 万股）以上
    C. 3000 万股（含 3000 万股）以上   D. 5000 万股（含 5000 万股）以上

24. 中国证监会于( )颁布《关于向二级市场投资者配售新股有关问题的通知》，在新股发行中试行向二级市场投资者配售新股的办法。
    A. 1998 年 8 月 11 日   B. 1999 年 7 月 28 日
    C. 2000 年 2 月 13 日   D. 2006 年 5 月 20 日

25. 向二级市场投资者配售是指在新股发行时，将一定比例的新股由上网公开发行改为向二级市场投资者配售，投资者根据( )，自愿申购新股。
    A. 其持有上市流通证券的市值和折算的申购限量
    B. 其持有上市流通证券的历史值和规定的最大申购限量
    C. 其持有上市流通证券的历史值和折算的申购限量
    D. 其持有上市流通证券的市值和规定的最大申购限量

26. 2006 年 5 月 20 日，深、沪证券交易所分别颁布了股票( )实施办法，股份公司通过证券交易所交易系统采用上网资金申购方式公开发行股票。
    A. 无限量发售认购证
    B. 无限量发售申请表方式以及与银行储蓄存款挂钩方式
    C. 全额预缴款、比例配售
    D. 上网资金申购方式

27. ( )在首发上市中首次尝试采用网下发行电子化方式，标志着我国证券发行中网下发行电子化的启动。
    A. 2000 年 4 月   B. 2002 年 6 月
    C. 2006 年 5 月   D. 2008 年 3 月

28. 从 1994 年开始，我国进行股票发行价格改革，在一段时间内实行竞价发行（只有几家公司试点，后没有被使用），大部分采用( )方式。
    A. 固定数量   B. 固定发行范围

C. 固定价格　　　　　　　　　　　D. 固定市盈率

29. 2006年9月11日中国证监会审议通过（　　　），自2006年9月19日起施行。
   A.《中华人民共和国证券法》　　　B.《证券发行与承销管理办法》
   C.《上市公司证券发行管理办法》　D.《证券发行上市保荐制度暂行办法》

30. 1994年我国政策性银行成立后，发行主体从商业银行转向政策性银行，首次发行人为（　　　）。
   A. 国家开发银行　　　　　　　　　B. 中国进出口银行
   C. 中国农业发展银行　　　　　　　D. 农村商业银行

31. 政策性金融债券经（　　　）批准，由我国政策性银行用计划派购或市场化的方式，向国有商业银行、区域性商业银行、商业保险公司、城市合作银行、农村信用社、邮政储蓄银行等金融机构发行。
   A. 国务院　　　　　　　　　　　　B. 银监会
   C. 中国人民银行　　　　　　　　　D. 证监会

32. 中国银行业监督管理委员会于2003年发布了（　　　），规定各国有独资商业银行、股份制商业银行和城市商业银行可根据自身情况，决定是否发行次级定期债务作为附属资本。
   A.《全国银行附属资本管理办法》
   B.《关于将次级定期债务计入附属资本的通知》
   C.《关于银行附属资本种类管理的通知》
   D.《银行次级债务管理办法》

33. 1987年3月27日，国务院发布了（　　　），旨在规范企业债券的发行、转让、形式和管理等。
   A.《中华人民共和国公司法》　　　B.《企业债券管理条例》
   C.《企业债券管理暂行条例》　　　D.《企业债券发行与转让管理办法》

34. 1993年8月，国务院发布了（　　　），规定企业债券的发行必须符合国务院下达的全国企业债券发行的年度规模和规模内的各项指标，并按规定进行审批。
   A.《中华人民共和国公司法》　　　B.《企业债券管理条例》
   C.《企业债券管理暂行条例》　　　D.《企业债券发行与转让管理办法》

35. 1993年12月通过的《中华人民共和国公司法》中规定（　　　）为发行公司债券的审批部门。
   A. 国务院债券管理部门　　　　　　B. 银监会债券管理部门
   C. 中国人民银行债券管理部门　　　D. 证监会债券管理部门

36. （　　　）是指企业依照该办法规定的条件和程序在银行间债券市场发行和交易，约定在一定期限内还本付息，最长期限不超过365天的有价证券。
   A. 资产支持证券　　　　　　　　　B. 证券公司短期融资券
   C. 企业短期融资券　　　　　　　　D. 中期票据

37. 2008年4月12日，中国人民银行颁布了（　　　），并于4月15日正式施行。
   A.《银行间债券市场非金融企业债务融资工具管理办法》

B.《银行间债券市场非金融企业短期融资券业务指引》

C.《银行间债券市场非金融企业债务融资工具信息披露规则》

D.《银行间债券市场非金融企业债务融资工具注册规则》

38. （　　）是指具有法人资格的非金融企业在银行间债券市场按照计划分期发行的、约定在一定期限还本付息的债务融资工具。

    A. 短期融资券   B. 证券公司债券

    C. 中期票据   D. 资产支持证券

39. （　　）是指由银行业金融机构作为发起机构，将信贷资产信托给受托机构，由受托机构发行的、以该财产所产生的现金支付其收益的受益证券。

    A. 短期融资券   B. 证券公司债券

    C. 中期票据   D. 资产支持证券

40. （　　）是指国际开发机构依法在中国境内发行的、约定在一定期限内还本付息的、以人民币计价的债券。

    A. 国际开发机构人民币债券   B. 证券公司债券

    C. 中期票据   D. 资产支持证券

41. 证券公司从事证券发行上市保荐业务，应依照《保荐办法》的规定向（　　）申请保荐机构资格。

    A. 保监会   B. 银监会

    C. 中国人民银行   D. 证监会

42. 同次发行的证券，其发行保荐和上市保荐应当由同一保荐机构承担。证券发行规模达到一定数量的，可以采用联合保荐，但参与联合保荐的保荐机构不得超过（　　）家。

    A. 2   B. 3

    C. 4   D. 5

43. 证券公司申请保荐机构资格应当具备的条件之一是，注册资本不低于人民币（　　）元，净资本不低于人民币（　　）元。

    A. 1亿　1亿   B. 1亿　5000万

    C. 2亿　5000万   D. 5000万　5000万

44. 对提交存在虚假记载、误导性陈述或者重大遗漏的申请文件的保荐机构，中国证监会自撤销之日起（　　）个月内不再受理该保荐机构推荐的保荐代表人资格申请。

    A. 3   B. 4

    C. 5   D. 6

45. 证券公司、保险公司和信托投资公司可以在证券交易所债券市场上参加记账式国债的招标发行及竞争性定价过程，向（　　）直接承销记账式国债。

    A. 证监会   B. 保监会

    C. 银监会   D. 财政部

46. 记账式国债承销团成员原则上不超过（　　）家，其中甲类成员不超过20家。

    A. 30   B. 40

C. 50

D. 60

47. 申请记账式国债承销团甲类成员资格的申请人除应当具备乙类成员资格条件外，上一年度记账式国债业务还应当位于前（ ）名以内。

  A. 20

  B. 25

  C. 30

  D. 35

48. 证券公司应建立以（ ）为核心的风险控制指标体系，加强证券公司内部控制，防范风险。

  A. 总资本

  B. 净利润

  C. 净资本

  D. 现金流

49. （ ）是指根据证券公司的业务范围和公司资产负债的流动性特点，在净资产的基础上对资产负债等项目和有关业务进行风险调整后得出的综合性风险控制指标。

  A. 注册资金

  B. 资产总额

  C. 净资本

  D. 风险资本准备

50. 创业板上市公司发行新股、可转换公司债券的，持续督导的期间为证券上市当年剩余时间及其后（ ）个完整会计年度。

  A. 1

  B. 2

  C. 3

  D. 4

二、多项选择题

1. 投资银行业的狭义含义只限于某些资本市场活动，着重指一级市场上的（ ）。

  A. 承销业务

  B. 并购业务的财务顾问

  C. 贷款业务

  D. 融资业务的财务顾问

2. 2008 年美国由于次贷危机而引发的连锁反应导致了罕见的金融风暴，在此次金融风暴中，美国著名投资银行（ ）倒闭，其原因主要在于风险控制失误和激励约束机制的弊端。

  A. 摩根斯坦利

  B. 贝尔斯登

  C. 高盛

  D. 雷曼兄弟

3. 2010 年 7 月，美国通过了《金融监管改革法案》，这个法案的核心内容包括（ ）。

  A. 成立金融稳定监管委员会，负责监测并处理威胁金融系统稳定的风险

  B. 设立消费者金融保护局，监管提供消费者金融产品及服务的金融机构

  C. 将场外衍生品市场纳入监管视野

  D. 限制银行自营交易和进行高风险的衍生品交易，遏制金融机构过度投机行为

4. 我国投资银行业务的发展变化具体体现在（ ）等方面。

  A. 发行监管

  B. 发行规模

  C. 发行方式

  D. 发行定价

5. 发行监管制度的核心内容是股票发行决定权的归属。目前国际上有（ ）几种类型。

  A. 核准制

  B. 注册制

  C. 审批制

  D. 登记制

6. 2006 年 1 月 1 日实施的经修订的《证券法》在发行监管方面明确了（ ）。

    A. 公开发行和非公开发行的界限

    B. 规定了证券发行前的公开披露信息制度，强化社会公众监督

    C. 肯定了证券发行、上市保荐制度，进一步发挥中介机构的市场服务职能

    D. 将证券上市核准权赋予了证券交易所，强化了证券交易所的监管职能

7. 网下发行方式的缺点有(　　)。

    A. 发行环节多　　　　　　　　B. 认购成本高

    C. 社会工作量大　　　　　　　D. 效率低

8. 1994 年 5 月，针对国债卖空的现象，财政部、中国人民银行和中国证监会联合发出《关于坚决制止国债卖空行为的通知》，要求国债经营机构代保管的国债券必须与自营的国债券(　　)。

    A. 分类保管　　　　　　　　　B. 分账管理

    C. 确保账券一致　　　　　　　D. 分类交易

9. 为了规范证券发行上市保荐业务，提高上市公司质量和证券公司执业水平，保护投资者的合法权益，发行人应当就下列事项聘请具有保荐机构资格的证券公司履行保荐职责：(　　)。

    A. 首次公开发行股票并上市　　B. 上市公司发行新股、可转换公司债券

    C. 上市公司进行并购活动　　　D. 中国证监会认定的其他情形

10. 证券公司申请保荐机构资格应当向中国证监会提交的材料中包括(　　)。

    A. 申请报告

    B. 股东（大）会和董事会关于申请保荐机构资格的决议

    C. 公司设立批准文件

    D. 营业执照复印件

11. 中国证监会对保荐机构和保荐代表人实行注册登记管理。保荐机构的注册登记事项中包括(　　)。

    A. 保荐机构的主要股东情况

    B. 保荐机构的董事、监事和高级管理人员情况

    C. 保荐机构的保荐业务负责人、内核负责人情况

    D. 保荐机构的盈利情况

12. 保荐机构应当于每年 4 月份向中国证监会报送年度执业报告。年度执业报告应当包括(　　)。

    A. 保荐机构、保荐代表人年度执业情况的说明

    B. 保荐机构对保荐代表人尽职调查工作日志检查情况的说明

    C. 保荐机构对保荐代表人的年度考核、评定情况

    D. 保荐机构、保荐代表人其他重大事项的说明

13. 记账式国债在证券交易所债券市场和全国银行间债券市场发行并交易。(　　)可以在证券交易所债券市场上参加记账式国债的招标发行及竞争性定价过程，向财政部直接承销记账式国债。

    A. 证券公司　　　　　　　　　B. 商业银行

C. 保险公司   D. 信托投资公司

14. 申请凭证式国债承销团成员资格的申请人除基本条件外，还须具备下列条件：（   ）。

A. 在中国境内依法成立的金融机构

B. 依法开展经营活动，近 3 年内在经营活动中没有重大违法记录，信誉良好

C. 注册资本不低于人民币 3 亿元或者总资产在人民币 100 亿元以上的存款类金融机构

D. 营业网点在 40 个以上

15. 关于证券公司必须持续符合风险控制指标标准，下列正确的是（   ）。

A. 净资本与各项风险资本准备之和的比例不得低于 40%

B. 净资本与净资产的比例不得低于 50%

C. 净资本与负债的比例不得低于 8%

D. 净资产与负债的比例不得低于 20%

16. 证券公司应建立以净资本为核心的风险控制指标体系，加强证券公司内部控制，防范风险，依据 2008 年 12 月 1 日起施行的修改后的《证券公司风险控制指标管理办法》的规定，计算净资本和风险资本准备，编制（   ）。

A. 净资本计算表   B. 风险资本准备计算表

C. 风险控制指标监管报表   D. 资产负债表

17. 证券公司有下列行为之一的，除承担《证券法》规定的法律责任外，自中国证监会确认之日起 36 个月内不得参与证券承销：（   ）。

A. 以不正当竞争手段招揽承销业务

B. 承销未经核准的证券

C. 在承销过程中，进行虚假或误导投资者的广告或者其他宣传推介活动，以不正当手段诱使他人申购股票

D. 在承销过程中披露的信息有虚假记载、误导性陈述或者重大遗漏

18. 核准制与行政审批制相比，具有以下特点：（   ）。

A. 在选择和推荐企业方面，由保荐机构培育、选择和推荐企业，增强了保荐机构的责任

B. 在企业发行股票的规模上，由企业根据资本运营的需要进行选择，以适应企业按市场规律持续成长的需要

C. 在发行审核上，发行审核将逐步转向强制性信息披露和合规性审核，发挥发审委的独立审核功能

D. 在股票发行定价上，由主承销商向机构投资者和非机构投资者进行询价，充分反映投资者的需求，使发行定价真正反映公司股票的内在价值和投资风险

19. 保荐代表人出现下列情形之一的，中国证监会可根据情节轻重，自确认之日起 3～12 个月内不受理相关保荐代表人具体负责的推荐；情节特别严重的，撤销其保荐代表人资格：（   ）。

A. 尽职调查工作日志缺失或者遗漏、隐瞒重要问题

B. 未完成或者未参加辅导工作

C. 未参加持续督导工作，或者持续督导工作未勤勉尽责

D. 通过从事保荐业务谋取不正当利益

20. 发行人出现下列情形之一的，中国证监会自确认之日起暂停保荐机构的保荐资格 3 个月，撤销相关人员的保荐代表人资格：（   ）。

A. 证券发行募集文件等申请文件存在虚假记载、误导性陈述或者重大遗漏

B. 公开发行证券上市当年即亏损

C. 保荐代表人本人及其配偶持有发行人的股份

D. 持续督导期间信息披露文件存在虚假记载、误导性陈述或者重大遗漏

21. 证券公司应向下列哪些机构报送年度报告：（   ）。

A. 中国证监会
B. 沪、深证券交易所
C. 中国证券登记结算公司
D. 中国证券业协会

22. 中国证监会的非现场检查与承销业务有关的自查内容包括（   ）。

A. 承销业务的基本情况
B. 合规性自查
C. 存在的问题分析
D. 内部管理措施

23. 1933 年通过的（   ）对一级市场产生了重大的影响，严格规定了证券发行人和承销商的信息披露义务，以及虚假陈述所要承担的民事责任和刑事责任，并要求金融机构在证券业务与存贷业务之间做出选择，从法律上规定了分业经营。

A.《麦克法顿法》
B.《证券交易法》
C.《证券法》
D.《格拉斯·斯蒂格尔法》

24. 20 世纪 20 年代美国投资银行业的主要特点是（   ）。

A. 以证券承销与分销为主要业务

B. 商业银行与投资银行混业经营

C. 债券市场取得了重大发展，公司债券成为投资热点

D. 股票市场引人注目

25. 下列各项对《金融服务现代化法案》的描述正确的是：（   ）。

A. 对美国 20 世纪 60 年代以来的有关金融监管、金融业务的法律规范进行了突破性的修改

B. 对投资银行的影响在于，该法律在名称上不提银行，而提金融服务，金融服务当然可以包括银行的传统业务，如存贷款活动，但已经超过了这个范围

C. 该法案对金融性质的活动及其附属活动的内容列举很广，足以容纳现今金融市场上全部的金融活动

D. 该法案意味着 20 世纪影响全球各国金融业的分业经营制度框架的终结，并标志着美国乃至全球金融业真正进入了金融自由化和混业经营的新时代

26. 关于目前国际股票发行的监管制度类型，下列说法正确的是：（   ）。

A. 股票发行的核准制要求发行人在发行证券过程中，不仅要公开披露有关信息，而且必须符合一系列实质性的条件

B. 股票发行的核准制赋予监管当局决定权

C. 股票发行的注册制强调市场对股票发行的决定权

D. 股票发行的注册制指股票发行之前，发行人必须按法定程序向监管部门提交有关信息，申请注册，并对信息的完整性、真实性负责

27. 从 1984 年股份制试点到 20 世纪 90 年代初期这个阶段股票发行的特点是（　　）。

    A. 面值不统一   B. 发行对象多为内部职工和地方公众

    C. 发行方式多为自办发行   D. 多有承销商参加

28. 1993 年我国证券市场规定的无限量发售申请表和与银行储蓄存款挂钩方式与无限量发行认购证相比，其优点是（　　）。

    A. 大大减少了社会资源的浪费，降低了一级市场成本

    B. 避免了有限量发行方式的主要弊端

    C. 体现了"三公"原则

    D. 可以吸收社会闲资，吸引新股民入市

29. 1996 年以来上网定价发行被普遍采用，与其他曾使用过的发行方式相比，其优点是（　　）。

    A. 效率高、成本低、安全快捷

    B. 避免了资金体外流动

    C. 可以吸收社会闲资，吸引新股民入市

    D. 完全消除了一级半市场

30. 在我国股票发行方式的演变过程中，属于网下发行的方式是（　　）。

    A. 有限量发行认购证方式   B. 无限量认购申请表摇号中签方式

    C. 全额预缴款方式   D. 与储蓄存款挂钩方式

31. 我国经济体制改革以后，国内发行金融债券的开端为 1985 年由（　　）发行的金融债券。

    A. 中国银行   B. 中国工商银行

    C. 中国建设银行   D. 中国农业银行

32. 2006 年 9 月 11 日中国证监会审议通过《证券发行与承销管理办法》，该办法细化了（　　）等环节的有关操作规定。

    A. 询价   B. 定价

    C. 证券发售   D. 证券交易

33. 我国 2003 年发布的《关于将次级定期债务计入附属资本的通知》对商业银行将次级定期债务计入附属资本作了哪些规定：（　　）。

    A. 各国有独资商业银行、股份制商业银行和城市商业银行可根据自身情况，决定是否发行次级定期债务作为附属资本

    B. 商业银行发行次级定期债务，须向中国银监会提出申请

    C. 商业银行发行次级定期债务时要提交可行性分析报告、招募说明书、协议文本等规定的资料

    D. 商业银行发行次级定期债务，须向中国人民银行及银监会提出申请

34. 1993 年 12 月通过的《中华人民共和国公司法》规定可以发行公司债券的公司

有( )。

A. 股份有限公司

B. 国有独资公司和两个以上国有企业投资设立的有限责任公司

C. 中外合资公司和两个以上国有企业投资设立的有限责任公司

D. 国有独资公司和其他两个以上的国有投资主体投资设立的有限责任公司

35. 中国证监会于 2003 年 8 月 30 日发布（2004 年 10 月 15 日修订）的《证券公司债券管理暂行办法》特别强调，其所指的证券公司债券，不包括证券公司发行的( )。

A. 可转换债券 　　　　　　　B. 次级债券

C. 抵押债券 　　　　　　　　D. 信用债券

36. 2005 年修订后的《公司法》进行的调整有( )。

A. 公司的注册资本制度、公司治理结构进行了比较全面的修改

B. 股东权利保护、财务会计制度、合并分立制度进行了比较全面的修改

C. 增加了法人人格否认、关联关系规范

D. 增加了累积投票、独立董事等方面的规定

37. 修订后的《证券法》于 2006 年 1 月 1 日实施后规定，经国务院证券监督管理机构批准，证券公司可以经营( )。

A. 证券发行业务 　　　　　　B. 上市公司审核业务

C. 证券承销业务 　　　　　　D. 保荐业务

38. 证券公司申请保荐机构资格应当具备的条件，下列几项正确的是：( )。

A. 注册资本不低于人民币 1 亿元，净资本不低于人民币 5000 万元

B. 符合保荐代表人资格条件的从业人员不少于 4 人

C. 最近 2 年内未因重大违法违规行为受到行政处罚

D. 具有良好的保荐业务团队且专业结构合理，从业人员不少于 35 人，其中最近 3 年从事保荐相关业务的人员不少于 20 人

39. 个人申请保荐代表人资格，应当通过所任职的保荐机构向中国证监会提交的材料包括( )。

A. 申请报告

B. 个人简历、身份证明文件、学历学位证书和证券业执业证书

C. 证券业从业人员资格考试、保荐代表人胜任能力考试成绩合格的证明

D. 从事保荐相关业务的详细情况说明，以及最近两年内担任《管理办法》规定的境内证券发行项目协办人的工作情况说明

40. 保荐代表人从原保荐机构离职，调入其他保荐机构的，应通过新任职机构向中国证监会申请变更登记，并提交下列材料：( )。

A. 变更登记申请报告、证券业执业证书

B. 保荐代表人的学习和工作经历

C. 保荐代表人出具的其在原保荐机构保荐业务交接情况的说明；新任职机构出具的接收函

D. 新任职机构对申请文件真实性、准确性、完整性承担责任的承诺函，并应由其董事长或者总经理签字

41. 中国境内可以申请成为凭证式国债承销团成员的机构是：（　　）。
A. 商业银行等存款类金融机构　　　B. 保险公司
C. 邮政储蓄银行　　　　　　　　　D. 证券公司

42. 凭证式国债通过（　　）的网点，面向公众投资者发行。
A. 商业银行　　　　　　　　　　　B. 邮政储蓄银行
C. 保险公司　　　　　　　　　　　D. 证券公司

43. （　　）于 2006 年 7 月 4 日审议通过了《国债承销团成员资格审批办法》，该办法规定国债承销团按照国债品种组建。
A. 财政部　　　　　　　　　　　　B. 中国人民银行
C. 中国银监会　　　　　　　　　　D. 中国证监会

44. 国债承销团申请人应当具备下列基本条件：（　　）。
A. 在中国境内依法成立的金融机构；依法开展经营活动，近 3 年内在经营活动中没有重大违法记录，信誉良好
B. 财务稳健，资本充足率、偿付能力或者净资本状况等指标达到监管标准，具有较强的风险控制能力
C. 具有负责国债业务的专职部门以及健全的国债投资和风险管理制度；信息化管理程度较高
D. 有能力且自愿履行《国债承销团成员资格审批办法》第六章规定的各项义务

45. 凭证式国债承销团成员的资格审批由（　　）实施。
A. 财政部　　　　　　　　　　　　B. 中国人民银行
C. 中国证监会　　　　　　　　　　D. 中国银监会

46. 凭证式国债承销团成员的资格审批由（　　）实施，并征求中国银监会的意见。
A. 财政部　　　　　　　　　　　　B. 中国人民银行
C. 中国证监会　　　　　　　　　　D. 中国保监会

47. 申请凭证式国债承销团成员的申请人应当在申请截止日期以前提出申请，并提交下列申请材料：（　　）。
A. 申请书，本机构概况，法人营业执照和金融业务许可证复印件
B. 上一年度财务决算审计报告复印件
C. 前两年国债承销和交易情况
D. 公司设立批准文件

48. 中国证监会发布《证券公司内部控制指引》，对投资银行业务的内部控制提出的具体要求有（　　）。
A. 证券公司应重点防范因管理不善、权责不明、未勤勉尽责等原因导致的法律风险、财务风险及道德风险
B. 证券公司应建立与投资银行项目相关的中介机构评价机制，加强同律师事务所、会计师事务所、评估机构等中介机构的协调配合

C. 证券公司应建立科学、规范、统一的发行人质量评价体系，应在尽职调查的基础上，在项目实施的不同阶段分别进行立项评价、过程评价和综合评价，提高投资银行项目的整体质量水平

D. 证券公司应建立尽职调查的工作流程，加强投资银行业务人员的尽职调查管理，贯彻勤勉尽责、诚实信用的原则，明确业务人员对尽职调查报告所承担的责任；并按照有关业务标准、道德规范要求，对业务人员尽职调查情况进行检查

49. 中国证监会可以按照分类监管原则，根据证券公司的（　　），对不同类别证券公司的风险控制指标标准和某项业务的风险资本准备计算比例进行控制和适当调整。

A. 治理结构 　　　　　　　　　　B. 资产状况

C. 内控水平 　　　　　　　　　　D. 风险控制情况

50. 关于中国证监会对保荐信用监管采取的措施，下列说法正确的是（　　）。

A. 保荐机构、保荐代表人、保荐业务负责人和内核负责人违反《保荐办法》，未诚实守信、勤勉尽责地履行相关义务的，中国证监会责令改正，并对其采取监管谈话、重点关注、责令进行业务学习、出具警示函、责令公开说明、认定为不适当人选等监管措施；依法应给予行政处罚的，依照有关规定进行处罚

B. 保荐机构、保荐业务负责人或者内核负责人在 1 个自然年度内被采取监管措施累计 10 次以上，中国证监会可暂停保荐机构的保荐机构资格 3 个月，责令保荐机构更换保荐业务负责人、内核负责人

C. 保荐代表人在两个自然年度内被采取监管措施累计 5 次以上，中国证监会可在 6 个月内不受理相关保荐代表人具体负责的推荐

D. 保荐机构、保荐代表人、保荐业务负责人和内核负责人情节严重涉嫌犯罪的，中国证监会依法将其移送司法机关，追究其刑事责任

三、判断题

1. 投资银行业的广义含义涵盖众多的资本市场活动，包括公司融资、并购顾问、股票和债券等金融产品的销售和交易、资产管理和风险投资业务等。（　　）

A. 正确 　　　　　　　　　　　　B. 错误

2. 我国目前的股票发行管理属于市场主导型，政府仅管理股票发行实质性内容的审核，不管理发行过程的实际操作。（　　）

A. 正确 　　　　　　　　　　　　B. 错误

3. 根据中国证监会于 2003 年 8 月 30 日发布（2004 年 10 月 15 日修订）的《证券公司债券管理暂行办法》的规定，证券公司债券是指证券公司依法发行的、约定在一定期限内还本付息的有价证券。其所指的证券公司债券，包括证券公司发行的可转换债券和次级债券。（　　）

A. 正确 　　　　　　　　　　　　B. 错误

4. 证券公司短期融资券是指证券公司以短期融资为目的，在银行间债券市场发行的、约定在一定期限内还本付息的金融债券。（　　）

A. 正确 　　　　　　　　　　　　B. 错误

5. 企业短期融资券是指企业依照该办法规定的条件和程序在银行间债券市场发行和交

易，约定在一定期限内还本付息，最长期限不超过 182 天的有价证券。（ 　）

    A. 正确   B. 错误

6. 保荐机构履行保荐职责，应当指定依照《保荐办法》的规定取得保荐代表人资格的个人具体负责保荐工作。未经中国证监会核准，任何机构和个人不得从事保荐业务。（ 　）

    A. 正确   B. 错误

7. 同次发行的证券，其发行保荐和上市保荐可以由不同的保荐机构承担。（ 　）

    A. 正确   B. 错误

8. 证券发行的主承销商可以由该保荐机构担任，也可以由其他具有保荐机构资格的证券公司与该保荐机构共同担任。（ 　）

    A. 正确   B. 错误

9. 证券公司申请保荐机构资格应当具备的条件中，符合保荐代表人资格条件的从业人员不少于 4 人。（ 　）

    A. 正确   B. 错误

10. 个人申请保荐代表人资格应在最近 2 年内在境内证券发行项目（首次公开发行股票并上市，上市公司发行新股、可转换公司债券及中国证监会认定的其他情形）中担任过项目协办人。（ 　）

    A. 正确   B. 错误

11. 证券公司和个人应当保证申请文件真实、准确、完整。申请期间，申请文件内容发生重大变化的，应当自变化之日起 5 个工作日内向中国证监会提交更新资料。（ 　）

    A. 正确   B. 错误

12. 国债承销团成员资格有效期为 3 年，期满后，成员资格依照《国债承销团成员资格审批办法》再次审批。（ 　）

    A. 正确   B. 错误

13. 记账式国债承销团成员的资格审批由财政部会同中国人民银行和中国证监会实施，并征求中国银监会和中国保险监督管理委员会（以下简称"中国保监会"）的意见。（ 　）

    A. 正确   B. 错误

14. 凭证式国债承销团成员的资格审批由财政部会同中国人民银行实施，并征求中国证监会的意见。（ 　）

    A. 正确   B. 错误

15. 净资本是指根据证券公司的业务范围和公司资产负债的流动性特点，在净资产的基础上对资产负债等项目和有关业务进行风险调整后得出的综合性风险控制指标。（ 　）

    A. 正确   B. 错误

16. 证券公司经营证券经纪业务，同时经营证券承销与保荐、证券自营、证券资产管理、其他证券业务等业务之一的，其净资本不得低于人民币 2 亿元。（ 　）

A. 正确   B. 错误

17. 核准制是指发行人申请发行证券，不仅要公开披露与发行证券有关的信息，符合《公司法》和《证券法》中规定的条件，而且要求发行人将发行申请报请证券监管部门决定的审核制度。（   ）

A. 正确   B. 错误

18. 《保荐办法》对企业发行上市提出了"双保"要求，即企业发行上市不但要有保荐机构进行保荐，还需具有保荐代表人资格的从业人员具体负责保荐工作。这样既明确了保荐机构的责任，也将责任具体落实到了个人。（   ）

A. 正确   B. 错误

19. 在 19 世纪，投资银行业务并没有占据主导地位，大多数商业银行的主营业务只是给企业提供流动资金贷款。（   ）

A. 正确   B. 错误

20. 1999 年 11 月经美国国会通过和总统批准的《金融服务现代化法案》标志着现代金融法律理念已经由最早的规范金融交易行为发展到强调对风险的管理和防范之后，再深入到放松金融管制、以法律制度促进金融业的跨业经营和竞争。（   ）

A. 正确   B. 错误

21. 由于美国原投资银行模式过于依靠资本市场为投资银行提供资金，全球金融风暴后，对于投资银行的借贷就变得日益困难。（   ）

A. 正确   B. 错误

22. 股票发行的注册制赋予监管当局决定权。（   ）

A. 正确   B. 错误

23. 从债务性业务方面来看，根据其性质可以将债券划分为国债、金融债、企业债等。（   ）

A. 正确   B. 错误

24. 股票发行核准制度结束了股票发行的额度限制，这一改变意味着我国证券市场在市场化方向上迈出了意义深远的一步，终结了行政色彩浓厚的额度制度。（   ）

A. 正确   B. 错误

25. 全额预缴款、比例配售包括两种方式："全额预缴、比例配售、余款即退"和"全额预缴、比例配售、余款转存"。（   ）

A. 正确   B. 错误

26. 1998 年 8 月 11 日，中国证监会规定：公开发行量在 3000 万股以下的，不向基金配售。（   ）

A. 正确   B. 错误

27. 2000 年 4 月，中国证监会取消 4 亿元的额度限制，公司发行股票都可以向法人配售。（   ）

A. 正确   B. 错误

28. 2006 年 5 月 20 日，深、沪证券交易所分别颁布了股票上网发行资金申购实施办法，股份公司通过证券交易所交易系统采用上网资金申购方式公开发行股票。（   ）

A. 正确 B. 错误

29. 2007 年 3 月，在首发上市中首次尝试采用网下发行电子化方式，标志着我国证券发行中网下发行电子化的启动。（ ）

A. 正确 B. 错误

30. 由于国债二级市场的特殊性，有关国债的管理制度主要集中在一级市场方面。（ ）

A. 正确 B. 错误

31. 1994 年我国政策性银行成立后，金融债券发行主体从商业银行转向政策性银行，首次发行人为中国农业发展银行；随后，中国进出口银行、国家开发银行也加入到这一行列。（ ）

A. 正确 B. 错误

32. 我国发行企业债券开始于 1982 年。（ ）

A. 正确 B. 错误

33. 商业银行发行次级定期债务，须向中国银监会提出申请，提交可行性分析报告、招募说明书、协议文本等规定的资料。（ ）

A. 正确 B. 错误

34. 2006 年实施的经修订的《公司法》规定，发行公司债券的申请须经国务院授权的部门核准，并应当符合 2006 年实施的经修订的《证券法》规定的发行条件。（ ）

A. 正确 B. 错误

35. 2008 年 4 月 15 日《银行间债券市场非金融企业债务融资工具管理办法》正式施行，同时短期融资券的注册机构也由中国人民银行变更为中国银行间市场交易商协会。（ ）

A. 正确 B. 错误

36. 2005 年 10 月 9 日，国际金融公司和亚洲开发银行这两家国际开发机构在全国银行间债券市场分别发行人民币债券 10 亿元和 11.3 亿元，这是中国债券市场首次引入外资机构发行主体，熊猫债券便由此诞生。（ ）

A. 正确 B. 错误

37. 集合票据，则是指 3 个（含）以上、10 个（含）以下具有法人资格的中小非金融企业在银行间债券市场以统一产品设计、统一券种冠名、统一信用增进、统一发行注册方式共同发行的，约定在一定期限还本付息的债务融资工具。（ ）

A. 正确 B. 错误

38. 记账式国债在证券交易所债券市场和全国银行间债券市场发行并交易。（ ）

A. 正确 B. 错误

39. 申请记账式国债承销团甲类成员资格的申请人除应当具备乙类成员资格条件外，上一年度记账式国债业务还应当位于前 20 名以内。（ ）

A. 正确 B. 错误

40. 证券公司必须持续符合风险控制指标标准，净资本与负债的比例不得低于

10%。（　　）

　　A. 正确　　　　　　　　　　　　B. 错误

41.《保荐办法》规定，企业首次公开发行股票和上市公司发行新股、可转换公司债券
　　均需保荐机构和保荐代表人保荐。保荐期间分为两个阶段，即尽职推荐阶段和持续
　　督导阶段。（　　）

　　A. 正确　　　　　　　　　　　　B. 错误

42. 首次公开发行股票并在创业板上市的，持续督导的期间为证券上市当年剩余时间及
　　其后1个完整会计年度；创业板上市公司发行新股、可转换公司债券的，持续督导
　　的期间为证券上市当年剩余时间及其后2个完整会计年度。（　　）

　　A. 正确　　　　　　　　　　　　B. 错误

43. 保荐机构、保荐业务负责人或者内核负责人在1个自然年度内被采取监管措施累计
　　5次以上，中国证监会可暂停保荐机构的保荐资格3个月，责令保荐机构更换保荐
　　业务负责人、内核负责人。（　　）

　　A. 正确　　　　　　　　　　　　B. 错误

44. 保荐代表人在2个自然年度内被采取监管措施累计2次以上，中国证监会可在6个
　　月内不受理相关保荐代表人具体负责的推荐。（　　）

　　A. 正确　　　　　　　　　　　　B. 错误

45. 记账式国债承销团成员原则上不超过60家，其中甲类成员不超过30家。（　　）

　　A. 正确　　　　　　　　　　　　B. 错误

参考答案

一、单项选择题

1. B	2. D	3. C	4. C	5. C
6. A	7. A	8. D	9. D	10. A
11. B	12. C	13. A	14. D	15. B
16. C	17. D	18. A	19. C	20. C
21. C	22. D	23. D	24. C	25. A
26. D	27. D	28. C	29. B	30. A
31. C	32. B	33. C	34. B	35. A
36. C	37. A	38. D	39. D	40. A
41. D	42. A	43. B	44. D	45. D
46. D	47. B	48. C	49. C	50. B

二、多项选择题

1. ABD	2. BD	3. ABCD	4. ACD	5. AB
6. ABCD	7. ABCD	8. ABC	9. ABD	10. ABCD
11. ABC	12. ABCD	13. ACD	14. CD	15. CD
16. ABC	17. BCD	18. ABC	19. ABC	20. ABD

21. ABCD	22. ABCD	23. CD	24. ABCD	25. ABCD
26. ABCD	27. ABC	28. AD	29. ABD	30. ABCD
31. BD	32. ABC	33. ABC	34. ABD	35. AB
36. ABCD	37. CD	38. ABD	39. ABC	40. ACD
41. AC	42. AB	43. ABD	44. ABCD	45. ABC
46. AB	47. ABC	48. ABCD	49. ACD	50. AD

三、判断题

1. A	2. B	3. B	4. A	5. B
6. A	7. B	8. A	9. A	10. B
11. B	12. A	13. A	14. B	15. A
16. B	17. A	18. A	19. A	20. A
21. A	22. B	23. A	24. A	25. A
26. B	27. A	28. A	29. B	30. B
31. B	32. A	33. A	34. A	35. A
36. B	37. B	38. A	39. B	40. B
41. A	42. B	43. A	44. A	45. B

第二章　股份有限公司概述

一、本章考纲

熟悉股份有限公司设立的原则、方式、条件和程序。了解股份有限公司发起人的概念、资格及其法律地位。熟悉股份有限公司章程的性质、内容以及章程的修改。掌握股份有限公司与有限责任公司的差异、有限责任公司和股份有限公司的变更要求和变更程序。

掌握资本的含义、资本三原则、资本的增加和减少。熟悉股份的含义和特点、股份的分派、收购、设质和注销。了解公司债券的含义和特点。

熟悉股份有限公司股东的权利和义务、上市公司控股股东的定义和行为规范、股东大会的职权、上市公司股东大会的运作规范和议事规则、股东大会决议程序和会议记录。掌握董事（含独立董事）的任职资格和产生程序，董事的职权、义务和责任，董事会的运作规范和议事规则，董事会及其专门委员会的职权，董事长的职权，董事会秘书的职责，董事会的决议程序。了解经理的任职资格、聘任和职权，经理的工作细则。掌握监事的任职资格和产生程序，监事的职权、义务和责任，监事会的职权和议事规则，监事会的运作规范和监事会的决议方式。了解上市公司组织机构的特别规定。

熟悉股份有限公司财务会计的一般规定、利润及其分配、公积金的提取。

熟悉股份有限公司合并和分立概念及相关程序，掌握股份有限公司解散和清算的概念及相关程序。

二、本章知识体系

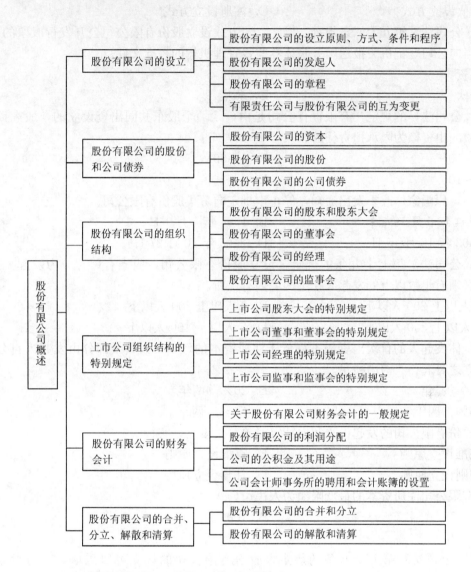

三、同步强化练习题及参考答案

同步强化练习题

一、单项选择题

1. 我国的公司是依照(   )在中国境内设立的、采用有限责任公司或股份有限公司形式的企业法人。

A.《证券法》   B.《银行法》

C.《公司法》   D.《保险法》

2. 股份有限公司采取（   ）设立的，注册资本为在公司登记机关登记的实收股本总额。
   A. 募集设立方式
   B. 发起设立方式
   C. 合伙设立方式
   D. 注册设立方式

3. 我国《公司法》第九十三条规定，以（   ）方式设立股份有限公司公开发行股票的，还应当向公司登记机关报送国务院证券监督管理机构的核准文件。
   A. 筹资
   B. 发起
   C. 合伙
   D. 募集

4. 依照《公司法》的规定，有限责任公司是由（   ）个股东共同出资设立的，股东以其认缴的出资额为限承担责任的法人。
   A. 1～50
   B. 2～50
   C. 2～100
   D. 5～100

5. （   ），原国家体改委发出通知，停止审批定向募集股份有限公司。
   A. 1994 年 6 月 19 日
   B. 1994 年 7 月 1 日
   C. 2003 年 12 月 15 日
   D. 2005 年 10 月 27 日

6. 根据《公司法》第七十九条的规定，设立股份有限公司，应当有（   ）为发起人，其中必须有半数以上的发起人在中国境内有住所。
   A. 1 人以上 200 人以下
   B. 2 人以上 200 人以下
   C. 3 人以上 300 人以下
   D. 5 人以上 100 人以下

7. 公司全体发起人的首次出资额不得低于注册资本的（   ），其余部分由发起人自公司成立之日起（   ）内缴足。
   A. 8%　三年
   B. 20%　两年
   C. 35%　四年
   D. 50%　两年

8. 我国股份有限公司的发起设立和向特定对象募集设立，实行（   ）。
   A. 核准设立原则
   B. 审批设立原则
   C. 准则设立原则
   D. 注册设立原则

9. 股份有限公司注册资本的最低限额为人民币（   ）元。
   A. 300 万
   B. 1000 万
   C. 500 万
   D. 2000 万

10. 根据《公司法》第七十八条的规定，股份有限公司的设立可以采取（   ）设立方式。
    A. 发起或合伙
    B. 合伙或募集
    C. 发起或注册
    D. 发起或募集

11. 发起人应当在创立大会召开（   ）日前将会议日期通知各认股人或者予以公告。
    A. 10
    B. 15
    C. 20
    D. 30

12. 以募集方式设立的，发起人认购的股份不得少于公司股份总数的（   ），但是法律、行政法规另有规定的，从其规定。
    A. 8%
    B. 20%

C. 35%　　　　　　　　　　　D. 50%

13. 发起人向社会公开募集股份，应当同（　　）签订代收股款协议。
    A. 保险公司　　　　　　　　B. 证券公司
    C. 基金公司　　　　　　　　D. 银行

14. 以募集方式设立股份有限公司的，应当于创立大会结束后（　　）日内向公司登记机关申请设立登记。
    A. 10　　　　　　　　　　　B. 15
    C. 20　　　　　　　　　　　D. 30

15. 设立公司应当申请名称预先核准，预先核准的公司名称保留期为（　　）个月。
    A. 3　　　　　　　　　　　B. 5
    C. 6　　　　　　　　　　　D. 12

16. 股份有限公司的全体发起人的货币出资金额不得低于公司注册资本的（　　）。
    A. 8%　　　　　　　　　　　B. 20%
    C. 30%　　　　　　　　　　D. 50%

17. 股份有限公司发起人持有的本公司股份，自公司成立之日起（　　）年内不得转让；公司公开发行股份前已发行的股份，自公司股票在证券交易所上市交易之日起（　　）年内不得转让。
    A. 1　1　　　　　　　　　B. 2　1
    C. 3　2　　　　　　　　　D. 1　2

18. 股份有限公司的财务会计报告应当在召开股东大会年会的（　　）日前置备于本公司，供股东查阅。
    A. 10　　　　　　　　　　　B. 20
    C. 30　　　　　　　　　　　D. 50

19. 股份有限公司修改公司章程，必须经出席股东大会会议的股东所持表决权的（　　）以上通过。
    A. 1/3　　　　　　　　　　B. 2/3
    C. 1/4　　　　　　　　　　D. 3/4

20. （　　）是指股份有限公司在从事经营活动的过程中，应当努力保持与公司资本数额相当的实有资本。
    A. 资本确定原则　　　　　　B. 资本维持原则
    C. 资本留存原则　　　　　　D. 资本不变原则

21. 《公司法》第九十六条规定，有限责任公司变更为股份有限公司时，折合的实收股本总额不得高于公司（　　）。
    A. 注册资本　　　　　　　　B. 实收资本
    C. 净资产额　　　　　　　　D. 留存受益

22. 我国目前遵循的是（　　）的原则，不仅要求公司在章程中规定资本总额，而且要求在设立登记前认购或募足完毕。
    A. 法定资本制　　　　　　　B. 授权资本制

C. 折中资本制   D. 审核资本制

23. 债权人自接到通知书之日起（　　）日内，未接到通知书的自第一次公告之日起（　　）日内，有权要求公司清偿债务或提供相应的担保。
    A. 10　30   B. 30　45
    C. 20　45   D. 30　30

24. 上市公司在每一会计年度结束之日起（　　）个月内向中国证监会和证券交易所报送年度财务会计报告，在每一会计年度前 6 个月结束之日起（　　）个月内向中国证监会派出机构和证券交易所报送半年度财务会计报告。
    A. 1　3   B. 2　1
    C. 3　2   D. 4　2

25. （　　）是指除依法定程序外，股份有限公司的资本总额不得变动。
    A. 资本确定原则   B. 资本维持原则
    C. 资本留存原则   D. 资本不变原则

26. 下列哪一项不属于公司增资的方法：（　　）。
    A. 向社会公众发行股份   B. 向特定对象发行股份
    C. 向现有股东配售股份   D. 股价上涨

27. 股份有限公司增加或减少资本，应当修改公司章程，须经出席股东大会的股东所持表决权的（　　）以上通过。
    A. 1/3   B. 2/3
    C. 1/4   D. 3/4

28. 公司应当自作出减少注册资本决议之日起（　　）日内通知债权人，并于（　　）日内在报纸上公告。
    A. 10　30   B. 15　45
    C. 20　30   D. 30　30

29. 关于股份的特点，不正确的一项是：（　　）。
    A. 股份的金额性   B. 股份的平等性
    C. 股份的可分性   D. 股份的可转让性

30. 《公司法》第一百四十二条规定，公司董事、监事、高级管理人员应当向公司申报所持有的本公司的股份及其变动情况，在任职期间每年转让的股份不得超过其所持有本公司股份总数的（　　）。
    A. 20%   B. 25%
    C. 30%   D. 40%

31. 我国（　　）第一百四十三条规定，公司不得收购本公司股份。
    A.《证券法》   B.《上市公司章程指引》
    C.《公司法》   D.《股份有限公司规范意见》

32. 公司因将股份奖励给本公司职工而收购本公司股份的，不得超过本公司已发行股份总额的（　　）。
    A. 5%   B. 10%

C. 20%   D. 30%

33. （ ）是指虽不是公司的股东，但通过投资关系、协议或者其他安排，能够实际支配公司行为的人。
    A. 经理   B. 实际控制人
    C. 监事   D. 董事

34. （ ）是由股份有限公司全体股东组成的、表示公司最高意志的权力机构。
    A. 股东大会   B. 董事会
    C. 监事会   D. 工会

35. 股东大会的会议召集程序、表决方式违反法律、行政法规或者公司章程，或者决议内容违反公司章程的，股东可以自决议作出之日起（ ）日内，请求人民法院撤销。
    A. 20   B. 30
    C. 50   D. 60

36. 监事会和连续（ ）日以上单独或者合计持有公司（ ）以上股份的股东拥有补充召集权和补充主持权。
    A. 90   5%   B. 90   10%
    C. 60   20%   D. 60   30%

37. 控股股东是指其出资额、股份比例达（ ）或依其出资额或者持有的股份所享有的表决权已足以对股东会、股东大会的决议产生重大影响的股东。
    A. 20%   B. 40%
    C. 50%   D. 60%

38. 召开股东大会会议，公司应当将会议召开的时间、地点和审议的事项于会议召开（ ）日前通知各股东；临时股东大会应当于会议召开（ ）日前通知各股东；发行无记名股票的，应当于会议召开（ ）日前公告会议召开的时间、地点和审议事项。
    A. 20   15   30   B. 10   20   30
    C. 20   10   20   D. 30   15   15

39. 《公司法》第一百四十二条规定，公司董事、监事、高级管理人员所持本公司股份自公司股票上市交易之日起（ ）年内不得转让，离职后（ ）年内，不得转让其所持有的本公司股份。
    A. 半   1   B. 1   半
    C. 2   1   D. 1   1

40. 公司收购本公司股份后，属于减少公司注册资本情形的，应当自收购之日起（ ）日内注销；属于与持有本公司股份的其他公司合并和股东因对股东大会作出的公司合并、分立决议持异议，要求公司收购其股份情形的，应当在（ ）个月内转让或者注销。
    A. 10   6   B. 15   9
    C. 20   3   D. 10   3

41. 关于股份的收回，下列说法错误的是（　　）。

    A. 股份的收回包括无偿收回和有偿收回两种

    B. 无偿收回是指股份有限公司无偿地收回已经分派的股份

    C. 有偿收回又称收买、回购，是指股份有限公司按一定的价格从股东手中买回股份

    D. 公司减少公司资本，不会影响该公司的股票在市场上的价格

42. 关于公司债券的特点，下列说法正确的一项是（　　）。

    A. 公司债券是公司与特定的社会公众形成的债权债务关系

    B. 公司债券是不可转让的债权债务关系

    C. 公司债券通过债券的方式表现，而一般的公司债务通过其他债权文书形式表现

    D. 同次发行的公司债券可以有不同的偿还期

43. 股东大会审议的事项，一般由（　　）提出。

    A. 董事会 B. 监事会
    C. 法人股东 D. 个股股东

44. 《公司法》第一百零三条赋予持有一定股份的股东临时提案权：单独或者合计持有公司（　　）以上股份的股东，可以在股东大会召开10日前提出临时提案并书面提交董事会。

    A. 3% B. 5%
    C. 10% D. 20%

45. 股东大会作出普通决议，应当由出席股东大会会议的股东（包括股东代理人）所持表决权的（　　）以上通过；股东大会作出特别决议，应当由出席股东大会的股东（包括股东代理人）所持表决权的（　　）以上通过。

    A. 1/2 2/3 B. 1/3 1/2
    C. 2/3 2/3 D. 1/2 1/2

46. 关于股东的权利下列说法错误的是：（　　）。

    A. 依照其所持有的股份份额获得股利和其他形式的利益分配

    B. 依法请求、召集、主持、参加或者委派股东代理人参加股东大会，并行使相应的表决权

    C. 不得转让、赠与或质押其所持有的股份

    D. 对股东大会作出的公司合并、分立决议持异议的股东，要求公司收购其股份

47. 公司应当每年召开一次年会（年度股东大会）。年会应当于上一会计年度结束之日起的（　　）个月内举行。

    A. 2 B. 6
    C. 5 D. 3

48. 董事会每年度至少召开（　　）次会议，每次会议应当于会议召开（　　）日前通知全体董事和监事。

    A. 一 10 B. 二 10
    C. 三 15 D. 四 15

49. 根据《公司法》第一百六十七条的规定，公司分配当年税后利润时，应当提取利润的（　　）列入公司法定公积金。公司法定公积金累计额为公司注册资本（　　）以上的，可以不再提取。
    A. 5%　30%
    B. 10%　50%
    C. 15%　50%
    D. 20%　30%
50. 代表（　　）以上表决权的股东、（　　）以上董事或者监事会，可以提议召开董事会临时会议。董事长应当自接到提议后（　　）日内，召集和主持董事会会议。
    A. 1/10　1/3　10
    B. 1/15　1/2　10
    C. 1/15　1/2　15
    D. 1/10　1/2　10

二、多项选择题
1. 2005 年 10 月 27 日修订实施的《公司法》将募集设立分为（　　）。
    A. 向特定对象募集设立
    B. 定向募集设立
    C. 社会募集设立
    D. 公开募集设立
2. 公司章程是公司最重要的法律文件，发起人应当根据（　　）及相关规定的要求，起草、制订章程草案。
    A.《公司法》
    B.《到境外上市公司章程必备条款》
    C.《上市公司章程指引》
    D.《股份有限公司规范意见》
3. 关于我国股份有限公司的设立原则，下列说法正确的是（　　）。
    A. 根据我国《公司法》第二条、第三条的规定，公司是依照《公司法》在中国境内设立的、采用无限责任公司的企业法人
    B. 在公司设立的原则上，我国《公司法》第六条规定，设立公司，符合《公司法》规定的设立条件的，由公司登记机关分别登记为有限责任公司或者股份有限公司，但法律、行政法规规定设立公司必须报经批准的，应当在公司登记前依法办理批准手续
    C. 我国《公司法》第九十三条规定，以募集方式设立股份有限公司公开发行股票的，还应当向公司登记机关报送国务院证券监督管理机构的核准文件
    D. 股份有限公司的发起设立和向特定对象募集设立，实行注册设立原则
4. 发行无记名股票的，公司应当记载下列事项：（　　）。
    A. 股票数量
    B. 各股东所持股份数
    C. 股票编号
    D. 股份发行日期
5. 股份有限公司具有的特点是：（　　）。
    A. 资合
    B. 开放性
    C. 人合
    D. 设立程序相对复杂
6. 以募集设立方式设立公司的股份认购，认股书应当载明下列事项：（　　）。
    A. 发起人认购的股份数；每股的票面金额和发行价格
    B. 无记名股票的发行总数；募集资金的用途
    C. 认股人的权利、义务
    D. 本次募股的起止期限及逾期未募足时认股人可以撤回所认股份的说明

---

7. 关于我国股份有限公司的设立条件，下列说法正确的是：（   ）。
   A. 股份有限公司注册资本的最低限额为人民币 1000 万元
   B. 股份有限公司采取发起设立方式设立的，注册资本为在公司登记机关登记的全体发起人认购的股本总额
   C. 公司全体发起人的首次出资额不得低于注册资本的 30%，其余部分由发起人自公司成立之日起两年内缴足。其中，投资公司可以在 5 年内缴足。在缴足前，不得向他人募集股份
   D. 以募集方式设立的，发起人认购的股份不得少于公司股份总数的 35%，但是，法律、行政法规另有规定的，从其规定

8. 创立大会行使的职权，下列哪几项是正确的：（   ）。
   A. 审议发起人关于公司筹办情况的报告
   B. 通过公司章程；选举董事会成员；选举监事会成员
   C. 对公司的设立费用进行审核；对发起人用于抵作股款的财产的作价进行审核
   D. 发生不可抗力或者经营条件发生重大变化直接影响公司设立的，可以作出不设立公司的决议

9. 公司发行记名股票的，应当置备股东名册，记载下列事项：（   ）。
   A. 股东的姓名或者名称及住所   B. 各股东所持股份数
   C. 各股东所持股票的编号   D. 各股东取得股份的日期

10. 以发起设立方式设立公司的股份认购，下列说法正确的是：（   ）。
    A. 以发起设立方式设立股份有限公司的，发起人应当书面认足公司章程规定其认购的股份
    B. 一次缴纳的，应即缴纳全部出资；分期缴纳的，应即缴纳首期出资
    C. 首次出资是非货币财产的，应当在公司设立登记时提交已办理其财产权转移手续的证明文件
    D. 发起人首次缴纳出资后，应当选举董事会和监事会，由董事会向公司登记机关报送公司章程、由依法设定的验资机构出具的验资证明以及法律、行政法规规定的其他文件，申请设立登记

11. 采用募集设立方式设立公司，下列说法正确的有：（   ）。
    A. 发起人应当自股款缴足之日起 30 日内主持召开公司创立大会。创立大会由发起人、认股人组成
    B. 发行的股份超过招股说明书规定的截止期限尚未募足的，或发行股份的股款缴足后，发起人在 30 日内未召开创立大会的，认股人可以按照所缴股款并加算银行同期存款利息要求发起人返还
    C. 发起人应当在创立大会召开 15 日前将会议日期通知各认股人或者予以公告
    D. 创立大会应有代表股份总数过 2/3 的发起人、认股人出席，方可举行

12. 关于股份有限公司发起人的资格，下列说法正确的是：（   ）。
    A. 自然人、法人均可以作为发起人
    B. 自然人作为发起人应有完全民事行为能力，必须可以独立承担民事责任

C. 工会、国家拨款的大学也可以作为股份有限公司的发起人

D. 实行企业化经营、国家不再核拨经费的事业单位和从事经营活动的科技性社会团体，具备企业法人条件的，应当先申请企业法人登记，然后才可作为发起人

13. 外商投资企业作为股份有限公司的发起人，必须符合的条件有（   ）。
    A. 认缴出资额已经缴 90％以上
    B. 已经完成原审批项目
    C. 已经开始缴纳企业所得税
    D. 外商投资企业所占股本比例不受我国法律限制

14. 设立股份有限公司的董事会向公司登记机关报送下列文件：（   ）。
    A. 公司登记申请书；创立大会的会议记录
    B. 公司章程；验资证明
    C. 法定代表人、董事、监事的任职文件及其身份证明；发起人的法人资格证明或者自然人身份证明
    D. 公司住所证明

15. 下列属于股份有限公司发起人的权利的是（   ）。
    A. 参加公司筹委会
    B. 推荐公司董事会候选人、起草公司章程
    C. 公司成立后，享受公司股东的权利
    D. 公司不能成立时，在承担相应费用之后，可以收回投资款项和财产产权

16. 公司章程的内容即章程记载的事项，分为必须记载的必要记载事项和由公司决定记载的任意记载事项。我国《公司法》第八十二条规定的必须记载的事项有（   ）。
    A. 公司名称和住所，公司经营范围
    B. 公司设立方式
    C. 公司股份总数、每股金额和注册资本
    D. 发起人的姓名或者名称、认购的股份数、出资方式和出资时间

17. 有限责任公司和股份有限公司在成立条件和募集资金方式上有所不同，下列说法正确的是：（   ）。
    A. 有限责任公司只能由股东出资，不能向社会公开募集股份
    B. 有限责任公司的股东人数只有最低要求（2 人以上），没有最高要求
    C. 股份有限公司经核准，可以公开募集股份
    D. 股份有限公司的股东人数有最高的要求（不超过 50 人）

18. 有限责任公司具有的特点是：（   ）。
    A. 人合兼资合　　　　　　　B. 开放性
    C. 封闭　　　　　　　　　　D. 设立程序简单

19. 在股份有限公司中，无论公司的大小，均应设立（   ）。
    A. 股东大会　　　　　　　　B. 董事会
    C. 经理　　　　　　　　　　D. 监事会

20. 有限责任公司和股份有限公司的公司治理结构简化程度不同，下列说法正确的

是：（　　）。

A. 在有限责任公司中，公司治理结构相对简化，人数较少和规模较小的，可以设3名执行董事，不设董事会；可以设1~2名监事，不设监事会

B. 由于有限责任公司召开股东会比较方便，因此，立法上赋予股东会的权限较大

C. 在股份有限公司中，无论公司的大小，均应设立股东大会、董事会、经理和监事会

D. 在股份有限公司中由于股东人数没有上限，人数较多且分散，召开股东大会比较困难，股东大会的议事程序也比较复杂，所以，股东大会的权限有所限制，董事会的权限较大

21. 下列情况下公司应当修改章程，下列说法正确的是：（　　）。

A. 《公司法》或有关法律、行政法规修改后，章程规定的事项与修改后的法律、行政法规的规定相抵触

B. 公司的情况发生变化，与章程记载的事项不一致

C. 股东大会决定修改章程。股份有限公司修改公司章程，必须经出席股东大会会议的股东所持表决权的1/2以上通过

D. 如果公司已发行境外上市外资股，则根据《上市公司章程指引》第七十八条至第八十五条的规定修改

22. 资本维持原则具体的保障制度有：（　　）。

A. 限制股份的不适当发行与交易　　B. 实行固定资产折旧制度

C. 实行公积金提取制度　　　　　　D. 盈余分配制度

23. 接受委托代理他人出席股东大会的，应当出示（　　）。

A. 代理人身份证　　　　　　　　　B. 代理委托书

C. 持股凭证　　　　　　　　　　　D. 证券从业资格证

24. 下列属于监事职权的有：（　　）。

A. 出席监事会，并行使表决权、签字权

B. 报酬请求权

C. 列席董事会的权力，并对董事会决议事项提出质询或者建议

D. 提议召开临时监事会会议权

25. 有下列情形之一的，应当在两个月内召开临时股东大会：（　　）。

A. 董事人数不足本法规定人数或者公司章程所定人数的2/3时

B. 公司未弥补的亏损达实收股本总额1/3时

C. 单独或者合计持有公司3％以上股份的股东请求时

D. 监事会提议召开时

26. 以下属于股份有限公司减资方式的是：（　　）。

A. 减少股份数额　　　　　　　　　B. 减少每股面值

C. 同时减少股份数额和每股面值　　D. 减少公司固定资本

27. 下列哪种情况下公司可以收购本公司股份：（　　）。

A. 减少公司注册资本

　　B. 与持有本公司股份的其他公司合并

　　C. 将股份奖励给本公司职工

　　D. 股东因对股东大会作出的公司合并、分立决议持异议，要求公司收购其股份的

28. 股东大会的职权可以概括为：（　　　）。

　　A. 决定权　　　　　　　　　　　　B. 审批权

　　C. 管理权　　　　　　　　　　　　D. 监督权

29. 关于股份的设质下列说法正确的是：（　　　）。

　　A. 股份的设质是指将依法可以转让的股份质押，设定质权

　　B. 股份设质无须订立书面合同

　　C. 公司不得接受本公司的股票作为质押权的标的

　　D. 股份出质后不得转让

30. 根据《公司法》第一百七十八条的规定，股份有限公司需要减少注册资本时，必须编制（　　　）。

　　A. 资产负债表　　　　　　　　　　B. 损益表

　　C. 现金流量表　　　　　　　　　　D. 财产清单

31. 通过（　　　）方式，可以达到注销股份的目的。

　　A. 转让或出售股份　　　　　　　　B. 股份的回购

　　C. 与持有本公司股票的公司合并　　D. 公司解散

32. 以下属于公司债券特点的是：（　　　）。

　　A. 公司债券是公司与不特定的社会公众形成的债权债务关系

　　B. 公司债券是不可转让的债权债务关系

　　C. 公司债券通过债券的方式表现，而一般的公司债务通过其他债权文书形式表现

　　D. 同次发行的公司债券的偿还期是一样的

33. 资本的"三原则"指的是：（　　　）。

　　A. 资本确定原则　　　　　　　　　B. 资本维持原则

　　C. 资本留存原则　　　　　　　　　D. 资本不变原则

34. 下列属于股份有限公司的经理职权的是：（　　　）。

　　A. 主持公司的生产经营管理工作，组织实施董事会决议

　　B. 组织实施公司年度经营计划和投资方案

　　C. 制订公司增加或者减少注册资本以及发行公司债券的方案

　　D. 决定聘任或者解聘除应由董事会决定聘任或者解聘以外的负责管理人员

35. 由于各国经济状况和法律传统的差异，资本确定原则的实现方式有所不同，以（　　　）最具有代表意义。

　　A. 法定资本制　　　　　　　　　　B. 授权资本制

　　C. 折中资本制　　　　　　　　　　D. 审核资本制

36. 所谓关联关系，是指（　　　）与其直接或者间接控制的企业之间的关系，以及可能导致公司利益转移的其他关系。

　　A. 公司控股股东　　　　　　　　　B. 公司实际控制人

C. 公司董事、监事、高级管理人员　　D. 公司员工

37. 根据《公司法》的规定，股东大会行使下列职权（　　）。
　　A. 决定公司的经营方针和投资计划
　　B. 选举和更换非由职工代表担任的董事、监事，决定有关董事、监事的报酬事项
　　C. 审议批准公司的利润分配方案和弥补亏损方案
　　D. 对公司合并、分立、解散、清算或者变更公司形式作出决议

38. 关于股东大会的议事规则，下列说法正确的是（　　）。
　　A. 股东大会的议事规则是指股东大会开会期间必须遵守的一系列程序性规定，这些规定是股东大会是否规范运作、其决议是否存在瑕疵的前提和基础
　　B. 可以规定股东大会如何召集、召开，其职权如何行使
　　C. 可以审议和决定事项的提案等一系列运作细则
　　D. 股东大会在审议有关关联交易事项时，关联股东参加前款规定事项的表决，其所代表的有表决权的股份数计入有效表决权总数

39. 依据《公司法》第一百四十七条的规定，有以下情形的，不得担任股份有限公司的董事（　　）。
　　A. 因贪污、贿赂、侵占财产、挪用财产罪和破坏社会主义市场经济秩序，被判处刑罚，执行期满未逾3年，或者因犯罪被剥夺政治权利，执行期满未逾3年
　　B. 担任破产清算的公司、企业的董事或厂长、经理，并对该公司、企业的破产负有个人责任的，自该公司、企业破产清算完结之日起未逾5年
　　C. 担任因违法被吊销营业执照、责令关闭的公司、企业的法定代表人，并负有个人责任的，自该公司、企业被吊销执照之日起未逾3年
　　D. 个人所负数额较大的债务到期未清偿

40. 股份有限公司董事的职权，包括（　　）。
　　A. 出席董事会，并行使表决权　　　B. 报酬请求权
　　C. 签名权　　　　　　　　　　　　D. 公司章程规定的其他职权

41. 《公司法》第一百二十四条规定：上市公司设董事会秘书，负责（　　）。
　　A. 公司股东大会和董事会会议的筹备
　　B. 文件保管以及公司股东资料的管理
　　C. 办理信息披露事务等事宜
　　D. 报酬请求权

42. 公司董事会的董事长行使的职权有（　　）。
　　A. 主持股东大会和召集、主持董事会会议
　　B. 督促、检查董事会决议的执行
　　C. 决定公司的经营方针和投资计划
　　D. 对公司增加或者减少注册资本作出决议

43. 下列哪些事项须由股东大会以特别决议通过（　　）。
　　A. 董事会拟订的利润分配方案和弥补亏损方案
　　B. 公司增加或者减少注册资本

C. 变更公司形式

D. 公司章程规定和股东大会以特别决议认定会对公司产生重大影响的、需要以特别决议通过的其他事项

44. 董事会议事规则内容一般包括(　　)。

A. 总则

B. 董事的任职资格、董事的行为规范

C. 董事长的权利和义务

D. 董事会的工作程序、工作费用以及其他事项

45. 下列关于董事会决议的说法正确的是(　　)。

A. 董事会会议应有过半数的董事出席方可举行

B. 董事会作出决议，必须经全体董事的 2/3 以上通过

C. 董事会决议的表决，实行一人一票

D. 董事会的决议违反法律、行政法规或者公司章程、股东大会决议，致使公司遭受严重损失的，参与决议的董事对公司负赔偿责任。但经证明在表决时曾表明异议并记载于会议记录的，该董事可以免除责任

46. 下列哪几项属于监事会行使的职权(　　)。

A. 对董事、高级管理人员执行公司职务的行为进行监督，对违反法律、行政法规、公司章程或者股东会决议的董事、高级管理人员可直接罢免

B. 当董事、高级管理人员的行为损害公司利益时，要求董事、高级管理人员予以纠正

C. 提议召开临时股东会会议，在董事会不履行《公司法》规定的召集和主持股东会会议职责时召集和主持股东会会议

D. 监事会发现公司经营情况异常，可以进行调查；必要时，可以聘请会计师事务所等协助其工作

47. 在我国，担任独立董事应当符合下列基本条件(　　)。

A. 根据法律、行政法规及其他有关规定，具备担任上市公司董事的资格

B. 具有《关于在上市公司建立独立董事制度的指导意见》所要求的独立性

C. 具备上市公司运作的基本知识，熟悉相关法律、行政法规、规章及规则

D. 具有 3 年以上法律、经济或者其他履行独立董事职责所必需的工作经验及公司章程规定的其他条件

48. 股份有限公司的合并应当依照以下程序进行(　　)。

A. 董事会拟订合并方案，股东大会依照章程的规定作出决议并公告

B. 各方当事人签订合并合同

C. 处理债权、债务等各项合并事宜

D. 办理解散登记或者变更登记

49. 审计委员会的主要职责是(　　)。

A. 提议聘请或更换外部审计机构

B. 研究董事、经理人员的选择标准和程序，并提出建议

C. 研究和审查董事、高级管理人员的薪酬政策与方案

D. 审核公司的财务信息及其披露，审查公司的内控制度

50. 股份有限公司有以下原因之一的，可以解散（　　）。

A. 公司章程规定的营业期限届满或者公司章程规定的其他解散事由出现

B. 职工代表大会大会决议解散

C. 因公司合并或者分立需要解散

D. 依法被吊销营业执照、责令关闭或者被撤销

三、判断题

1. 公司是依照《公司法》在中国境内设立的、采用有限责任公司或股份有限公司形式的企业法人。（　　）

A. 正确　　　　　　　　　　　　B. 错误

2. 根据《公司法》第七十八条的规定，股份有限公司的设立可以采取合伙设立或者募集设立两种方式。（　　）

A. 正确　　　　　　　　　　　　B. 错误

3. 在发起设立股份有限公司的方式中，发起人认足公司发行的股份，社会公众也可以参加股份认购。（　　）

A. 正确　　　　　　　　　　　　B. 错误

4. 募集设立是指由发起人认购公司全部应发行股份的一部分，其余股份向社会公开募集或者向特定对象募集而设立公司。（　　）

A. 正确　　　　　　　　　　　　B. 错误

5. 我国《公司法》第九十三条规定，以合伙方式设立股份有限公司公开发行股票的，还应当向公司登记机关报送国务院证券监督管理机构的核准文件。（　　）

A. 正确　　　　　　　　　　　　B. 错误

6. 公司章程的效力起始于公司成立，终止于公司被依法核准注销。（　　）

A. 正确　　　　　　　　　　　　B. 错误

7. 某些特殊行业在申请登记前，须经行业监管部门批准，如证券公司的设立须经中国证监会批准，即核准设立为例外；股份有限公司的公开募集设立，实行注册核准制度。（　　）

A. 正确　　　　　　　　　　　　B. 错误

8. 在《公司法》颁布之前，《股份有限公司规范意见》将募集设立分为定向募集设立和社会募集设立两种。（　　）

A. 正确　　　　　　　　　　　　B. 错误

9. 在公司设立的原则上，我国《公司法》第六条规定，设立公司，符合《公司法》规定的设立条件的，由公司登记机关分别登记为有限责任公司或者股份有限公司，但法律、行政法规规定设立公司必须报经批准的，应当在公司登记前依法办理批准手续。（　　）

A. 正确　　　　　　　　　　　　B. 错误

10. 1994年7月1日实施的《公司法》规定我国募集设立的公司均指向社会募集设立的

股份有限公司。（　　）

  A. 正确   B. 错误

11. 发起设立是指由发起人认购公司发行的全部股份而设立公司。（　　）

  A. 正确   B. 错误

12. 根据《公司法》第七十九条的规定，设立股份有限公司，应当有 2 人以上 200 人以下为发起人，其中必须有以上半数的发起人在中国境内有住所。（　　）

  A. 正确   B. 错误

13. 对于以募集方式设立的股份公司，发起人拟订的章程草案须经出席创立大会的认股人所持表决权的过半数通过。（　　）

  A. 正确   B. 错误

14. 发起人、认股人缴纳股款或者交付抵作股款的出资后，除未按期募足股份、发起人未按期召开创立大会或者创立大会决议不设立公司的情形外，不得抽回资本。（　　）

  A. 正确   B. 错误

15. 股份有限公司应当建立股东大会、董事会、经理等公司的组织机构，但无须建立监事会。（　　）

  A. 正确   B. 错误

16. 以募集方式设立的，发起人认购的股份不得少于公司股份总数的 30%。（　　）

  A. 正确   B. 错误

17. 同次发行的同种类股票，每股的发行条件和价格可以不同。（　　）

  A. 正确   B. 错误

18. 不同单位或者个人所认购的股份，依据不同情况支付每股价额。（　　）

  A. 正确   B. 错误

19. 以募集方式设立股份有限公司公开发行股票的，还应当提交国务院证券监督管理机构的核准文件。（　　）

  A. 正确   B. 错误

20. 公司发行的股票，可以为记名股票，也可以为无记名股票。（　　）

  A. 正确   B. 错误

21. 发起人既是股份有限公司成立的要件，也是发起或设立行为的实施者。（　　）

  A. 正确   B. 错误

22. 公司向发起人、法人发行的股票，应当为记名股票，并应当记载该发起人、法人的名称或者姓名，不得另立户名或者以代表人姓名记名。（　　）

  A. 正确   B. 错误

23. 以发起设立方式设立股份有限公司的，发起人应当书面认足公司章程规定其认购的股份。（　　）

  A. 正确   B. 错误

24. 采用募集方式设立的股份公司，章程草案须提交创立大会表决通过。（　　）

  A. 正确   B. 错误

25. 发起人向社会公开募集股份的,不需要向中国证监会报送公司章程草案。(　　)

A. 正确　　　　　　　　　　　B. 错误

26. 股东大会有权审议代表公司发行在外有表决权股份总数的 3% 以上的股东的提案。(　　)

A. 正确　　　　　　　　　　　B. 错误

27. 股东大会会议记录应当与出席股东的签名册及代理出席的委托书一并保存。(　　)

A. 正确　　　　　　　　　　　B. 错误

28. 非职工代表董事由股东大会选举或更换,任期由公司章程规定,但每届任期不得超过 3 年。(　　)

A. 正确　　　　　　　　　　　B. 错误

29. 股东大会选举董事、监事,可以依照公司章程的规定或者股东大会的决议,实行累积投票制。(　　)

A. 正确　　　　　　　　　　　B. 错误

30. 公司名称应当由行政区划、字号、行业、组织形式依次组成,法律、法规另有规定的除外。(　　)

A. 正确　　　　　　　　　　　B. 错误

31. 采用募集设立方式的,发起人应当自股款缴足之日起 45 日内主持召开公司创立大会。(　　)

A. 正确　　　　　　　　　　　B. 错误

32. 《公司法》第九条第二款规定,有限责任公司变更为股份有限公司的,或者股份有限公司变更为有限责任公司的,公司变更前的债权、债务由变更前的公司全部清算完结。(　　)

A. 正确　　　　　　　　　　　B. 错误

33. 创立大会应有代表股份总数全部的发起人、认股人出席,方可举行。(　　)

A. 正确　　　　　　　　　　　B. 错误

34. 外商投资企业不能作为股份有限公司的发起人。(　　)

A. 正确　　　　　　　　　　　B. 错误

35. 公司公开发行股份前已发行的股份,自公司股票在证券交易所上市交易之日起 1 年内不得转让。(　　)

A. 正确　　　　　　　　　　　B. 错误

36. 股份有限公司只能由股东出资,不能向社会公开募集股份。(　　)

A. 正确　　　　　　　　　　　B. 错误

37. 发行无记名股票的,公司应当记载其股票数量、编号及发行日期。(　　)

A. 正确　　　　　　　　　　　B. 错误

38. 在股份有限公司中,股东转让自己的股权有严格的要求,受到的限制较多,比较困难。(　　)

A. 正确　　　　　　　　　　　B. 错误

39. 在股份有限公司中,公司治理结构相对简化,人数较少和规模较小的,可以设 1 名

执行董事，不设董事会；可以设 1～2 名监事，不设监事会。（　　）

A. 正确　　　　　　　　　　B. 错误

40. 股份是一定价值的反映，根据价值的小股份可以再分。（　　）

A. 正确　　　　　　　　　　B. 错误

41. 股份有限公司设经理，经理的任职资格与董事相同，《公司法》关于不适于担任董事的规定也同样适用于经理。（　　）

A. 正确　　　　　　　　　　B. 错误

42. 经质权人同意，出质人转让股份所得的价款应当向质权人提前清偿所担保的债权或向与质权人约定的第三人提存。（　　）

A. 正确　　　　　　　　　　B. 错误

43. 本公司的股票可以作为质押权的标的。（　　）

A. 正确　　　　　　　　　　B. 错误

44. 实际控制人是指虽不是公司的股东，但通过投资关系、协议或者其他安排，能够实际支配公司行为的人。（　　）

A. 正确　　　　　　　　　　B. 错误

45. 股东大会有权对公司合并、分立、解散、清算或者变更公司形式作出决议。（　　）

A. 正确　　　　　　　　　　B. 错误

46. 公司在计算股东大会通知的起始期限时，包括会议召开当日。（　　）

A. 正确　　　　　　　　　　B. 错误

47. 股东大会的议事规则是指股东大会开会期间必须遵守的一系列程序性规定，这些规定是股东大会是否规范运作、其决议是否存在瑕疵的前提和基础。（　　）

A. 正确　　　　　　　　　　B. 错误

48. 股东（包括股东代理人）出席股东大会会议，所持每一股份有一表决权，但是，公司持有的本公司股份没有表决权。（　　）

A. 正确　　　　　　　　　　B. 错误

49. 代表 1/10 以上表决权的股东、1/3 以上董事或者监事会，可以提议召开董事会临时会议。（　　）

A. 正确　　　　　　　　　　B. 错误

50. 公司法定公积金累计额为公司注册资本 60% 以上的，可以不再提取。（　　）

A. 正确　　　　　　　　　　B. 错误

参考答案

一、单项选择题

1. C	2. A	3. D	4. A	5. A
6. B	7. B	8. C	9. C	10. D
11. B	12. C	13. D	14. D	15. C
16. C	17. A	18. B	19. B	20. B

21. C	22. A	23. B	24. A	25. D
26. A	27. B	28. A	29. C	30. B
31. C	32. A	33. B	34. A	35. D
36. B	37. C	38. A	39. B	40. A
41. D	42. C	43. A	44. A	45. A
46. C	47. B	48. B	49. B	50. A

二、多项选择题

1. AD	2. ABC	3. BC	4. ABD	5. ABD
6. ABCD	7. BD	8. ABCD	9. ABD	10. ABCD
11. ABC	12. ABD	13. BC	14. ABCD	15. ABCD
16. ABCD	17. AC	18. ACD	19. ABCD	20. BCD
21. AB	22. ABCD	23. ABC	24. ABCD	25. ABD
26. ABC	27. ABCD	28. AB	29. ACD	30. AD
31. BCD	32. ACD	33. ABD	34. ABD	35. ABC
36. ABC	37. ABCD	38. ABC	39. CD	40. ABCD
41. ABC	42. AB	43. BCD	44. ABCD	45. ACD
46. BCD	47. ABC	48. ABCD	49. AD	50. ACD

三、判断题

1. A	2. B	3. B	4. A	5. B
6. A	7. A	8. A	9. A	10. A
11. A	12. A	13. A	14. A	15. B
16. B	17. B	18. B	19. A	20. A
21. A	22. A	23. A	24. A	25. B
26. A	27. A	28. A	29. A	30. A
31. B	32. B	33. B	34. B	35. A
36. B	37. A	38. B	39. B	40. B
41. A	42. A	43. B	44. A	45. A
46. B	47. A	48. A	49. A	50. B

第三章 企业的股份制改组

一、本章考纲

熟悉企业股份制改组的目的和要求。掌握拟发行上市公司改组的要求以及企业改组为拟上市的股份有限公司的程序。

熟悉股份制改组时清产核资的内容和程序，国有资产产权的界定及折股、土地使用权的处置、非经营性资产的处置和无形资产的处置，资产评估的含义和范围、资产评估的程序，会计报表审计。掌握股份制改组法律审查的具体内容。

二、本章知识体系

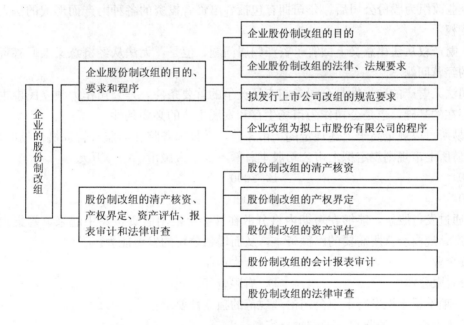

三、同步强化练习题及参考答案

同步强化练习题

一、单项选择题

1. 从根本上讲，我国企业改革的目的在于明确（   ），塑造真正的市场竞争主体，以适应市场经济的要求。

    A. 债权
                  B. 所有权

    C. 产权
                  D. 决策权

2. 《证券法》规定申请股票上市的公司股本总额不少于人民币( )万元。

    A. 1000
                  B. 2000

    C. 3000
                  D. 5000

3. ( )是公司参与市场竞争的首要条件，是公司作为独立民事主体存在的基础，也是公司作为市场生存和发展主体的必要条件。

    A. 公司法人财产的合法性
         B. 公司法人财产的独立性

    C. 公司法人财产的完整性
         D. 公司法人财产的稳定性

4. 《证券法》规定申请股票上市的公司公开发行的股份达到公司股份总数的( )以上，公司股本总额超过人民币4亿元的，公开发行股份的比例为( )以上。

    A. 15% 10%
         B. 20% 15%

    C. 25% 10%
         D. 30% 10%

5. 关于法人财产权的说法，下列错误的一项是( )。

    A. 规范的公司能够有效地实现出资者所有权与公司法人财产权的分离

    B. 在企业改组为股份公司后，公司拥有包括各出资者投资的各种财产而形成的法人财产权

    C. 法人财产权从法律意义上回答了资产归属问题，但是，无法从经济意义上回答资产的经营问题

    D. 公司法人财产的独立性是公司参与市场竞争的首要条件，是公司作为独立民事主体存在的基础，也是公司作为市场生存和发展主体的必要条件

6. 证券交易所可以规定高于上述规定的上市条件，并报国务院证券监督管理机构批准。目前交易所上市规则规定拟上市公司股本总额不少于人民币( )万元。

    A. 1000
                  B. 2000

    C. 3000
                  D. 5000

7. ( )通过发行股票，能够在短期内将分散在社会上的闲散资金集中起来，筹集到扩大生产、规模经营所需要的巨额资本，从而增强公司的发展能力。

    A. 独资企业
                  B. 合伙企业

    C. 股份有限公司
          D. 有限责任公司

8. 下列哪一项不属于拟发行上市公司治理规范的独立性要求：( )。

    A. 拟发行上市公司的股权应做到独立完整

    B. 拟发行上市公司的人员应做到独立

    C. 拟发行上市公司的机构应做到独立

    D. 拟发行上市公司应做到财务独立

9. 下列哪一项不属于我国目前已经在证券交易所上市的公司的种类：( )。

    A. 合伙制企业通过资产重组，通过募集方式设立并上市

    B. 1994年7月1日《公司法》生效前成立的定向募集公司

C. 2006 年 1 月 1 日《公司法》修订实施前发起设立的股份有限公司

D. 有限责任公司整体变更成股份有限公司

10. 拟发行上市公司的总经理、副总经理、财务负责人、董事会秘书等高级管理人员应专职在公司工作并领取薪酬，不得在持有拟发行上市公司 5％以上股权的股东单位及其下属企业担任除（ ）以外的任何职务，也不得在与所任职的拟发行上市公司业务相同或相近的其他企业任职。

A. 总经理   B. 董事会秘书

C. 董事、监事   D. 财务负责人

11. 对存在同业竞争的拟发行上市公司可以采取以下措施加以解决，下列错误的一项是：（ ）。

A. 针对存在的同业竞争，通过收购、委托经营等方式，将相互竞争的业务集中到拟发行上市公司

B. 竞争方将有关业务转让给有关联的第三方

C. 拟发行上市公司放弃与竞争方存在同业竞争的业务

D. 竞争方就解决同业竞争以及今后不再进行同业竞争作出有法律约束力的书面承诺

12. 股东大会对有关关联交易进行表决时，应严格执行公司（ ）规定的回避制度。

A. 董事会   B. 监事会

C. 职工代表大会   D. 章程

13. 拟发行上市公司的机构应做到独立，下列哪一项是错误的：（ ）。

A. 拟发行上市公司的生产经营和办公机构与控股股东完全分开，不得出现混合经营、合署办公的情形

B. 控股股东及其他任何单位或个人不得干预拟发行上市公司的机构设置

C. 控股股东及其职能部门与拟发行上市公司及其职能部门之间存在上下级关系

D. 任何企业不得以任何形式干预拟发行上市公司的生产经营活动

14. 判断和掌握拟发行上市公司的关联方、关联关系和关联交易，除按有关企业会计准则规定外，应坚持从严原则。关联方不包括下列哪项：（ ）

A. 控股股东；其他股东；对控股股东及主要股东有实质影响的法人或自然人

B. 控股股东及其控制或参股的企业；发行人参与的合营企业；发行人参与的联营企业

C. 主要投资者个人、关键管理人员、核心技术人员或与上述关系密切的人士控制的其他企业

D. 客户公司法人或控股股东

15. 关联关系主要是指在财务和经营决策中，有能力对发行人直接或间接控制或施加重大影响的方式或途径，主要包括关联方与发行人之间存在的各种关系，下列不正确的一项是：（ ）。

A. 股权关系   B. 业务往来关系

C. 管理关系   D. 商业利益关系

16. 判断和掌握拟发行上市公司的关联方、关联关系和关联交易，除按有关企业会计准则规定外，应坚持（　　）原则。
    A. 安全
    B. 竞争
    C. 从严
    D. 创新

17. 拟改组企业应聘请具有改组和主承销商经验的证券公司作为企业股份制改组的（　　），并向该证券公司提供本企业的基本情况。
    A. 保荐人
    B. 经纪商
    C. 信托
    D. 财务顾问

18. 改组为拟上市的股份有限公司需要聘请的中介机构除了财务顾问外，一般还包括下列几项，其中不正确的一项是：（　　）。
    A. 具有从事证券相关业务资格的会计师事务所
    B. 具有从事证券相关业务资格的资产评估机构
    C. 证券经纪商
    D. 律师事务所

19. 企业设立验资账户，各发起人按发起人协议规定的出资方式、出资比例出资，以实物资产出资的应办理完毕有关产权转移手续。资金到位后，由（　　）现场验资，并出具验资报告。
    A. 财务顾问
    B. 会计师事务所
    C. 资产评估机构
    D. 律师事务所

20. （　　）是指国有资产监督管理机构根据国家专项工作要求或者企业特定经济行为需要，按照规定的工作程序、方法和政策，组织企业进行账务清理、财产清查，并依法认定企业的各项资产损益，从而真实反映企业的资产价值和重新核定企业国有资本金的活动。
    A. 资产清算
    B. 资产评估
    C. 资金核实
    D. 清产核资

21. 企业改组为拟上市股份有限公司聘请的中介机构确定以后，企业应当积极配合各中介机构的工作。一般以（　　）为牵头召集人，成立专门的工作协调小组，召开工作协调会。
    A. 财务顾问
    B. 会计师事务所
    C. 资产评估机构
    D. 律师事务所

22. 在清产核资基准日之前，若企业在《关于规范国有企业改制工作意见》下发之前已进行整体资产评估，考虑到企业实际工作量及时间问题，经申报（　　）核准后可不再另行开展清产核资工作。
    A. 国务院
    B. 国资委
    C. 证监会
    D. 财政部

23. （　　）是指对企业的各种银行账户、会计核算科目、各类库存现金和有价证券等基本财务情况进行全面核对和清理，以及对企业的各项内部资金往来进行全面核对和清理，以保证企业账账相符、账证相符，促进企业账务的全面、准确和真实。

A. 账务清理   B. 资金核实

C. 资产清查   D. 价值重估

24. 在清产核资基准日之前，若企业经国资委批复将要或正在进行改制，但尚未进行资产评估或仅对部分资产进行评估的，应按(　　)的要求开展清产核资工作。

    A.《证券法》

    B.《上市公司治理准则》

    C.《关于规范国有企业改制工作意见》

    D.《上市公司证券发行管理办法》

25. 价值重估是对企业账面价值和实际价值背离较大的(　　)按照国家规定的方法、标准进行重新估价。

    A. 固定资产   B. 金融资产

    C. 权益资产   D. 主要固定资产和流动资产

26. (　　)是指国有资产监督管理机构根据企业上报的资产盘盈和资产损失、资金挂账等清产核资工作结果，依据国家清产核资政策和有关财务会计制度规定，组织进行审核并批复准予账务处理，重新核定企业实际占用的国有资本金数额。

    A. 损益认定   B. 资金核实

    C. 资产清查   D. 价值重估

27. 清产核资工作按照统一规范、分级管理的原则，由(　　)组织指导和监督检查。

    A. 国务院   B. 证监会

    C. 同级国有资产监督管理机构   D. 财政部

28. (　　)是指国家依法划分财产所有权和经营权等产权归属，明确各类产权形式的财产范围和管理权限的一种法律行为。

    A. 产权明晰   B. 产权界定

    C. 清产核资   D. 账务清理

29. 在股份制企业中，国有资产所有权界定的方法下列说法错误的一项是：(　　)。

    A. 有权代表国家投资的机构或部门向股份制企业投资形成的股份，但不包括现有已投入公司的国有资产形成的股份，构成股份制企业中的国家股，界定为国有资产

    B. 具有法人资格的国有企业、事业及其他单位以其依法占用的法人资产向独立于自己的股份公司出资形成或依法定程序取得的股份，构成国有法人股，界定为国有资产

    C. 在股份制企业的公积金、公益金中，国有单位按照投资比例应当占有的份额，界定为国有资产

    D. 在股份制企业的未分配利润中，国有单位按照投资比例所占有的相应份额，界定为国有资产

30. (　　)是指国有资产监督管理机构依据国家清产核资政策和有关财务会计制度规定，对企业申报的各项资产损益和资金挂账进行认证。

    A. 损益认定   B. 资金核实

C. 资产清查　　　　　　　　　　　D. 价值重估

31. 占有、使用国有资产，并已取得公司法人资格或申请取得公司法人资格，包括改组为股份制企业时，应当在向工商行政管理部门办理有关工商登记事宜前，依法向（　　）申请产权登记，并由其依法审核，并颁发《国有资产授权占用证书》。

A. 国资委　　　　　　　　　　　　B. 证监会

C. 国有资产管理部门　　　　　　　D. 财政部

32. （　　）是指具有法人资格的国有企业、事业及其他单位，以其依法占用的法人资产，向独立于自己的股份公司出资形成或依法定程序取得的股份。

A. 国家股　　　　　　　　　　　　B. 国有法人股

C. 独立董事股　　　　　　　　　　D. 个人股

33. 关于国有企业改组为股份公司时的股权界定，下列不正确的一项是（　　）。

A. 有权代表国家投资的机构或部门直接设立的国有企业以其全部资产改建为股份有限公司的，原企业应予撤销，原企业的国家净资产折成的股份界定为国家股

B. 有权代表国家投资的机构或部门直接设立的国有企业以其部分资产（连同部分负债）改建为股份公司的，如进入股份公司的净资产（指评估前净资产）累计高于原企业所有净资产的60%（含60%），或主营生产部分的全部或大部分资产进入股份制企业，其净资产折成的股份界定为国家股

C. 有权代表国家投资的机构或部门直接设立的国有企业以其部分资产（连同部分负债）改建为股份公司的，若进入股份公司的净资产低于50%（不含50%），则其净资产折成的股份界定为国有法人股

D. 国有法人单位（行业性总公司和具有政府行政管理职能的公司除外）所拥有的企业，包括产权关系经过界定和确认的国有企业（集团公司）的全资子企业（全资子公司）和控股子企业（控股子公司）及其下属企业，以全部或部分资产改建为股份公司，进入股份公司的净资产折成的股份，界定为国有法人股

34. （　　）是指有权代表国家投资的机构或部门向股份公司投资形成或依法定程序取得的股份。

A. 国家股　　　　　　　　　　　　B. 国有法人股

C. 独立董事股　　　　　　　　　　D. 个人股

35. 国有企业进行股份制改组，要按（　　），保证国家股或国有法人股（该国有法人单位应为国有独资企业或国有独资公司）的控股地位。

A.《在股份制试点工作中贯彻国家产业政策若干问题的暂行规定》

B.《上市公司治理准则》

C.《关于规范国有企业改制工作意见》

D.《上市公司证券发行管理办法》

36. 在一定的市场条件下，也允许公司净资产不完全折股，即国有资产折股的票面价值总额可以略低于经资产评估并确认的净资产总额，但折股方案须与募股方案和预计发行价格一并考虑，折股比率（国有股股本÷发行前国有净资产）不得低于（　　）。

A. 20%   B. 30%

C. 50%   D. 65%

37. （　　）是通过市场调查，选择一个或 n 个与评估对象相同或类似的资产作为比较对象，分析比较对象的成交价格和交易条件，进行对比调整，估算出资产价值的方法。

   A. 收益现值法   B. 重置成本法

   C. 现行市价法   D. 清算价格法

38. 经核准或备案的资产评估结果使用有效期为自评估基准日起（　　）年。

   A. 1   B. 2

   C. 3   D. 4

39. 公司改组为上市公司时，对上市公司占用的国有土地采取的方式处置，下列说法错误的是（　　）。

   A. 根据需要，国家可以以一定年限的国有土地使用权作价入股，经评估作价后，界定为国家法人股，由土地管理部门委托国家股持股单位统一持有

   B. 拟上市的股份有限公司以自己的名义与土地管理部门签订土地出让合同，缴纳出让金，直接取得土地使用权

   C. 拟上市的股份有限公司以租赁方式取得的土地不得再次转让、转租和抵押

   D. 对于省级以上人民政府批准实行授权经营或国家控股公司试点的企业，可采用授权经营方式配置土地

40. 对占有单位的无形资产，下列情况评定重估价值不正确的一项是（　　）。

   A. 外购的无形资产，根据购入成本以及该项资产具备的获利能力

   B. 自创的无形资产，根据其形成时发生的实际成本及该项资产具备的获利能力

   C. 自身拥有的无形资产，根据形成时发生的实际成本

   D. 自创的或者自身拥有的未单独计算成本的无形资产，根据该项资产具有的获利能力

41. 鉴于拟上市公司前 3 年业绩中包含了商标权给公司带来的超额利润，因此拟上市公司商标权处置方式应遵循以下原则，其中不正确的一项是（　　）。

   A. 改制设立的股份公司，其主要产品或经营业务重组进入股份公司的，其主要产品或经营业务使用的商标权须进入股份公司

   B. 定向募集公司应按上述要求对商标权的处置方式予以规范

   C. 拟上市公司应在获准发行后将商标权处置相关的手续办理完毕

   D. 对商标权以外的其他知识产权处置方式，应比照商标权的上述要求进行处理

42. （　　）是指得到法律认可和保护，不具有实物形态，并在较长时间内（超过 1 年）使企业在生产经营中受益的资产。

   A. 有形资产   B. 无形资产

   C. 流动资产   D. 固定资产

43. （　　）是指由专门的评估机构和人员依据国家规定和有关数据资料，根据特定的评估目的，遵循公允、法定的原则，采用适当的评估原则、程序、评价标准，运用科

学的评估方法，以统一的货币单位，对被评估的资产进行评定和估算。

    A. 资产评估   B. 资金核实

    C. 资产清查   D. 价值重估

44. 2005 年 9 月 1 日起，我国国有资产评估程序按国资委发布的（　　）规定进行。

    A.《国有资产评估管理若干问题的规定》

    B.《国有资产评估项目备案管理办法》

    C.《关于规范国有企业改制工作意见》

    D.《企业国有资产评估管理暂行办法》

45. 经国务院国有资产监督管理机构所出资企业（以下简称"中央企业"）及其各级子企业批准经济行为的事项涉及的资产评估项目，由（　　）负责备案。

    A. 国务院   B. 国资委

    C. 其国有资产监督管理机构   D. 中央企业

46. 资产评估的范围不包括下列哪项（　　）。

    A. 固定资产   B. 流动资产

    C. 短期投资   D. 负债

47. 境外评估机构根据上市地有关法律、上市规则的要求，通常仅对（　　）进行评估。

    A. 流动资产   B. 公司的物业和机器设备等固定资产

    C. 全部资产、负债   D. 流动负债

48. 企业收到资产评估机构出具的评估报告后，将备案材料逐级报送给国有资产监督管理机构或其所出资企业，自评估基准日起（　　）个月内提出备案申请；国有资产监督管理机构或者所出资企业收到备案材料后，对材料齐全的，在（　　）个工作日内办理备案手续，必要时可组织有关专家参与备案评审。

    A. 9　15   B. 9　20

    C. 6　20   D. 6　15

49. （　　）是将评估对象剩余寿命期间每年（或每月）的预期收益，用适当的折现率折现，累加得出评估基准日的现值，以此估算资产价值的方法。

    A. 收益现值法   B. 重置成本法

    C. 现行市价法   D. 清算价格法

50. 公司在股份制改组中一般不使用的资产评估方法是（　　）。

    A. 收益现值法   B. 重置成本法

    C. 现行市价法   D. 清算价格法

二、多项选择题

1. 下列哪些项属于我国目前已经在证券交易所上市的公司的种类（　　）。

    A. 历史遗留问题企业

    B. 1994 年 7 月 1 日《公司法》生效前成立的非定向募集公司

    C. 2006 年 1 月 1 日《公司法》修订实施前发起设立的股份有限公司

    D. 有限责任公司整体变更成股份有限公司

2. 历史遗留问题企业，其中，具备上市资格的只有在 1993 年年底前后经原国家体改委

确认的90家。这些公司经过重新规范，如果符合(　　)中有关上市公司的有关规定，在沪、深两个证券交易所挂牌上市。

A.《证券法》　　　　　　　　　B.《证券交易法》

C.《公司法》　　　　　　　　　D.《股票发行与交易管理暂行条例》

3. 下列哪些项属于企业股份制改组的目的(　　)。

A. 确立法人财产权　　　　　　B. 建立规范的公司治理结构

C. 增加企业收入　　　　　　　D. 筹集资金

4.《证券法》对股份有限公司申请股票上市的要求包括下列哪几项(　　)。

A. 股票经国务院证券监督管理机构核准已公开发行

B. 公司股本总额不少于人民币3000万元

C. 公开发行的股份达到公司股份总数的25%以上；公司股本总额超过人民币4亿元的，公开发行股份的比例为10%以上

D. 公司最近5年无重大违法行为，财务会计报告无虚假记载

5. 关于法人财产权，下列说法正确的是(　　)。

A. 在企业改组为股份公司后，公司拥有包括各出资者投资的各种财产而形成的法人财产权

B. 法人财产权从法律意义上回答了资产的经营问题

C. 法人财产权从经济意义上回答了资产的归属问题

D. 公司法人财产的独立性是公司作为独立民事主体存在的基础

6. 拟发行上市的公司改组应遵循以下原则：(　　)。

A. 突出公司主营业务，形成核心竞争力和持续发展的能力

B. 按照《上市公司治理准则》的要求独立经营，运作规范

C. 有效避免同业竞争

D. 加强和规范关联交易

7. 拟发行上市公司治理规范的具体要求体现在以下哪几个独立性的要求上(　　)。

A. 拟发行上市公司的资产应做到独立完整

B. 拟发行上市公司的人员应做到独立

C. 拟发行上市公司的机构应做到独立

D. 拟发行上市公司应做到财务独立

8. 拟发行上市的公司改组具体要求包括下列哪几项(　　)。

A. 发起人以非货币性资产出资，应将开展业务所必需的固定资产、在建工程、无形资产以及其他资产完整投入拟发行上市公司

B. 两个以上的发起人以经营性的业务和资产出资组建拟发行上市公司，业务和资产应完整投入拟发行上市公司；并且，所投入的业务应相同，或者存在生产经营的上下游纵向联系或横向联系

C. 发起人以其持有的股权出资设立拟发行上市公司的，股权应不存在争议及潜在纠纷，发起人能够控制；且作为出资的股权所对应企业的业务应与所组建拟发行上市公司的业务基本一致

D. 拟发行上市公司在改制重组工作中，应按国家有关规定安置好分流人员并妥善安置学校、医院、公安、消防、公共服务、社会保障等社会职能机构。对剥离后的社会职能以及非经营性资产，要制订完备的处置方案

9. 拟发行上市公司的资产应做到独立完整，下列说法正确的是：（　　）。

A. 发起人或股东与拟发行上市公司的资产产权要明确界定和划清。发起人或股东投入公司的资产应足额到位，并办理相关资产、股权等权属变更手续

B. 发起人或股东将经营业务纳入拟发行上市公司的，该经营业务所必需的商标应进入公司。由拟发行上市公司拥有的商标使用权，需要许可其他关联方或第三方使用的，应签订公平合理的合同

C. 与主要产品生产或劳务提供相关的专利技术和非专利技术应进入拟发行上市公司，并办妥相关转让手续

D. 发行上市公司应有独立于主发起人或控股股东的生产经营场所。以租赁方式从主发起人或控股股东、国家土地管理部门取得合法土地使用权的，对租赁期限及收费方式没有特殊要求

10. 对存在同业竞争的，拟发行上市公司可以采取以下措施加以解决（　　）。

A. 针对存在的同业竞争，通过收购、委托经营等方式，将相互竞争的业务集中到拟发行上市公司

B. 竞争方将有关业务转让给无关联的第三方

C. 拟发行上市公司放弃与竞争方存在同业竞争的业务

D. 竞争方就解决同业竞争以及今后不再进行同业竞争作出有法律约束力的书面承诺

11. 拟发行上市公司的人员应做到独立，下列说法错误的是（　　）。

A. 拟发行上市公司的总经理、副总经理、财务负责人、董事会秘书等高级管理人员应专职在公司工作并领取薪酬，不得在持有拟发行上市公司5%以上股权的股东单位及其下属企业担任任何职务，也不得在与所任职的拟发行上市公司业务相同或相近的其他企业任职

B. 发起人或股东将经营业务纳入拟发行上市公司的，该经营业务所必需的商标应进入公司。由拟发行上市公司拥有的商标使用权，需要许可其他关联方或第三方使用的，应签订公平合理的合同

C. 控股股东、其他任何部门和单位或人士推荐前款所述人员人选应通过合法程序，不得超越拟发行上市公司董事会和股东大会作出的人事任免决定

D. 拟发行上市公司应拥有独立于股东单位或其他关联方的员工，并在有关社会保障、工薪报酬、房改费用等方面分账独立管理

12. 拟发行上市公司的机构应做到独立，具体包括下列哪几项（　　）。

A. 拟发行上市公司应独立对外签订合同

B. 拟发行上市公司的生产经营和办公机构与控股股东完全分开，不得出现混合经营、合署办公的情形

C. 控股股东及其他任何单位或个人不得干预拟发行上市公司的机构设置

D. 控股股东及其职能部门与拟发行上市公司及其职能部门之间不存在上下级关系，任何企业不得以任何形式干预拟发行上市公司的生产经营活动

13. 判断和掌握拟发行上市公司的关联方、关联关系和关联交易，除按有关企业会计准则规定外，应坚持从严原则。关联方主要包括(　　)。

A. 控股股东；其他股东；对控股股东及主要股东有实质影响的法人或自然人

B. 控股股东及其控制或参股的企业；发行人参与的合营企业；发行人参与的联营企业

C. 主要投资者个人、关键管理人员、核心技术人员或与上述关系密切的人士控制的其他企业

D. 其他对发行人有实质影响的法人或自然人

14. 拟发行上市公司应做到财务独立，具体包括下列哪几项(　　)。

A. 拟发行上市公司应设立其自身的财务会计部门，建立独立的会计核算体系和财务管理制度，并符合有关会计制度的要求，独立进行财务决策

B. 拟发行上市公司可以与其股东单位共用银行账户

C. 股东单位或其他关联方不得以任何形式占用拟发行上市公司的货币资金或其他资产

D. 拟发行上市公司可以为控股股东及其下属单位、其他关联企业提供担保，或将以拟发行上市公司名义的借款转借给股东单位使用

15. 拟发行上市公司在提出发行上市申请前存在数量较大的关联交易，应制订有针对性地减少关联交易的实施方案，并注意下列问题(　　)。

A. 发起人或股东不得通过保留采购、销售机构以及垄断业务渠道等方式干预拟发行上市公司的业务经营

B. 从事生产经营的拟发行上市公司应拥有独立的产、供、销系统，主要原材料和产品销售不得依赖股东及其下属企业

C. 专为拟发行上市公司生产经营提供服务的机构，不可以重组进入拟发行上市公司

D. 主要为拟发行上市公司进行的专业化服务，应由关联方纳入(通过出资投入或出售)拟发行上市公司，或转由无关联的第三方经营

16. 拟发行上市公司的关联交易主要包括下列哪几项(　　)。

A. 购销商品；买卖有形或无形资产；提供资金或资源；协议或非协议许可

B. 兼并或合并法人；出让与受让股权；提供或接受劳务

C. 代理；租赁；各种采取合同或非合同形式进行的委托经营等

D. 合作研究与开发或技术项目的转移；合作投资设立企业

17. 关于拟发行上市公司应在章程中对关联交易决策权力与程序作出规定，下列说法正确的是(　　)。

A. 股东大会对有关关联交易进行表决时，应严格执行公司章程规定的回避制度

B. 需要由独立董事、财务顾问、监事会成员发表意见的关联交易，应由他们签字表达对关联交易公允性意见后方能生效

    C. 需要由独立董事、财务顾问、监事会成员发表意见的关联交易，口头承诺即可生效

    D. 需要由董事会、股东大会讨论的关联交易，关联股东或有关联关系的董事应予以回避或作必要的公允声明

18. 企业及其财务顾问根据企业自身的实际情况，按照有关法规政策和中国证监会的要求，提出关于本次股份制改组及发行上市的总体方案。总体方案一般包括下列哪些事项（　　）。

    A. 发起人企业概况，包括历史沿革（含控股、参股企业概况）、经营范围、资产规模、经营业绩、组织结构

    B. 资产重组方案，包括重组目的及原则、重组的具体方案（包括业务、资产、人员、机构、财务等方面的重组安排）

    C. 改制后企业的管理与运作

    D. 拟上市公司的筹资计划

19. 改组为拟上市的股份有限公司需要聘请的中介机构除了财务顾问外，一般还包括下列哪几项（　　）。

    A. 具有从事证券相关业务资格的会计师事务所

    B. 证券经纪商

    C. 具有从事证券相关业务资格的资产评估机构

    D. 律师事务所

20. 拟发行上市公司的关联关系主要是指在财务和经营决策中，有能力对发行人直接或间接控制或施加重大影响的方式或途径，主要包括关联方与发行人之间存在的（　　）。

    A. 股权关系　　　　　　　　　B. 人事关系

    C. 管理关系　　　　　　　　　D. 商业利益关系

21. 改组为拟上市的股份有限公司的各中介机构进场后，应协助企业完成以下工作（　　）。

    A. 进行资产评估及土地评估、审计等基础性工作，并由资产评估机构、土地评估机构、审计机构分别出具资产评估报告、土地评估报告、审计报告

    B. 确定发起人，签订发起人协议，并拟订公司章程草案

    C. 取得关于资产评估结果的核准或备案及国有股权管理方案的批复

    D. 取得土地评估结果的确认报告书及土地使用权处置方案的批复

22. 企业清产核资的程序包括下列哪几项（　　）。

    A. 企业提出申请；国有资产监督管理机构批复同意立项

    B. 企业制订工作实施方案，并组织账务清理、资产清查等工作；聘请社会中介机构对清产核资结果进行专项财务审计和对有关损益提出鉴证证明

    C. 企业上报清产核资工作结果报告及社会中介机构专项审计报告；国有资产监督管理机构对资产损益进行认定，对资金核实结果进行批复；企业根据清产核资资金核实结果批复调账

D. 企业办理相关产权变更登记和工商变更登记；确定公司董事、高级管理人员的薪酬；企业完善各项规章制度

23. 在股份制企业中，关于国有资产所有权界定的方法正确的是(   )。

A. 有权代表国家投资的机构或部门向股份制企业投资形成的股份，包括现有已投入公司的国有资产形成的股份，构成股份制企业中的国家股，界定为国有资产

B. 具有法人资格的国有企业、事业及其他单位以其依法占用的法人资产向独立于自己的股份公司出资形成或依法定程序取得的股份，构成国有法人股，界定为国有资产

C. 在股份制企业的公积金、公益金中，国有单位按照投资比例应当占有的份额，界定为国有资产

D. 在股份制企业的未分配利润中，国有单位按照投资比例所占有的相应份额，界定为国有资产

24. 清产核资的内容主要包括下列哪几项(   )。

A. 账务清理、资产清查
B. 价值重估、资金核实
C. 损益认定
D. 完善制度

25. 关于国有企业改组为股份公司时的股权界定，下列说法正确的是(   )。

A. 有权代表国家投资的机构或部门直接设立的国有企业以其全部资产改建为股份有限公司的，原企业应予撤销，原企业的国家净资产折成的股份界定为国家股

B. 有权代表国家投资的机构或部门直接设立的国有企业以其部分资产（连同部分负债）改建为股份公司的，如进入股份公司的净资产（指评估前净资产）累计高于原企业所有净资产的30%（含30%），或主营生产部分的全部或大部分资产进入股份制企业，其净资产折成的股份界定为国家股

C. 有权代表国家投资的机构或部门直接设立的国有企业以其部分资产（连同部分负债）改建为股份公司的，若进入股份公司的净资产低于30%（不含30%），则其净资产折成的股份界定为国有法人股

D. 国有法人单位（行业性总公司和具有政府行政管理职能的公司除外）所拥有的企业，包括产权关系经过界定和确认的国有企业（集团公司）的全资子企业（全资子公司）和控股子企业（控股子公司）及其下属企业，以全部或部分资产改建为股份公司，进入股份公司的净资产折成的股份，界定为国有法人股

26. 关于国有资产的折股，下列说法不正确的是(   )。

A. 国有企业（指单一投资主体的企业）改组设立股份公司，在资产评估和产权界定后，须将净资产一并折股，股权性质可以分设

B. 国有资产折股时，不得低估作价并折股，一般应以评估确认后的净资产折为国有股股本。在一定的市场条件下，也允许公司净资产不完全折股，即国有资产折股的票面价值总额可以略低于经资产评估并确认的净资产总额，但折股方案须与募股方案和预计发行价格一并考虑，折股比率（国有股股本÷发行前国有净资产）不得低于50%

C. 其股本由依法确定的国有持股单位统一持有，不得由不同的部门或机构分割

持有

D. 股票发行溢价倍率（股票发行价格÷股票面值）应不低于折股倍数（发行前国有净资产÷国有股股本）

27. 从我国目前的实践看，公司改组为上市公司时，对上市公司占用的国有土地主要采取下列哪种方式（　　）。
   A. 以土地使用权作价入股
   B. 缴纳土地出让金，取得土地使用权
   C. 缴纳土地租金
   D. 授权经营

28. 关于国有土地使用权的评估，下列说法不正确的是（　　）。
   A. 公司改组为上市公司，其使用的国有土地使用权根据不同情况决定是否评估
   B. 评估应当由土地资产的使用单位或持有单位向国家土地管理部门提出申请，然后聘请具有 A 级土地评估资格的土地评估机构评估
   C. 一般是对进入拟上市公司的土地作评估，但有时为了配合公司的其他目标，也可以单独评估不进入上市公司的土地资产
   D. 经国务院确认的土地评估结果，是确定土地使用权折股及土地使用权出让金、租金数额的基础

29. 公司改组为上市公司时，对上市公司占用的国有土地采取的方式处置，下列说法错误的是（　　）。
   A. 根据需要，国家可以以一定年限的国有土地使用权作价入股，经评估作价后，界定为国家股，由土地管理部门委托国家股持股单位统一持有
   B. 拟上市的股份有限公司以自己的名义与土地管理部门签订土地出让合同，缴纳出让金，直接取得土地使用权
   C. 拟上市的股份有限公司以租赁方式取得的土地可以再次转让、转租和抵押
   D. 对于市级以上人民政府批准实行授权经营或国家控股公司试点的企业，可采用授权经营方式配置土地

30. 无形资产实际上是企业拥有的一种特殊权利，给企业带来的收益具有较高的不确定性，主要包括（　　）。
   A. 商标权、商誉、著作权
   B. 专利权、专有技术
   C. 土地使用权、特许经营权
   D. 开采权

31. 企业在改组为上市公司时，必须对承担政府管理职能的非经营性资产进行剥离。对承担社会职能的非经营性资产的处理，可以参考以下模式（　　）。
   A. 将非经营性资产和经营性资产合并
   B. 非经营性资产或留在原企业，或组建为新的第三产业服务性单位
   C. 完全分离经营性资产和非经营性资产
   D. 公司的社会职能分别由保险公司、教育系统、医疗系统等社会公共服务系统承担，其他非经营性资产以变卖、拍卖、赠与等方式处置

32. 股份有限公司的发起人在出资时可以用货币出资，也可以用（　　）作价出资。
   A. 实物
   B. 工业产权
   C. 土地使用权
   D. 个人肖像权

33. 下列关于无形资产的说法正确的是：（　　）。
    A. 无形资产是指得到法律认可和保护，不具有实物形态，并在较长时间内（超过1年）使企业在生产经营中受益的资产
    B. 无形资产实际上是企业拥有的一种特殊权利，给企业带来的收益具有确定性，主要包括商标权、专利权、著作权、专有技术、土地使用权、商誉、特许经营权、开采权等
    C. 股份有限公司的发起人在出资时可以用货币出资，也可以用实物、工业产权或土地使用权作价出资
    D. 对作为出资的实物、知识产权或者土地使用权，必须进行评估作价，核实财产，并折合为股份

34. 资产评估的范围包括：（　　）。
    A. 固定资产　　　　　　　　　B. 长期投资
    C. 流动资产　　　　　　　　　D. 无形资产

35. 对无形资产，应区别下列情况评定重估价值，正确的项有（　　）。
    A. 外购的无形资产，根据购入成本以及该项资产具备的获利能力
    B. 自创的无形资产，根据其形成时发生的实际成本及该项资产具备的获利能力
    C. 自身拥有的无形资产，根据其形成时发生的实际成本及该项资产具备的获利能力
    D. 自创的或者自身拥有的未单独计算成本的无形资产，根据该项资产具有的获利能力

36. 当企业以分立或合并的方式改组，成立了对上市公司控股的公司的时候，对无形资产有多种处置方式，以下正确的是（　　）。
    A. 由上市公司出资取得无形资产的产权
    B. 直接作为投资折股，产权归上市公司，控股公司不再使用该无形资产
    C. 直接作为投资折股，产权归上市公司，但允许控股公司或其他关联公司有偿或无偿使用该无形资产
    D. 无形资产产权由上市公司的控股公司掌握，控股公司与上市公司签订关于无形资产使用的许可协议，由上市公司无偿使用

37. 鉴于拟上市公司前3年业绩中包含了商标权给公司带来的超额利润，因此，拟上市公司商标权处置方式应遵循的原则有（　　）。
    A. 改制设立的股份公司，其主要产品或经营业务重组进入股份公司的，其主要产品或经营业务使用的商标权须进入股份公司
    B. 定向募集公司应按改制设立股份公司的要求对商标权的处置方式予以规范
    C. 拟上市公司应在获准发行前将商标权处置相关的手续办理完毕
    D. 对商标权以外的其他知识产权处置方式，应比照商标权的要求进行处理

38. 下列关于资产评估的说法正确的是（　　）。
    A. 单项资产评估是指对一台机器设备、一座建筑物、一项知识产权等单项资产价值和负债的评估

B. 部分资产评估是指对一类或几类资产的价值进行的评估

C. 混合资产评估是指对一类或几类资产的价值进行的评估

D. 整体资产评估是指对参与某种经营活动的全部资产和负债进行的评估

39. 资产评估根据评估范围的不同，可以分为（　　）。

    A. 单项资产评估　　　　　　　　　　B. 混合资产评估

    C. 部分资产评估　　　　　　　　　　D. 整体资产评估

40. 我国发布的以下办法或规定分别对资产评估进行了规定，以下各项描述正确的是（　　）。

    A. 国资委 1991 年 11 月 16 日发布了《国有资产评估管理办法》，对资产评估的程序进行了规定

    B. 财政部于 2001 年 12 月 31 日发布了《国有资产评估项目备案管理办法》和《国有资产评估管理若干问题的规定》，对资产评估程序等方面作出了新的规定

    C. 财政部发布的《国有资产评估项目备案管理办法》自发布之日起施行，《国有资产评估管理若干问题的规定》自 2002 年 1 月 1 日起施行

    D. 国务院发布了《企业国有资产评估管理暂行办法》，自 2005 年 9 月 1 日起施行

41. 企业国有资产评估项目实行核准或备案，下列说法正确的有（　　）

    A. 经各级人民政府批准经济行为的事项涉及的资产评估项目，分别由其国有资产监督管理机构负责核准

    B. 经国务院国有资产监督管理机构批准经济行为的事项涉及的资产评估项目，由国务院国有资产监督管理机构负责备案

    C. 经国务院国有资产监督管理机构所出资企业（以下简称"中央企业"）及其各级子企业批准经济行为的事项涉及的资产评估项目，由中央企业负责备案

    D. 经国务院国有资产监督管理机构批准经济行为的事项涉及的资产评估项目或所出资企业（以下简称"中央企业"）及其各级子企业批准经济行为的事项涉及的资产评估项目，均由国务院国有资产监督管理机构负责备案

42. 企业有下列行为之一的，可以不对相关国有资产进行评估（　　）

    A. 经各级人民政府或其国有资产监督管理机构批准，对企业整体或者部分资产实施无偿划转

    B. 国有独资企业与其下属独资企业（事业单位）之间或其下属独资企业（事业单位）之间的合并、资产（产权）置换和无偿划转

    C. 整体资产或者部分资产租赁给非国有单位

    D. 接受非国有单位以非货币资产出资

43. 关于资产评估项目的核准程序，下列说法错误的是（　　）

    A. 企业收到资产评估机构出具的评估报告后应当逐级上报初审，经初审同意后，自评估基准日起 8 个月内向国有资产监督管理机构提出核准申请

    B. 国有资产监督管理机构收到核准申请后，对符合核准要求的，及时组织有关专家审核，在 20 个工作日内完成对评估报告的核准；对不符合核准要求的，予以退回

C. 国有资产监督管理机构收到核准申请后，对符合核准要求的，及时组织有关专家审核，在 15 个工作日内完成对评估报告的核准；对不符合核准要求的，予以退回

D. 企业收到资产评估机构出具的评估报告后应当逐级上报初审，经初审同意后，自评估基准日起 9 个月内向国有资产监督管理机构提出核准申请

44. 企业有下列行为之一的，应当对相关资产进行评估（   ）。

A. 整体或者部分改建为有限责任公司或者股份有限公司

B. 合并、分立、破产、解散

C. 整体资产或者部分资产租赁给非国有单位

D. 接受非国有单位以非货币资产抵债

45. 企业提出资产评估项目核准申请时，应当向国有资产监督管理机构报送下列文件材料（   ）。

A. 与评估目的相对应的经济行为批准文件或有效材料

B. 所涉及的资产重组方案或者改制方案、发起人协议等材料

C. 董事会和监事会成员的任免及其报酬和支付方法明细表

D. 资产评估机构提交的资产评估报告（包括评估报告书、评估说明、评估明细表及其电子文档）

46. 我国采用资产评估的方法主要有下列哪几项（   ）。

A. 收益现值法   B. 重置成本法

C. 现行市价法   D. 清算价格法

47. 国有资产监督管理机构应当对下列事项进行审核（   ）。

A. 资产评估机构是否具备相应评估资质；评估人员是否具备相应执业资格

B. 评估基准日的选择是否适当，评估结果的使用有效期是否明示

C. 资产评估范围与经济行为批准文件确定的资产范围是否一致

D. 企业是否就所提供的资产权属证明文件、财务会计资料及生产经营管理资料的真实性、合法性和完整性作出承诺

48. 企业股份制改组与股份有限公司设立的法律审查一般从以下几个方面进行审查（   ）

A. 企业申请进行股份制改组的可行性和合法性

B. 发起人资格及发起协议、无形资产权利的有效性和处理、发起人投资行为和资产状况的合法性

C. 原企业重大变更的合法性和有效性，原企业重大合同及其他债权、债务的合法性，诉讼、仲裁或其他争议的解决

D. 其他应当审查的事项

49. 会计报表的审计是指从审计工作开始到审计报告完成的整个过程，一般包括（   ）几个主要阶段。

A. 计划阶段   B. 准备阶段

C. 实施审计阶段   D. 审计完成阶段

50. 关于发起人资格及发起协议的合法性，下列说法正确的是(　　)。

    A. 我国《公司法》关于发起人资格的规定是，须有 1/3 以上的发起人在中国有住所

    B. 发起人可以是自然人或法人，他们均须符合《中华人民共和国刑法通则》中关于民事主体及民事行为能力的规定

    C. 发起人协议是发起人以书面形式订立的关于设立股份有限公司的协议

    D. 协议应由发起各方签字；法人作为发起人的，还应加盖法人单位的公章

三、判断题

1. 国有大中型企业通过资产重组，通过募集方式设立并上市。(　　)

    A. 正确   B. 错误

2. 目前，交易所上市规则规定拟上市公司股本总额不少于人民币 5000 万元。(　　)

    A. 正确   B. 错误

3. 发起人以与经营性业务有关的资产出资，应同时投入与该经营性业务密切关联的商标、特许经营权、专利技术等无形资产。(　　)

    A. 正确   B. 错误

4. 拟发行上市公司发起人或股东可以通过保留采购、销售机构以及垄断业务渠道等方式干预拟发行上市公司的业务经营。(　　)

    A. 正确   B. 错误

5. 拟发行上市公司应依法独立进行纳税申报和履行缴纳义务。(　　)

    A. 正确   B. 错误

6. 规范的公司能够有效地实现出资者所有权与公司法人财产权的分离。(　　)

    A. 正确   B. 错误

7. 《证券法》规定申请股票上市的公司股本总额不少于人民币 3000 万元。(　　)

    A. 正确   B. 错误

8. 政府部门只有在尊重法人财产权独立的情况下实行政企分开，才能推动股份公司的成长和发展。(　　)

    A. 正确   B. 错误

9. 拟发行上市公司应设立其自身的财务会计部门，建立独立的会计核算体系和财务管理制度，并符合有关会计制度的要求，独立进行财务决策。(　　)

    A. 正确   B. 错误

10. 股东单位或其他关联方可以其他方式使用拟发行上市公司的货币资金或其他资产。(　　)

    A. 正确   B. 错误

11. 控股股东及其职能部门与拟发行上市公司及其职能部门之间不得存在上下级关系，任何企业不得以任何形式干预拟发行上市公司的生产经营活动。(　　)

    A. 正确   B. 错误

12. 拟发行上市公司在改组时，应避免其主要业务与实际控制人及其控制的法人从事相同、相似业务的情况，避免同业竞争。(　　)

A. 正确 B. 错误

13. 发行人董事会应对上述关联关系的实质进行判断，而不仅仅是基于与关联方的法律联系形式，应指出关联方对发行人进行控制或影响的具体方式、途径及程度。（ ）

A. 正确 B. 错误

14. 判断和掌握拟发行上市公司的关联方、关联关系和关联交易，除按有关企业会计准则规定外，应坚持从严原则。（ ）

A. 正确 B. 错误

15. 无法避免的关联交易应遵循市场公开、公正、公平的原则，关联交易的价格或收费，原则上应不偏离市场独立第三方的标准。（ ）

A. 正确 B. 错误

16. 对于难以比较市场价格或定价受到限制的关联交易，应通过合同明确有关成本和利润的标准。（ ）

A. 正确 B. 错误

17. 拟改组企业应聘请具有改组和主承销商经验的证券公司作为企业股份制改组的财务顾问，并向该证券公司提供本企业的基本情况。（ ）

A. 正确 B. 错误

18. 企业设立验资账户，各发起人按发起人协议规定的出资方式、出资比例出资，以实物资产出资的应办理完毕有关产权转移手续。资金到位后，由财务顾问现场验资，并出具验资报告。（ ）

A. 正确 B. 错误

19. 需要由独立董事、财务顾问、监事会成员发表意见的关联交易，口头承诺即可生效。（ ）

A. 正确 B. 错误

20. 若企业在《关于规范国有企业改制工作意见》下发之前已进行整体资产评估，考虑到企业实际工作量及时间问题，经申报财政部核准后可不再另行开展清产核资工作。（ ）

A. 正确 B. 错误

21. 办理完工商注册登记手续，取得企业法人营业执照，这时股份有限公司才正式成立。（ ）

A. 正确 B. 错误

22. 清产核资工作按照统一规范、分级管理的原则，由同级证券业协会组织指导和监督检查。（ ）

A. 正确 B. 错误

23. 清产核资主要包括账务清理、资产清查、价值重估、资产分配、资金核实和完善制度等内容。（ ）

A. 正确 B. 错误

24. 企业清产核资机构负责组织企业的清产核资工作，向同级国有资产监督管理机构报

送相关资料,根据同级国有资产监督管理机构清产核资批复,组织企业本部及子企业进行调账。(   )

A. 正确   B. 错误

25. 有权代表国家投资的机构或部门向股份制企业投资形成的股份,但不包括现有已投入公司的国有资产形成的股份,构成股份制企业中的国家股,界定为国有资产。(   )

A. 正确   B. 错误

26. 产权界定应当依据"谁投资、谁拥有产权"的原则进行。(   )

A. 正确   B. 错误

27. 在股份制企业的公积金、公益金中,国有单位按照投资比例应当占有的份额,界定为国有资产。(   )

A. 正确   B. 错误

28. 国家股和国有法人股的性质均属国家所有,统称为国有股。(   )

A. 正确   B. 错误

29. 设立股份公司时,股权界定应区分改组设立和新设成立两种不同情况。(   )

A. 正确   B. 错误

30. 在股份制企业的未分配利润中,国有单位按照投资比例所占有的相应份额,界定为国有资产。(   )

A. 正确   B. 错误

31. 组建股份有限公司,视投资主体和产权管理主体的不同情况,其所占用的国有资产分别构成国家股和国有法人股。(   )

A. 正确   B. 错误

32. 国家授权投资的机构或部门直接向新设立的股份公司投资形成的股份,可以界定为国家股。(   )

A. 正确   B. 错误

33. 净资产折股后,股东权益小于净资产。(   )

A. 正确   B. 错误

34. 国资委发布了《企业国有资产评估管理暂行办法》,自2005年9月1日起施行。(   )

A. 正确   B. 错误

35. 经国务院确认的土地评估结果,是确定土地使用权折股及土地使用权出让金、租金数额的基础。(   )

A. 正确   B. 错误

36. 国有资产折股时,股票发行溢价倍率(股票发行价格÷股票面值)可以低于折股倍数(发行前国有净资产÷国有股股本)。(   )

A. 正确   B. 错误

37. 会计报表的审计是指从审计工作开始到审计报告完成的整个过程,一般包括三个主要阶段,即计划阶段、实施审计阶段和审计完成阶段。(   )

A. 正确   B. 错误

38. 净资产未全部折股的差额部分应计入资本公积金，不得以任何形式将资本（净资产）转为负债。（   ）

    A. 正确   B. 错误

39. 根据需要，国家可以以一定年限的国有土地使用权作价入股，经评估作价后，界定为国家股，由土地管理部门委托国家股持股单位统一持有。（   ）

    A. 正确   B. 错误

40. 拟上市的股份有限公司以租赁方式取得的土地不可以再次转让、转租和抵押。（   ）

    A. 正确   B. 错误

41. 同一企业涉及在两个以上省（自治区、直辖市）审批土地资产处置的，企业不可持有关省（自治区、直辖市）的处置批准文件到国土资源部转办统一的公函。（   ）

    A. 正确   B. 错误

42. 拟上市的股份有限公司以自己的名义与土地管理部门签订土地出让合同，缴纳出让金，直接取得土地所有权。（   ）

    A. 正确   B. 错误

43. 企业在改组为上市公司时，无须对承担政府管理职能的非经营性资产进行剥离。（   ）

    A. 正确   B. 错误

44. 改制设立的股份公司，其主要产品或经营业务重组进入股份公司的，其主要产品或经营业务使用的商标权无须进入股份公司。（   ）

    A. 正确   B. 错误

45. 清算价格法是将评估对象剩余寿命期间每年（或每月）的预期收益，用适当的折现率折现，累加得出评估基准日的现值，以此估算资产价值的方法。（   ）

    A. 正确   B. 错误

46. 资产评估的范围包括固定资产、长期投资、流动资产、无形资产、其他资产及负债。（   ）

    A. 正确   B. 错误

47. 对作为出资的实物、知识产权或者土地使用权，必须进行评估作价，核实财产，并折合为股份。（   ）

    A. 正确   B. 错误

48. 整体资产评估是指对参与某种经营活动的全部资产负债进行的评估。（   ）

    A. 正确   B. 错误

49. 国务院于 2001 年 12 月 31 日发布了《国有资产评估项目备案管理办法》和《国有资产评估管理若干问题的规定》，对资产评估程序等方面作出了新的规定。（   ）

    A. 正确   B. 错误

50. 被审计单位的资产负债表截止日到审计报告日发生的，以及审计报告日至会计报表公布日发生的对会计报表产生影响的事项，称为期后事项。（   ）

    A. 正确   B. 错误

参考答案

一、单项选择题

1. C	2. C	3. B	4. C	5. C
6. D	7. C	8. A	9. A	10. C
11. B	12. D	13. C	14. D	15. B
16. C	17. D	18. C	19. B	20. D
21. A	22. B	23. A	24. C	25. D
26. B	27. C	28. B	29. A	30. A
31. C	32. B	33. B	34. A	35. A
36. D	37. C	38. A	39. A	40. C
41. C	42. B	43. A	44. D	45. D
46. C	47. B	48. B	49. A	50. D

二、多项选择题

1. AC	2. AD	3. ABD	4. ABC	5. AD
6. ABC	7. ABCD	8. ABCD	9. ABC	10. ABCD
11. AB	12. BCD	13. ABCD	14. AC	15. ABD
16. ABCD	17. ABD	18. ABCD	19. ACD	20. ABCD
21. ABCD	22. ABC	23. ABCD	24. ABCD	25. AD
26. ACD	27. ABCD	28. AD	29. CD	30. ABCD
31. BCD	32. ABC	33. ACD	34. ABCD	35. ABCD
36. ABC	37. ABCD	38. ACD	39. ACD	40. BC
41. ABC	42. AB	43. CD	44. ABCD	45. ABD
46. ABCD	47. ABCD	48. ABCD	49. ACD	50. CD

三、判断题

1. A	2. A	3. A	4. B	5. A
6. A	7. A	8. B	9. A	10. B
11. A	12. A	13. A	14. A	15. A
16. A	17. A	18. B	19. B	20. A
21. A	22. B	23. B	24. A	25. B
26. A	27. A	28. A	29. A	30. A
31. A	32. A	33. B	34. A	35. A
36. B	37. A	38. A	39. A	40. A
41. B	42. B	43. B	44. B	45. B
46. A	47. A	48. A	49. A	50. A

第四章　首次公开发行股票的准备和推荐核准程序

一、本章考纲

掌握发行承销过程中的具体保荐业务。熟悉首次公开发行股票申请文件。掌握招股说明书、招股说明书验证、招股说明书摘要、资产评估报告、审计报告、盈利预测审核报告（如有）、法律意见书和律师工作报告以及辅导报告的基本要求。

掌握主板及创业板首次公开发行股票的条件、辅导要求。了解首次公开发行申请文件的目录和形式要求。了解主板和创业板首次公开发行股票的核准程序、发审委对首次公开发行股票的审核工作。了解发行审核委员会会后事项。掌握发行人报送申请文件后变更中介机构的要求。

二、本章知识体系

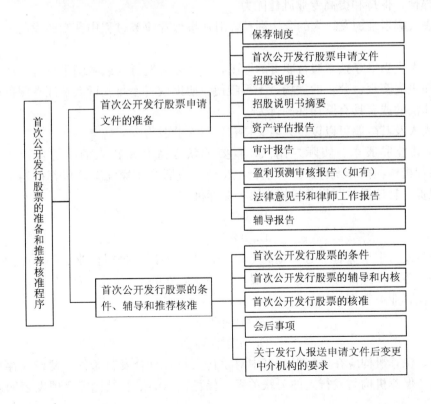

三、同步强化练习题及参考答案

同步强化练习题

一、单项选择题

1. 证券公司从事证券发行上市保荐业务，应依照规定向（　　）申请保荐机构资格。
   A. 国务院　　　　　　　　　B. 证券交易所
   C. 中国保监会　　　　　　　D. 中国证监会

2. 保荐工作底稿应当真实、准确、完整地反映整个保荐工作的全过程，保存期不少于（　　）年。
   A. 5　　　　　　　　　　　　B. 10
   C. 15　　　　　　　　　　　 D. 20

3. 保荐机构推荐发行人证券上市，应当向证券交易所提交上市保荐书以及证券交易所要求的其他与保荐业务有关的文件，并报（　　）备案。
   A. 国务院　　　　　　　　　B. 证券交易所
   C. 中国证监会　　　　　　　D. 中国保监会

4. 下列关于保荐代表人的说法不正确的是（　　）。
   A. 保荐代表人应当遵守职业道德准则，珍视和维护保荐代表人职业声誉，保持应有的职业谨慎，保持和提高专业胜任能力
   B. 保荐代表人应当维护发行人的合法利益，对从事保荐业务过程中获知的发行人信息保密
   C. 保荐代表人应当恪守独立履行职责的原则，不因迎合发行人或者满足发行人的不当要求而丧失客观、公正的立场，不得唆使、协助或者参与发行人及证券服务机构实施非法的或者具有欺诈性的行为
   D. 保荐代表人及其配偶可以以个人名义持有发行人的股份

5. 保荐机构及其控股股东、实际控制人、重要关联方持有发行人的股份合计超过（　　），保荐机构在推荐发行人证券发行上市时，应联合1家无关联保荐机构共同履行保荐职责，且该无关联保荐机构为第一保荐机构。
   A. 5%　　　　　　　　　　　B. 6%
   C. 7%　　　　　　　　　　　D. 8%

6. 为了规范证券发行上市保荐业务，提高上市公司质量和证券公司执业水平，保护投资者的合法权益，促进证券市场健康发展，（　　）于2008年10月17日发布了《证券发行上市保荐业务管理办法》。
   A. 国务院　　　　　　　　　B. 中国证监会
   C. 国资委　　　　　　　　　D. 中国保监会

7. 根据（　　），保荐机构应在发行保荐书中对发行人是否符合发行条件、发行人存在的主要风险、保荐机构与发行人的关联关系、保荐机构的推荐结论等事项发表明确

意见。

A.《上市公司证券发行管理办法》

B.《上市公司治理准则》

C.《证券发行上市保荐业务管理办法》

D.《发行证券的公司信息披露内容与格式准则第 27 号——发行保荐书和发行保荐工作报告》

8. 证券发行规模达到一定数量的，可以采用联合保荐，但参与联合保荐的保荐机构不得超过（   ）家。

A. 1   B. 2

C. 3   D. 4

9. 主板上市公司发行新股、可转换公司债券的，持续督导的期间为证券上市当年剩余时间及其后（   ）个完整会计年度。

A. 1   B. 3

C. 5   D. 10

10. 创业板上市公司发行新股、可转换公司债券的，持续督导的期间为证券上市当年剩余时间及其后（   ）个完整会计年度。

A. 1   B. 2

C. 3   D. 5

11. 下列对持续督导的说法不正确的一项是（   ）。

A. 首次公开发行股票并在主板上市的，持续督导的期间为证券上市当年剩余时间及其后两个完整会计年度

B. 主板上市公司发行新股、可转换公司债券的，持续督导的期间为证券上市当年剩余时间及其后一个完整会计年度。持续督导的期间自证券上市之日起计算

C. 首次公开发行股票并在创业板上市的，持续督导的期间为证券上市当年剩余时间及其后两个完整会计年度

D. 创业板上市公司发行新股、可转换公司债券的，持续督导的期间为证券上市当年剩余时间及其后两个完整会计年度

12. 首次公开发行股票并在主板上市的，持续督导的期间为证券上市当年剩余时间及其后（   ）个完整会计年度。

A. 1   B. 2

C. 3   D. 4

13. 保荐总结报告书不应当包括的内容是（   ）。

A. 发行人的基本情况；保荐工作概述

B. 保荐机构承诺事项

C. 对发行人配合保荐工作情况的说明及评价

D. 对证券服务机构参与证券发行上市相关工作情况的说明及评价

14. 首次公开发行股票并在创业板上市的，持续督导的期间为证券上市当年剩余时间及其后（   ）个完整会计年度。

A. 1　　　　　　　　　B. 2

C. 3　　　　　　　　　D. 5

15. 保荐协议签订后，保荐机构应在（　　）个工作日内报发行人所在地的中国证监会派出机构备案。

A. 5　　　　　　　　　B. 10

C. 15　　　　　　　　D. 20

16. 保荐业务的工作底稿应当至少保存（　　）年。

A. 5　　　　　　　　　B. 10

C. 15　　　　　　　　D. 20

17. 持续督导工作结束后，保荐机构应当在发行人公告年度报告之日起的（　　）个工作日内向中国证监会、证券交易所报送保荐总结报告书。

A. 5　　　　　　　　　B. 10

C. 15　　　　　　　　D. 20

18. 下列不属于保荐机构及其保荐代表人履行保荐职责可对发行人行使的权利的是（　　）。

A. 定期或者不定期对发行人进行回访，查阅保荐工作需要的发行人材料

B. 列席发行人的股东大会、董事会和监事会

C. 要求分配发行人在经营活动中获得的利润

D. 对发行人的信息披露文件及向中国证监会、证券交易所提交的其他文件进行事前审阅

19. 刊登证券发行募集文件前终止保荐协议的，保荐机构和发行人应当自终止之日起（　　）个工作日内分别向中国证监会报告，说明原因。

A. 5　　　　　　　　　B. 10

C. 15　　　　　　　　D. 20

20. 为了规范和指导保荐机构编制、管理证券发行上市保荐业务工作底稿，中国证监会于2009年3月制定了（　　），要求保荐机构应当按照指引的要求编制工作底稿。

A.《上市公司治理准则》

B.《证券发行上市保荐业务工作底稿指引》

C.《证券发行上市保荐业务管理办法》

D.《上市公司证券发行管理办法》

21. 为了规范和指导保荐机构编制、管理证券发行上市保荐业务工作底稿，（　　）于2009年3月制定了《证券发行上市保荐业务工作底稿指引》，要求保荐机构应当按照指引的要求编制工作底稿。

A. 国务院　　　　　　　B. 证券交易所

C. 中国证监会　　　　　D. 中国保监会

22. （　　）是发行人发行股票时，就发行中的有关事项向公众作出披露，并向非特定投资人提出购买或销售其股票的要约邀请性文件。

A. 上市保荐书　　　　　B. 保荐总结报告书

C. 保荐业务工作底稿　　　　D. 招股说明书

23. 终止保荐协议的，保荐机构和发行人应当自终止之日起(　　)个工作日内向中国证监会、证券交易所报告，说明原因。

A. 5　　　　　　　　　　　B. 10

C. 15　　　　　　　　　　　D. 20

24. 下列关于资产评估报告的描述不正确的一项是(　　)。

A. 资产评估报告是评估机构完成评估工作后出具的专业报告

B. 该报告涉及国有资产的，须经过国有资产管理部门、有关的主管部门核准或备案

C. 该报告不涉及国有资产的，须经过股东会或董事会确认后生效

D. 资产评估报告的有效期为评估基准日起的两年

25. 发行人应当按照(　　)的有关规定编制和披露招股说明书。

A. 国务院　　　　　　　　　B. 证券交易所

C. 中国证监会　　　　　　　D. 中国保监会

26. 下列不属于资产评估报告正文应包含的内容的是(　　)。

A. 评估目的与评估范围

B. 资产状况与产权归属

C. 评估方法和计价标准

D. 评估机构和评估人员资格证明文件的复印件

27. 注册会计师认为会计报表的编制符合《企业会计准则》及国家其他有关财务会计法规，在所有重大方面公允地反映了被审计单位的财务状况、经营成果和资金变动情况，会计处理的方法前后期一致，而且注册会计师在根据独立审计准则进行独立审计的过程中，未受到阻碍和限制，不存在应该调整而被审计单位未予调整的重要事项，可以出具(　　)的审计报告。

A. 无保留意见　　　　　　　B. 保留意见

C. 否定意见　　　　　　　　D. 拒绝表示意见

28. 资产评估报告的有效期为评估基准日起的(　　)年。

A. 1　　　　　　　　　　　B. 2

C. 3　　　　　　　　　　　D. 6

29. 注册会计师在审计过程中认为被审计单位的会计处理方法严重违反《企业会计准则》及国家其他有关财务会计法规的规定，或者委托人提供的会计报表严重失实，且被审计单位拒绝调整，此时，注册会计师应出具(　　)的报告。

A. 无保留意见　　　　　　　B. 保留意见

C. 否定意见　　　　　　　　D. 拒绝表示意见

30. 对上市公司及企业改组上市的审计，应由(　　)名具有证券相关业务资格的注册会计师签名、盖章。

A. 1　　　　　　　　　　　B. 2

C. 3　　　　　　　　　　　D. 5

31. 注册会计师在审计过程中，由于审计范围受到委托人、被审计单位或客观环境的严重限制，不能获取必要的审计证据，以致无法对会计报表整体发表审计意见时，应当出具（　　）的审计报告。
    A. 无保留意见　　　　　　　　　B. 保留意见
    C. 否定意见　　　　　　　　　　D. 拒绝表示意见

32. 发行人自股份有限公司成立后，持续经营时间应当在（　　）年以上，但经国务院批准的除外。
    A. 1　　　　　　　　　　　　　　B. 2
    C. 3　　　　　　　　　　　　　　D. 6

33. 下列对主板上市公司首次公开发行股票的发行人财务会计条件叙述不正确的是（　　）。
    A. 最近3个会计年度净利润均为正数且累计超过人民币3000万元，净利润以扣除非经常性损益前后较低者为计算依据
    B. 最近3个会计年度经营活动产生的现金流量净额累计超过人民币5000万元；或者最近3个会计年度营业收入累计超过人民币3亿元
    C. 发行前股本总额不少于人民币5000万元
    D. 最近1期末无形资产（扣除土地使用权、水面养殖权和采矿权等后）占净资产的比例不高于20%；最近1期末不存在未弥补亏损

34. 拟上市公司应当本着审慎的原则作出当年的盈利预测，并经过具有证券业从业资格的（　　）审核。
    A. 注册会计师　　　　　　　　　B. 律师
    C. 保荐人　　　　　　　　　　　D. 资产评估师

35. 发行人在创业板上市公司首次公开发行股票需满足的基本条件是：最近两年连续盈利，最近两年净利润累计不少于（　　）万元，且持续增长。
    A. 1000　　　　　　　　　　　　B. 2000
    C. 3000　　　　　　　　　　　　D. 5000

36. 发行人在创业板上市公司首次公开发行股票需满足的基本条件是：依法设立且持续经营（　　）年以上的股份有限公司。
    A. 1　　　　　　　　　　　　　　B. 2
    C. 3　　　　　　　　　　　　　　D. 6

37. 发行人在创业板上市公司首次公开发行股票需满足的基本条件是：最近1年盈利，且净利润不少于500万元，最近1年营业收入不少于（　　）万元，最近两年营业收入增长率均不低于30%。
    A. 1000　　　　　　　　　　　　B. 2000
    C. 3000　　　　　　　　　　　　D. 5000

38. 发行人在创业板上市公司首次公开发行股票需满足的基本条件是：发行后股本总额不少于（　　）万元。
    A. 1000　　　　　　　　　　　　B. 2000

C. 3000　　　　　　　　　　D. 5000

39. 保荐机构在推荐发行人首次公开发行股票并上市前，应当对发行人进行辅导，对发行人的董事、监事和高级管理人员、持有（　　）以上股份的股东和实际控制人（或者其法定代表人）进行系统的法规知识、证券市场知识培训，使其全面掌握发行上市、规范运作等方面的有关法律法规和规则，知悉信息披露和履行承诺等方面的责任和义务，树立进入证券市场的诚信意识、自律意识和法制意识。

　　A. 2%　　　　　　　　　　B. 3%

　　C. 5%　　　　　　　　　　D. 10%

40. 为规范保荐人从事股票发行主承销业务活动，2001 年 3 月 17 日中国证监会发布了（　　），各保荐人应按照该指导意见的要求进行内核和推荐，开展股票发行主承销业务。

　　A.《证券法》

　　B.《证券公司从事股票发行主承销业务有关问题的指导意见》

　　C.《证券发行上市保荐业务管理办法》

　　D.《首次公开发行股票并上市管理办法》

41. 发行人在创业板上市公司首次公开发行股票需满足的基本条件是：最近 1 期末净资产不少于（　　）万元，且不存在未弥补亏损。

　　A. 1000　　　　　　　　　　B. 2000

　　C. 3000　　　　　　　　　　D. 5000

42. 发行人在主板上市公司首次公开发行股票应当按照中国证监会的有关规定制作申请文件，由保荐机构保荐并向（　　）申报。

　　A. 国务院　　　　　　　　　　B. 证券交易所

　　C. 中国证监会　　　　　　　　D. 中国保监会

43. 发行人在主板上市公司首次公开发行股票应当按照中国证监会的有关规定制作申请文件，由保荐人保荐并向中国证监会申报，中国证监会收到申请文件后，在（　　）个工作日内作出是否受理的决定。

　　A. 2　　　　　　　　　　　　B. 3

　　C. 5　　　　　　　　　　　　D. 10

44. 股票发行申请未获核准的，发行人可自中国证监会作出不予核准决定之日起（　　）个月后再次提出股票发行申请。

　　A. 1　　　　　　　　　　　　B. 3

　　C. 6　　　　　　　　　　　　D. 12

45. 保荐人唆使、协助或者参与干扰发审委工作的，中国证监会按照有关规定在（　　）个月内不受理该保荐人的推荐。

　　A. 1　　　　　　　　　　　　B. 3

　　C. 6　　　　　　　　　　　　D. 12

46. 为了保证在股票发行审核工作中贯彻公开、公平、公正的原则，提高股票发行审核工作的质量和透明度，中国证监会于 2006 年 5 月发布实施了（　　）。

A.《证券公司从事股票发行主承销业务有关问题的指导意见》

B.《首次公开发行股票并上市管理办法》

C.《证券发行上市保荐业务管理办法》

D.《中国证券监督管理委员会发行审核委员会办法》

47. 根据中国证监会《关于赋予中国证券业协会部分职责的决定》的规定，主承销商应当于中国证监会受理其股票发行申请材料后的（　　）个工作日内向中国证券业协会报送承销商备案材料。

A. 1 　　　　　　　　　　B. 2

C. 3 　　　　　　　　　　D. 6

48. 中国证监会设立发行审核委员会委员由中国证监会的专业人员和中国证监会外的有关专家组成，由中国证监会聘任。发审委委员为（　　）名，部分发审委委员可以为专职。

A. 10 　　　　　　　　　　B. 15

C. 20 　　　　　　　　　　D. 25

49. 中国证监会依照法定条件对发行人的发行申请作出予以核准或者不予核准的决定，并出具相关文件。自中国证监会核准发行之日起，发行人应在（　　）个月内发行股票；超过该规定时间未发行的，核准文件失效，须重新经中国证监会核准后方可发行。

A. 1 　　　　　　　　　　B. 3

C. 6 　　　　　　　　　　D. 12

50. 每次参加发审委会议的发审委委员为（　　）名。表决投票时同意票数达到5票为通过，同意票数未达到5票为未通过。

A. 6 　　　　　　　　　　B. 7

C. 8 　　　　　　　　　　D. 10

二、多项选择题

1. 保荐机构依法对发行人申请文件、证券发行募集文件进行核查，向（　　）出具保荐意见。

A. 国务院 　　　　　　　　B. 证券交易所

C. 中国证监会 　　　　　　D. 中国保监会

2. 为了规范证券发行上市保荐业务，提高上市公司质量和证券公司执业水平，保护投资者的合法权益，促进证券市场健康发展，中国证监会于2008年10月17日发布了《证券发行上市保荐业务管理办法》，要求发行人就下列事项聘请具有保荐机构资格的证券公司履行保荐职责（　　）。

A. 首次公开发行股票并上市 　　B. 上市公司发行新股

C. 上市公司发行可转换公司债券 　D. 中国证监会认定的其他情形

3. 下列关于保荐代表人的说法正确的是（　　）。

A. 保荐代表人应当遵守职业道德准则，珍视和维护保荐代表人职业声誉，保持应有的职业谨慎，保持和提高专业胜任能力

B. 保荐代表人应当维护发行人的合法利益，对从事保荐业务过程中获知的发行人信息保密

C. 保荐代表人及其配偶可以以个人名义持有发行人的股份

D. 保荐代表人应当恪守独立履行职责的原则，不因迎合发行人或者满足发行人的不当要求而丧失客观、公正的立场，不得唆使、协助或者参与发行人及证券服务机构实施非法的或者具有欺诈性的行为

4. 保荐机构应当确信发行人符合（　　）的有关规定，方可推荐其证券发行上市。
　　A. 法律　　　　　　　　　　　B. 行政法规
　　C. 中国证监会　　　　　　　　D. 国务院

5. 下列关于保荐代表人的说法不正确的是：（　　）。
　　A. 保荐代表人及其配偶不得以任何名义或者方式持有发行人的股份
　　B. 同次发行的证券，其发行保荐和上市保荐应当由不同保荐机构承担
　　C. 保荐机构应当保证所出具的文件真实、准确、完整。证券发行规模达到一定数量的，可以采用联合保荐，但参与联合保荐的保荐机构不得超过两家
　　D. 保荐机构及其控股股东、实际控制人、重要关联方持有发行人的股份合计超过10%，或者发行人持有、控制保荐机构的股份超过10%的，保荐机构在推荐发行人证券发行上市时，应联合1家无关联保荐机构共同履行保荐职责，且该无关联保荐机构为第一保荐机构

6. 保荐机构推荐发行人发行证券，应当向中国证监会提交下列哪些文件：（　　）。
　　A. 发行保荐书
　　B. 保荐代表人专项授权书
　　C. 发行保荐工作报告
　　D. 中国证监会要求的其他与保荐业务有关的文件

7. 保荐机构应当建立健全下列哪些制度：（　　）。
　　A. 保荐机构应当建立健全保荐工作的内部控制体系，切实保证保荐业务负责人、内核负责人、保荐业务部门负责人、保荐代表人、项目协办人及其他保荐业务相关人员勤勉尽责，严格控制风险，提高保荐业务整体质量
　　B. 保荐机构应当建立健全证券发行上市的尽职调查制度、辅导制度、对发行上市申请文件的内部核查制度、对发行人证券上市后的持续督导制度
　　C. 保荐机构应当建立健全对保荐代表人及其他保荐业务相关人员的持续培训制度
　　D. 保荐机构应当建立健全工作底稿制度，为每一项目建立独立的保荐工作底稿

8. 下列关于保荐业务的说法正确的是：（　　）。
　　A. 证券公司从事证券发行上市保荐业务，应依照规定向证券交易所申请保荐机构资格
　　B. 保荐机构履行保荐职责，应当指定依照规定取得保荐代表人资格的个人具体负责保荐工作
　　C. 未经中国证监会核准，任何机构和个人不得从事保荐业务
　　D. 保荐机构及其保荐代表人通过从事保荐业务获取额外利益

9. 发行保荐书的必备内容包括( )。
    A. 发行人的债务情况 　　　　B. 本次证券发行基本情况
    C. 保荐机构承诺事项 　　　　D. 对本次证券发行的推荐意见

10. 对本次证券发行的推荐意见部分，保荐机构应逐项说明发行人是否已就本次证券发行履行了( )及中国证监会规定的决策程序。
    A.《证券法》 　　　　B.《证券发行上市保荐业务管理办法》
    C.《公司法》 　　　　D.《首次公开发行股票并上市管理办法》

11. 上市保荐书应当包括下列内容( )。
    A. 逐项说明本次证券上市是否符合《公司法》、《证券法》及证券交易所规定的上市条件
    B. 对发行人证券上市后持续督导工作的具体安排
    C. 保荐机构与发行人的关联关系；相关承诺事项
    D. 中国证监会或者证券交易所要求的其他事项

12. 在发行保荐书和上市保荐书中，保荐机构应当就下列事项作出承诺：( )。
    A. 有充分理由确信发行人符合法律法规及中国证监会有关证券发行上市的相关规定
    B. 有充分理由确信发行人申请文件和信息披露资料不存在虚假记载、误导性陈述或者重大遗漏
    C. 有充分理由确信发行人及其董事在申请文件和信息披露资料中表达意见的依据充分合理
    D. 有充分理由确信申请文件和信息披露资料与证券服务机构发表的意见不存在实质性差异

13. 保荐机构应逐项说明本次证券发行是否符合( )规定的发行条件。
    A.《证券法》 　　　　B.《证券发行上市保荐业务管理办法》
    C.《公司法》 　　　　D.《首次公开发行股票并上市管理办法》

14. 保荐机构提交发行保荐书后，应当配合中国证监会的审核，并承担下列工作：( )。
    A. 组织发行人及证券服务机构对中国证监会的意见进行答复
    B. 按照中国证监会的要求对涉及本次证券发行上市的特定事项进行尽职调查或者核查
    C. 指定保荐代表人与中国证监会职能部门进行专业沟通，保荐代表人在发审委会议上接受委员质询
    D. 中国证监会规定的其他工作

15. 下列对持续督导的说法不正确的是( )。
    A. 首次公开发行股票并在主板上市的，持续督导的期间为证券上市当年剩余时间及其后1个完整会计年度
    B. 主板上市公司发行新股、可转换公司债券的，持续督导的期间为证券上市当年剩余时间及其后1个完整会计年度。持续督导的期间自证券上市之日起计算

  C. 创业板上市公司发行新股、可转换公司债券的，持续督导的期间为证券上市当年剩余时间及其后两个完整会计年度

  D. 持续督导工作结束后，保荐机构应当在发行人公告年度报告之日起的 20 个工作日内向中国证监会、证券交易所报送保荐总结报告书

16. 发行保荐工作报告的必备内容包括（　　）。
  A. 本次证券发行基本情况　　　　B. 项目运作流程
  C. 项目存在问题及其解决情况　　D. 对本次证券发行的推荐意见

17. 保荐总结报告书应当包括下列内容（　　）。
  A. 发行人的基本情况；保荐工作概述
  B. 履行保荐职责期间发生的重大事项及处理情况
  C. 项目运作流程、存在问题及其解决情况
  D. 对证券服务机构参与证券发行上市相关工作情况的说明及评价

18. 每个会计年度结束后，保荐机构应当对上市公司年度募集资金存放与使用情况出具专项核查报告，并于上市公司披露年度报告时向交易所提交。核查报告应当包括以下内容（　　）。
  A. 募集资金的存放、使用及专户余额情况
  B. 募集资金项目的进展情况，包括与募集资金投资计划进度的差异
  C. 用募集资金置换预先已投入募集资金投资项目的自筹资金情况（如适用）
  D. 闲置募集资金补充流动资金的情况和效果（如适用）

19. 下列关于保荐协议的说法不正确的是（　　）。
  A. 保荐协议签订后，保荐机构应在 10 个工作日内报发行人所在地的中国证监会派出机构备案
  B. 刊登证券发行募集文件前终止保荐协议的，保荐机构和发行人应当自终止之日起 5 个工作日内分别向中国证监会报告，说明原因
  C. 刊登证券发行募集文件以后直至持续督导工作结束，保荐机构和发行人应当终止保荐协议
  D. 发行人因再次申请发行证券另行聘请保荐机构、保荐机构被中国证监会撤销保荐机构资格的，应当终止保荐协议

20. 发行人在持续督导期间出现下列情形之一的，中国证监会可根据情节轻重，自确认之日起 3~12 个月内不受理相关保荐代表人具体负责的推荐；情节特别严重的，撤销相关人员的保荐代表人资格（　　）。
  A. 证券上市当年累计 30% 以上募集资金的用途与承诺不符
  B. 公开发行证券并在主板上市当年营业利润比上年下滑 50% 以上
  C. 首次公开发行股票并上市之日起 12 个月内控股股东或者实际控制人发生变更
  D. 首次公开发行股票并上市之日起 12 个月内累计 50% 以下资产或者主营业务发生重组

21. 发行人有下列情形之一的，应当及时通知或者咨询保荐机构，并将相关文件送交保荐机构（　　）。

   A. 变更募集资金及投资项目等承诺事项

   B. 发生关联交易、为他人提供担保等事项

   C. 履行信息披露义务或者向中国证监会、证券交易所报告有关事项

   D. 发生违法违规行为或者其他重大事项

22. 下列关于保荐机构与其他证券服务机构的说法正确的是(　　)。

   A. 发行人为证券发行上市聘用的会计师事务所、律师事务所、资产评估机构以及其他证券服务机构，保荐机构不得以任何理由更换

   B. 保荐机构对证券服务机构及其签字人员出具的专业意见存有疑义的，应当主动与证券服务机构进行协商，并可要求其作出解释或者出具依据

   C. 保荐机构有充分理由确信证券服务机构及其签字人员出具的专业意见可能存在虚假记载、误导性陈述或重大遗漏等违法违规情形或者其他不当情形的，应当及时发表意见；情节严重的，应当向中国证监会、证券交易所报告

   D. 证券服务机构及其签字人员应当保持专业独立性，对保荐机构提出的疑义或者意见进行审慎的复核判断，并向保荐机构、发行人及时发表意见

23. 保荐机构及其保荐代表人履行保荐职责可对发行人行使下列权利(　　)。

   A. 要求发行人及时通报信息

   B. 定期或者不定期对发行人进行回访，查阅保荐工作需要的发行人材料

   C. 要求分配发行人在经营活动中获得的利润

   D. 列席发行人的股东大会、董事会和监事会

24. 中国证监会于 2009 年 3 月制定了《证券发行上市保荐业务工作底稿指引》，规定工作底稿应当包括以下内容(　　)。

   A. 保荐机构根据有关规定对项目进行立项、内核以及其他相关内部管理工作所形成的文件资料

   B. 保荐机构根据实际情况，对发行人及其子公司、发行人的控股股东或实际控制人及其子公司等的董事、监事、高级管理人员以及其他人员进行访谈的访谈记录

   C. 保荐机构在协调发行人和证券服务机构时，以定期会议、专题会议以及重大事项临时会议的形式，为发行人分析和解决证券发行上市过程中的主要问题形成的会议资料、会议纪要

   D. 保荐机构根据实际情况，对发行人的客户、供应商、开户银行，工商、税务、土地、环保、海关等部门、行业主管部门或行业协会以及其他相关机构或部门的相关人员等进行访谈的访谈记录

25. 申请首次公开发行股票的公司（以下简称"发行人"）应按《公开发行证券的公司信息披露内容与格式准则第 9 号——首次公开发行股票并上市申请文件》（2006 年修订）的要求制作申请文件。下列要求正确的是(　　)。

   A. 发行人应按第 9 号准则的要求制作和报送申请文件。未按第 9 号准则的要求制作和报送申请文件的，中国证监会按照有关规定不予受理

   B. 第 9 号准则附录规定的申请文件目录是对发行申请文件的最低要求。根据审核

需要，中国证监会可以要求发行人和中介机构补充材料。如果某些材料对发行人不适用，可不提供，但应向中国证监会作出书面说明

    C. 发行人报送申请文件，初次报送应提交原件1份，复印件3份；在提交发审委审核前，根据中国证监会要求的份数补报申请文件。发行人不能提供有关文件的原件的，应由发行人律师提供鉴证意见，或由出文单位盖章，以保证与原件一致。如原出文单位不再存续，由承继其职权的单位或作出撤销决定的单位出文证明文件的真实性

    D. 申请文件所有需要签名处，均应为签名人亲笔签名，不得以名章、签名章等代替。申请文件中需要由发行人律师鉴证的文件，发行人律师应在该文件首页注明"以下第××页至第××页与原件一致"，并签名和签署鉴证日期，律师事务所应在该文件首页加盖公章，并在第××页至第××页侧面以公章加盖骑缝章

26. 资产评估报告由哪几部分组成（   ）。

    A. 封面   B. 目录、正文

    C. 附录   D. 备查文件

27. 申请首次公开发行股票的公司（以下简称"发行人"）应按《公开发行证券的公司信息披露内容与格式准则第9号——首次公开发行股票并上市申请文件》（2006年修订）的要求制作申请文件。下列要求不正确的是（   ）。

    A. 申请文件应采用幅面为148毫米×210毫米规格的纸张（相当于标准A5纸张规格），双面印刷（需提供原件的历史文件除外）

    B. 申请文件的封面和侧面应标明"××公司首次公开发行股票并上市申请文件"字样

    C. 申请文件章与章之间、节与节之间应有明显的分隔标识。申请文件中的页码应与目录中标识的页码相符。例如，第四章4—1的页码标注为4—1—1，4—1—2，4—1—3……4—1—n

    D. 发行人在每次报送书面申请文件的同时，应报送一份相应的标准电子文件（标准.doc或.txt格式文件）。发行结束后，发行人应将招股说明书的电子文件及历次报送的电子文件汇总报送中国证监会备案

28. 下列关于招股说明书摘要的描述正确的是（   ）。

    A. 招股说明书摘要的目的仅为向公众提供有关本次发行的简要情况，无须包括招股说明书全文各部分的主要内容

    B. 招股说明书摘要内容必须忠实于招股说明书全文，不得出现与全文相矛盾之处

    C. 招股说明书摘要应尽量采用图表或其他较为直观的方式准确披露发行人的情况，做到简明扼要、通俗易懂

    D. 招股说明书摘要应当依照有关法律、法规的规定，遵循特定的格式和必要的记载事项的要求编制

29. 下列关于资产评估报告的说法不正确的是（   ）。

    A. 资产评估报告是评估机构完成评估工作后出具的专业报告

    B. 该报告涉及国有资产的，须经过国有资产管理部门、有关的主管部门核准或

备案

C. 该报告不涉及国有资产的，须经过董事会或监事会确认后生效

D. 资产评估报告的有效期为评估基准日起的 6 个月

30. 下列属于首次公开发行股票并上市申请文件的是（　　）。

A. 招股说明书与发行公告

B. 保荐机构关于本次发行的文件

C. 关于本次发行募集资金运用的文件

D. 发行人关于本次发行的申请及授权文件

31. 资产评估附件应当包括的内容有（　　）。

A. 资产评估结论　　　　　　　B. 评估资产的汇总表与明细表

C. 评估方法说明和计算过程　　D. 与评估基准日有关的会计报表

32. 资产评估报告须向外方提供时，可以按照国际惯例的格式与要求撰写，但同时向国有资产管理部门报送的报告仍按（　　）撰写。

A.《国有资产评估管理办法》

B.《国有资产评估管理办法实施细则》

C.《关于资产评估报告书的规范意见》

D.《上市公司证券发行管理办法》

33. 审计报告应当包括以下基本内容（　　）。

A. 标题；收件人　　　　　　　B. 范围段；意见段

C. 签章和会计师事务所的地址　D. 报告日期

34. 法律意见书的必备内容包括律师的声明以及对本次股票发行上市的下列（包括但不限于）事项明确发表结论性意见，所发表的结论性意见应包括是否合法合规、是否真实有效、是否存在纠纷或潜在风险（　　）。

A. 本次发行上市的批准和授权　B. 发行人本次发行上市的主体资格

C. 发起人或股东（实际控制人）D. 关联交易及同业竞争

35. 下列关于辅导报告的说法正确的是（　　）。

A. 辅导报告是保荐人对拟发行证券的公司的辅导工作结束以后，就辅导情况、效果及意见向有关主管单位出具的书面报告

B. 在辅导工作中，董事会应当制作工作底稿，出具阶段辅导工作报告，分别向中国证监会的派出机构报送

C. 在辅导工作中，保荐人应当制作工作底稿，出具阶段辅导工作报告，分别向中国证监会的派出机构报送

D. 辅导结束后，保荐机构应出具辅导工作总结报告，其内容必须翔实具体、简明易懂，不得有虚假、隐匿

36. 资产评估报告正文应包含的内容有（　　）。

A. 评估机构与委托单位的名称　B. 评估方法说明和计算过程

C. 资产状况与产权归属　　　　D. 评估原则

37. 在主板上市公司首次公开发行股票的发行人的董事、监事和高级管理人员符合法

律、行政法规和规章规定的任职资格，且不得有下列情形（　　）。

A. 被中国证监会采取证券市场禁入措施尚在禁入期的

B. 最近 36 个月内受到中国证监会行政处罚，或者最近 12 个月内受到证券交易所公开谴责

C. 最近 48 个月内受到中国证监会行政处罚，或者最近 24 个月内受到证券交易所公开谴责

D. 因涉嫌犯罪被司法机关立案侦查或者涉嫌违法违规被中国证监会立案调查，尚未有明确结论意见

38. 下列对在主板上市公司首次公开发行股票的发行人应当符合的条件叙述正确的是（　　）。

A. 最近 3 个会计年度净利润均为正数且累计超过人民币 3000 万元，净利润以扣除非经常性损益前后较低者为计算依据

B. 最近 3 个会计年度经营活动产生的现金流量净额累计超过人民币 1 亿元；或者最近 3 个会计年度营业收入累计超过人民币 3 亿元

C. 发行前股本总额不少于人民币 5000 万元

D. 最近 1 期末无形资产（扣除土地使用权、水面养殖权和采矿权等后）占净资产的比例不高于 20%；最近 1 期末不存在未弥补亏损

39. 盈利预测的数据（合并会计报表）至少应包括下列哪几项（　　）。

A. 负债总额
B. 利润总额、净利润
C. 每股盈利
D. 会计年度营业收入

40. 在创业板上市公司首次公开发行股票应符合下列哪些条件（　　）。

A. 发行人是依法设立且持续经营 3 年以上的股份有限公司。有限责任公司按原账面净资产值折股整体变更为股份有限公司的，持续经营时间可以从有限责任公司成立之日起计算

B. 最近两年连续盈利，最近两年净利润累计不少于 2000 万元，且持续增长；或者最近 1 年盈利，且净利润不少于 500 万元，最近 1 年营业收入不少于 5000 万元，最近两年营业收入增长率均不低于 30%。净利润以扣除非经常性损益前后孰低者为计算依据

C. 最近 1 期末净资产不少于 2000 万元，且不存在未弥补亏损

D. 发行后股本总额不少于 3000 万元

41. 发行人在创业板上市公司首次公开发行股票应当具有持续盈利能力，不存在下列情形（　　）。

A. 发行人的经营模式、产品或服务的品种结构已经或者将发生重大变化，并对发行人的持续盈利能力构成重大不利影响

B. 发行人的行业地位或发行人所处行业的经营环境已经或者将发生重大变化，并对发行人的持续盈利能力构成重大不利影响

C. 发行人在用的商标、专利、专有技术、特许经营权等重要资产或者技术的取得或者使用存在重大不利变化的风险

D. 发行人最近 3 年的营业收入或净利润对关联方或者有重大不确定性的客户存在重大依赖；发行人最近 3 年的净利润主要来自合并财务报表范围以外的投资收益

42. 各保荐人应按照规定要求进行内核和推荐，下列具体规定正确的是（　　）。

A. 保荐人推荐发行人发行股票，应建立发行人质量评价体系，明确推荐标准，在充分尽职调查的基础上，保证推荐内部管理良好、运作规范、未来有发展潜力的发行人发行股票

B. 保荐人应建立保荐工作档案。工作档案至少应包括发行保荐书、尽职调查报告、内核小组工作记录、发行申请文件、对中国证监会审核反馈意见的回复。中国证监会和证券交易所可随时调阅工作档案。工作档案保留时间应符合中国证监会的有关规定

C. 在发行完成后的 15 个工作日内，保荐人应当向中国证监会报送承销总结报告。承销总结报告至少应包括推介、定价、申购、该股票二级市场表现（如已上市交易）及发行组织工作等内容

D. 保荐机构应当在发行完成当年及其后的 2 个会计年度发行人年度报告公布后的 1 个月内，对发行人进行回访

43. 下列对承销商备案材料的叙述中正确是（　　）。

A. 主承销商应当于中国证监会受理其股票发行申请材料后的 5 个工作日内向中国证券业协会报送承销商备案材料

B. 股票发行前，主承销商应对备案材料中发生变化的内容向中国证券业协会报送变更或补充说明材料，保证承销商备案材料与实际情况相符

C. 中国证券业协会可对证券经营机构担任某只股票发行的承销商资格提出否决意见。如提出否决意见，中国证券业协会将在收到承销商备案材料的 10 个工作日内函告主承销商，同时抄报中国证监会

D. 中国证券业协会自收到完整的承销备案材料的 15 个工作日内未提出异议的，则视为承销商备案材料得到认可

44. 各保荐人应按照（　　）的要求进行内核和推荐。

A.《证券法》

B.《首次公开发行股票并上市管理办法》

C.《证券发行上市保荐业务管理办法》

D.《证券公司从事股票发行主承销业务有关问题的指导意见》

45. 下列关于发审委的职责正确的是（　　）。

A. 根据有关法律、行政法规和中国证监会的规定，审核股票发行申请是否符合相关条件

B. 审核保荐人、会计师事务所、律师事务所、资产评估机构等证券服务机构及相关人员为股票发行所出具的有关材料及意见书

C. 审核中国证监会有关职能部门出具的初审报告

D. 依法对股票发行申请提出审核意见

46. 根据《关于加强对通过发审会的拟发行证券的公司会后事项监管的通知》（证监发行字［2002］15 号）（以下简称"15 号文"）及《股票发行审核备忘录第 5 号》的规定，符合发审会会后事项监管及封卷工作的具体要求的有（   ）。
    A. 公司发行股票前，发行人应提供会后重大事项说明，保荐机构及发行人律师、会计师应就公司在通过发审会审核后是否发生重大事项分别出具专业意见
    B. 拟发行公司若最近两年实现的净利润低于上年的净利润或盈利预测数（如有），或净资产收益率未达到公司承诺的收益率，由发行监管部决定是否重新提交发审会讨论
    C. 封卷时，公司应在提供的招股说明书或招股意向书上明确注明"封卷稿"字样及封卷稿提交时间，注明全体董事及相关中介机构签署意见的时间
    D. 在中国证监会将核准文件交发行人的当日或者发行公司刊登招股说明书（招股意向书）的前 3 个工作日中午 12:00 以前，发行人和中介机构应向发行监管部提交"承诺函"，承诺自提交会后事项材料日至提交承诺函日止（即最近两周左右时间内）无 15 号文所述重大事项发生。如有重大事项发生的，应重新提交会后事项材料

三、判断题

1. 证券公司从事证券发行上市保荐业务，应依照规定向中国证监会申请保荐机构资格。（   ）
   A. 正确   B. 错误
2. 未经中国证监会核准，任何机构和个人不得从事保荐业务。（   ）
   A. 正确   B. 错误
3. 保荐机构履行保荐职责，应当指定依照规定取得保荐代表人资格的个人具体负责保荐工作。（   ）
   A. 正确   B. 错误
4. 保荐代表人及其他保荐业务相关人员不属于内幕信息的知情人员。（   ）
   A. 正确   B. 错误
5. 保荐机构及其保荐代表人可以通过从事保荐业务获得额外利益。（   ）
   A. 正确   B. 错误
6. 同次发行的证券，其发行保荐和上市保荐应当由不同保荐机构承担。（   ）
   A. 正确   B. 错误
7. 保荐代表人及其配偶可以以个人名义持有发行人的股份。（   ）
   A. 正确   B. 错误
8. 保荐机构应当保证所出具的文件真实、准确、完整。证券发行规模达到一定数量的，可以采用联合保荐，但参与联合保荐的保荐机构不得超过 3 家。（   ）
   A. 正确   B. 错误
9. 首次公开发行股票并在主板上市的，持续督导的期间为证券上市当年剩余时间及其后 1 个完整会计年度。（   ）
   A. 正确   B. 错误

10. 证券发行规模达到一定数量的，可以采用联合保荐，但参与联合保荐的保荐机构不得超过两家。（　　）

    A. 正确　　　　　　　　　　B. 错误

11. 首次公开发行股票并在创业板上市的，持续督导的期间为证券上市当年剩余时间及其后 3 个完整会计年度。（　　）

    A. 正确　　　　　　　　　　B. 错误

12. 持续督导工作结束后，保荐机构应当在发行人公告年度报告之日起的 5 个工作日内向中国证监会、证券交易所报送保荐总结报告书。（　　）

    A. 正确　　　　　　　　　　B. 错误

13. 《深圳证券交易所上市公司募集资金管理办法》对保荐机构在募集资金管理方面的基本要求上海证券交易所不同。（　　）

    A. 正确　　　　　　　　　　B. 错误

14. 保荐协议签订后，保荐机构应在 5 个工作日内报发行人所在地的中国证监会派出机构备案。（　　）

    A. 正确　　　　　　　　　　B. 错误

15. 保荐工作底稿应当真实、准确、完整地反映整个保荐工作的全过程，保存期不少于 10 年。（　　）

    A. 正确　　　　　　　　　　B. 错误

16. 发行人证券上市后，保荐机构则结束督导发行人履行规范运作、信守承诺、信息披露等义务。（　　）

    A. 正确　　　　　　　　　　B. 错误

17. 发行保荐工作报告的必备内容包括：项目运作流程、项目存在问题及其解决情况。（　　）

    A. 正确　　　　　　　　　　B. 错误

18. 终止保荐协议的，保荐机构和发行人应当自终止之日起 10 个工作日内向中国证监会、证券交易所报告，说明原因。（　　）

    A. 正确　　　　　　　　　　B. 错误

19. 发行人在持续督导期间出现实际盈利低于盈利预测达 20％以上，中国证监会可根据情节轻重，自确认之日起 3～12 个月内不受理相关保荐代表人具体负责的推荐；情节特别严重的，撤销相关人员的保荐代表人资格。（　　）

    A. 正确　　　　　　　　　　B. 错误

20. 准则没有明确规定的对投资者作出投资决策有重大影响的信息，可以不进行披露。（　　）

    A. 正确　　　　　　　　　　B. 错误

21. 招股说明书由发行人在保荐机构及其他中介机构的辅助下完成，由公司监事会表决通过。（　　）

    A. 正确　　　　　　　　　　B. 错误

22. 招股说明书摘要是对招股说明书内容的概括，是由发行人编制，随招股说明书一起报送批准后，在由中国证监会指定的至少一种全国性报刊上及发行人选择的其他报刊上刊登，供公众投资者参考的关于发行事项的信息披露法律文件。（　　）

A. 正确　　　　　　　　　　B. 错误

23. 资产评估报告是评估机构在评估工作中出具的专业报告。（　　）

A. 正确　　　　　　　　　　B. 错误

24. 发行人为证券发行上市聘用的会计师事务所、律师事务所、资产评估机构以及其他证券服务机构，保荐机构不能以任何理由更换。（　　）

A. 正确　　　　　　　　　　B. 错误

25. 保荐业务的工作底稿应当至少保存 5 年。（　　）

A. 正确　　　　　　　　　　B. 错误

26. 证券发行上市保荐业务工作底稿包括三部分：保荐机构尽职调查文件、保荐机构从事保荐业务的记录和申请文件及其他文件。（　　）

A. 正确　　　　　　　　　　B. 错误

27. 公司首次公开发行股票必须制作招股说明书。（　　）

A. 正确　　　　　　　　　　B. 错误

28. 资产评估报告的有效期为评估基准日起的 2 年。（　　）

A. 正确　　　　　　　　　　B. 错误

29. 审计报告是审计工作的最终结果，具有法定的证明效力。（　　）

A. 正确　　　　　　　　　　B. 错误

30. 盈利预测是指发行人对未来会计期间经营成果的预计和测算。（　　）

A. 正确　　　　　　　　　　B. 错误

31. 拟上市公司应当本着审慎的原则作出当年的盈利预测，并经过具有证券业从业资格的保荐人审核。（　　）

A. 正确　　　　　　　　　　B. 错误

32. 法律意见书是律师对发行人本次发行上市的法律问题依法明确作出的结论性意见。（　　）

A. 正确　　　　　　　　　　B. 错误

33. 资产评估报告由封面、目录、正文、附录、备查文件五部分组成。（　　）

A. 正确　　　　　　　　　　B. 错误

34. 评估报告应当由两名以上具有证券从业资格的评估人员及其所在机构签章，并应当由评估机构的报表人和评估项目负责人签章。（　　）

A. 正确　　　　　　　　　　B. 错误

35. 律师事务所及其从事证券法律业务的律师应当依照于 2008 年 5 月 1 日起施行的《律师事务所从事证券法律业务管理办法》开展证券法律业务。（　　）

A. 正确　　　　　　　　　　B. 错误

36. 发行人在创业板上市公司首次公开发行股票需满足最近 1 期末净资产不少于 1000 万元，且不存在未弥补亏损。（　　）

A. 正确　　　　　　　　　　B. 错误

37. 经国务院批准，有限责任公司在依法变更为股份有限公司时，可以采取募集设立方式公开发行股票。（　　）

    A. 正确　　　　　　　　　　B. 错误

38. 发行人自股份有限公司成立后，持续经营时间应当在 5 年以上，但经国务院批准的除外。（　　）

    A. 正确　　　　　　　　　　B. 错误

39. 发行人在创业板上市公司首次公开发行股票需满足的基本条件是：最近 1 年盈利，且净利润不少于 1000 万元，最近 1 年营业收入不少于 5000 万元，最近两年营业收入增长率均不低于 30%。（　　）

    A. 正确　　　　　　　　　　B. 错误

40. 发行人在创业板上市公司首次公开发行股票需满足发行后股本总额不少于 3000 万元。（　　）

    A. 正确　　　　　　　　　　B. 错误

41. 发行人在创业板上市公司首次公开发行股票具有完善的公司治理结构，依法建立健全股东大会、董事会、监事会以及独立董事、董事会秘书、审计委员会制度，相关机构和人员能够依法履行职责。（　　）

    A. 正确　　　　　　　　　　B. 错误

42. 在招股说明书或招股意向书刊登后至获准上市前，如公司发生重大事项，提交有关说明后，然后于第 2 日刊登补充公告。（　　）

    A. 正确　　　　　　　　　　B. 错误

43. 自中国证监会核准发行之日起，发行人应在 6 个月内发行股票；超过 6 个月未发行的，核准文件失效，须重新经中国证监会核准后方可发行。（　　）

    A. 正确　　　　　　　　　　B. 错误

44. 发审委委员由中国证监会的专业人员和中国证监会外的有关专家组成，由中国证监会聘任。主板发审委委员为 25 名，部分发审委委员可以为专职。其中中国证监会的人员 10 名，中国证监会以外的人员 15 名。（　　）

    A. 正确　　　　　　　　　　B. 错误

45. 更换后的会计师或会计师事务不需要对申请首次公开发行股票公司的审计报告出具新的专业报告。（　　）

    A. 正确　　　　　　　　　　B. 错误

46. 发审委会议根据审核工作需要，可以邀请发审委委员以外的行业专家到会提供专业咨询意见。发审委委员以外的行业专家拥有表决权。（　　）

    A. 正确　　　　　　　　　　B. 错误

47. 股票发行申请未获核准的，发行人可自中国证监会作出不予核准决定之日起 6 个月后再次提出股票发行申请。（　　）

    A. 正确　　　　　　　　　　B. 错误

48. 保荐机构唆使、协助或者参与干扰发审委工作的，中国证监会按照有关规定在 3 个月内不受理该保荐机构的推荐。（　　）

A. 正确 B. 错误

49. 拟发行公司若最近1年实现的净利润低于上年的净利润或盈利预测数（如有），或净资产收益率未达到公司承诺的收益率，由发行监管部决定是否重新提交发审会讨论。（ ）
A. 正确 B. 错误

50. 发行人更换保荐机构（主承销商）应重新履行申报程序，并重新办理发行人申请文件的受理手续。（ ）
A. 正确 B. 错误

参考答案

一、单项选择题

1. D	2. B	3. B	4. D	5. C
6. B	7. D	8. B	9. A	10. B
11. C	12. B	13. B	14. C	15. A
16. B	17. B	18. C	19. A	20. B
21. C	22. D	23. A	24. D	25. C
26. D	27. A	28. A	29. C	30. C
31. D	32. C	33. C	34. A	35. A
36. C	37. D	38. C	39. C	40. B
41. B	42. C	43. C	44. C	45. B
46. D	47. C	48. D	49. C	50. B

二、多项选择题

1. BC	2. ABCD	3. ABD	4. ABC	5. BD
6. ABCD	7. ABCD	8. BC	9. BCD	10. AC
11. ABCD	12. ABCD	13. AD	14. ABCD	15. AD
16. BC	17. ABD	18. ABCD	19. AC	20. BC
21. ABCD	22. BCD	23. ABD	24. ABCD	25. ABCD
26. ABCD	27. AD	28. ABCD	29. CD	30. ABCD
31. BCD	32. ABC	33. ABCD	34. ABCD	35. ACD
36. ACD	37. ABD	38. AD	39. BCD	40. ACD
41. AB	42. ABC	43. BD	44. ACD	45. ABCD
46. AC				

三、判断题

1. A	2. A	3. A	4. B	5. B
6. B	7. B	8. B	9. B	10. A
11. A	12. B	13. B	14. A	15. A
16. B	17. A	18. B	19. A	20. B

21. B	22. A	23. B	24. B	25. B
26. A	27. A	28. B	29. A	30. A
31. B	32. A	33. A	34. A	35. B
36. B	37. A	38. B	39. B	40. A
41. A	42. B	43. A	44. B	45. B
46. B	47. A	48. A	49. A	50. A

第五章　首次公开发行股票的操作

一、本章考纲

了解新股发行体制改革的总体原则、基本目标和内容。了解新股发行改革第二阶段的主要改革措施。

掌握股票的估值方法。了解投资价值分析报告的基本要求。掌握首次公开发行股票的询价与定价的制度。

掌握股票发行的基本要求。掌握战略投资者配售的概念与操作。掌握超额配售选择权的概念及其实施、行使和披露。了解回拨机制和中止发行机制。掌握网上网下回拨的机制安排。掌握中止发行及重新启动发行的机制安排。

熟悉首次公开发行的具体操作，包括推介、询价、定价、报价申购、发售、验资、承销总结等。了解网下电子化发行的一般规定。掌握承销的有关规定。要求掌握主承销商自主推荐机构投资者的机制安排。

掌握股票上市的条件与审核。掌握股票锁定的一般规定。掌握董事、监事和高级管理人员所持股票的特别规定。掌握股票上市保荐和持续督导的一般规定。熟悉上市保荐书的内容。熟悉股票上市申请和上市协议。了解剩余证券的处理方法。

熟悉中小企业板块上市公司的保荐和持续督导的内容。熟悉中小企业板块发行及上市流程。

掌握创业板发行、上市、持续督导等操作上的一般规定。熟悉创业板推荐工作指引的有关规定。掌握推荐创业板上市的鼓励领域及产业。熟悉创业板上市首日交易监控和风险控制的有关规定。

熟悉创业板发行及上市保荐书的内容。了解创业板上市成长性意见的内容。掌握关于创业板上市公司董事、监事和高级管理人员买卖本公司股票的规定。

二、本章知识体系

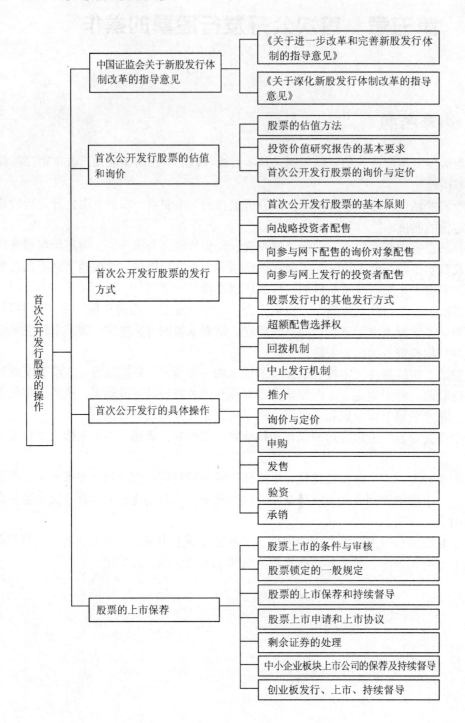

三、同步强化练习题及参考答案

同步强化练习题

一、单项选择题

1. (   )第三十四条规定:"股票发行采取溢价发行的,其发行价格由发行人与承销的证券公司协商确定。"

   A.《证券法》 B.《证券发行与承销管理办法》
   C.《上市公司证券发行管理办法》 D.《证券发行上市保荐制度暂行办法》

2. 根据中国证监会(   )的规定,首次公开发行股票应通过询价的方式确定股票发行价格。

   A.《证券法》 B.《证券发行与承销管理办法》
   C.《上市公司证券发行管理办法》 D.《证券发行上市保荐制度暂行办法》

3. 根据中国证监会《证券发行与承销管理办法》(中国证监会令［2006］第 37 号)的规定,首次公开发行股票应通过(   )的方式确定股票发行价格。

   A. 估值 B. 竞价
   C. 询价 D. 协商

4. 与发行人或其主承销商具有实际控制关系的询价对象,可以参与发行股票的(   )。

   A. 撰写投资价值研究报告 B. 询价
   C. 网下配售 D. 网上发行

5. 发行人及其主承销商在发行价格区间和发行价格确定后,应当分别报(   )备案,并予以公告。

   A. 国务院 B. 财政部
   C. 中国证券业协会 D. 中国证监会

6. 下列关于相对估值法的说法不正确的一项是(   )。

   A. 相对估值法亦称可比公司法,是指对股票进行估值时,对可比较的或者代表性的公司进行分析,尤其注意有着相似业务的公司的新近发行以及相似规模的其他新近的首次公开发行,以获得估值基础

   B. 证券交易所审查可比较的发行公司的初次定价和它们的二级市场表现,然后根据发行公司的特质进行价格调整,为新股发行进行估价

   C. 在运用可比公司法时,可以采用比率指标进行比较,比率指标包括 P/E (市盈率)、P/B (市净率)、EV/EBITDA (企业价值与利息、所得税、折旧、摊销前收益的比率),等等

   D. 市盈率 (Price to Earnings Ratio,简称 P/E),是指股票市场价格与每股收益的比率

7. 为了进一步健全机制、提高效率,中国证监会于 2009 年 6 月 10 日公布了(   ),对新股发行体制进行了改革和完善,以适应市场的更大发展。

A.《证券法》

B.《证券发行与承销管理办法》

C.《上市公司证券发行管理办法》

D.《关于进一步改革和完善新股发行体制的指导意见》

8. 投资价值研究报告应当由（ ）的研究人员独立撰写并署名。

    A. 发行人   B. 承销商

    C. 证监会   D. 证券交易所

9.《证券法》第三十四条规定："股票发行采取溢价发行的，其发行价格由（ ）确定。"

    A. 发行人   B. 承销的证券公司

    C. 发行人与承销的证券公司协商   D. 证券交易所

10. 下列机构投资者作为询价对象应当符合下列条件，其中不正确的一项是：（ ）。

    A. 保险机构投资者经批准可以经营证券自营或者证券资产管理业务

    B. 证券公司经批准可以经营证券自营或者证券资产管理业务

    C. 信托投资公司经相关监管部门重新登记已满两年，注册资本不低于 4 亿元，最近 12 个月有活跃的证券市场投资记录

    D. 财务公司成立两年以上，注册资本不低于 3 亿元，最近 12 个月有活跃的证券市场投资记录

11. 下列比率指标公式错误的是（ ）。

    A. 市盈率＝股票市场价格/每股收益

    B. $每股净利润 = \dfrac{全年净利润}{\left(发行前总股本数 + 本次公开发行股本数 \times (12 - 发行月份)\right) \div 12}$

    C. 市盈率＝股票市场价格/每股净资产

    D. $公司整体价值 = \sum\limits_{t=1}^{n} \dfrac{FCF_t}{(1+WACC)^t} + \dfrac{V_n}{(1+WACC)^n}$

12. 信托投资公司作为询价对象需经相关监管部门重新登记已满两年，注册资本不低于（ ）亿元，最近 12 个月有活跃的证券市场投资记录。

    A. 2   B. 3

    C. 4   D. 5

13. 询价对象应当符合的条件有：依法设立，最近（ ）个月未因重大违法违规行为被相关监管部门给予行政处罚、采取监管措施或者受到刑事处罚。

    A. 3   B. 6

    C. 12   D. 24

14. 财务公司作为询价对象需成立两年以上，注册资本不低于（ ）亿元，最近 12 个月有活跃的证券市场投资记录。

    A. 2   B. 3

    C. 4   D. 5

15. ( )应当在询价时向询价对象提供投资价值研究报告。
    A. 发行人　　　　　　　　　　B. 主承销商
    C. 证监会　　　　　　　　　　D. 证券交易所

16. 询价结束后，公开发行股票数量在( )亿股以下、提供有效报价的询价对象不足20家的，发行人及其主承销商不得确定发行价格，并应当中止发行。
    A. 2　　　　　　　　　　B. 3
    C. 4　　　　　　　　　　D. 5

17. 询价结束后，公开发行股票数量在4亿股以下、提供有效报价的询价对象不足( )家的，发行人及其主承销商不得确定发行价格，并应当中止发行。
    A. 10　　　　　　　　　　B. 20
    C. 30　　　　　　　　　　D. 50

18. 首次公开发行股票数量在( )亿股以上的，可以向战略投资者配售股票。
    A. 2　　　　　　　　　　B. 3
    C. 4　　　　　　　　　　D. 5

19. 向参与网下配售的询价对象配售的，公开发行股票数量少于4亿股的，配售数量不超过本次发行总量的( )。
    A. 10%　　　　　　　　　　B. 20%
    C. 30%　　　　　　　　　　D. 50%

20. 参与网下配售的询价对象应当承诺获得本次网下配售的股票持有期限不少于( )个月，持有期自本次公开发行的股票上市之日起计算。
    A. 1　　　　　　　　　　B. 3
    C. 6　　　　　　　　　　D. 12

21. 为规范首次公开发行股票，提高首次公开发行股票网下申购及资金结算效率，中国证监会要求网下部分通过( )进行电子化发行。
    A. 发行人　　　　　　　　　　B. 银行
    C. 证券公司　　　　　　　　　　D. 证券交易所

22. 首次公开发行股票网下发行电子化业务是指通过( )网下申购电子化平台及中国证券登记结算有限责任公司登记结算平台完成首次公开发行股票的初步询价、累计投标询价、资金代收付及股份初始登记。
    A. 发行人　　　　　　　　　　B. 银行
    C. 证券公司　　　　　　　　　　D. 证券交易所

23. 初步询价期间，原则上每一个询价对象能提交( )次报价，因特殊原因（如市场发生突然变化需要调整估值、经办人员出错等）需要调整报价的，应在申购平台填写具体原因。
    A. 1　　　　　　　　　　B. 2
    C. 3　　　　　　　　　　D. 5

24. 主承销商于( )日7：00前将确定的配售结果数据，包括发行价格、获配股数、配售款、证券账户、获配股份限售期限、配售对象证件代码等通过PROP发送至登记结算平台。

A. T   B. T+1

C. T+2   D. T+3

25. 结算银行于( )日根据主承销商通过登记结算平台提供的电子退款明细数据，按照原留存的配售对象汇款凭证办理配售对象的退款。

A. T   B. T+1

C. T+2   D. T+3

26. ( )配售方式是指通过交易所交易系统公开发行股票。

A. 向战略投资者   B. 向参与网下配售的询价对象

C. 向参与网上发行的投资者   D. 网上竞价

27. 发行的股票向战略投资者配售的，发行完成后无持有期限制的股票数量不得低于本次发行股票数量的( )。

A. 10%   B. 20%

C. 25%   D. 50%

28. 发行人和主承销商必须在( )将确定的发行价格进行公告。

A. 股票配售时   B. 资金入账前

C. 资金解冻前   D. 网上发行后

29. 沪市投资者可以使用其所持的上海证券交易所账户在申购日（以下简称"T日"）向上海证券交易所申购在上海证券交易所发行的新股，申购时间为( )。

A. T日上午9:30~11:30，下午1:00~3:00

B. T日上午9:00~11:00，下午1:00~3:00

C. T+1日上午9:00~11:00，下午1:00~3:00

D. T+2日上午9:30~11:30，下午1:00~3:00

30. 申购日后的( )日，中国结算上海分公司配合上海证券交易所指定的具备资格的会计师事务所对申购资金进行验资，并由会计师事务所出具验资报告，以实际到位资金作为有效申购。

A. T   B. T+1

C. T+2   D. T+3

31. 上海证券交易所规定，每一申购单位为( )股。

A. 500   B. 1000

C. 2000   D. 3000

32. 申购日后的( )日，发行人和主承销商公布确定的发行价格和中签率，并进行摇号抽签、中签处理。

A. T   B. T+1

C. T+2   D. T+3

33. 上海证券交易所上网发行资金申购的时间一般为( )个交易日，根据发行人和主承销商的申请，可以缩短( )个交易日。

A. 4 1   B. 4 2

C. 5   1   D. 5   2

34. （   ）是指利用证券交易所的交易系统，主承销商作为新股的唯一卖方，以发行人宣布的发行底价为最低价格，以新股实际发行量为总的卖出数，由投资者在指定的时间内竞价委托申购。

A. 全额预缴款方式   B. 与储蓄存款挂钩方式
C. 上网竞价方式   D. 市值配售方式

35. （   ）是指在新股发行时，将一定比例的新股由上网公开发行改为向二级市场投资者配售，投资者根据其持有上市流通证券的市值和折算的申购限量，自愿申购新股。

A. 全额预缴款方式   B. 与储蓄存款挂钩方式
C. 上网竞价方式   D. 市值配售方式

36. 首次公开发行股票数量在（   ）亿股以上的，发行人及其主承销商可以在发行方案中采用超额配售选择权。

A. 2   B. 3
C. 4   D. 5

37. 深圳证券交易所则规定申购单位为（   ）股。

A. 500   B. 1000
C. 2000   D. 3000

38. 超额配售选择权是指发行人授予主承销商的一项选择权，获此授权的主承销商按同一发行价格超额发售不超过包销数额（   ）的股份。

A. 10%   B. 15%
C. 25%   D. 50%

39. 超额配售选择权的行使限额，即主承销商从集中竞价交易市场购买的发行人股票与要求发行人增发的股票之和，应当不超过本次包销数额的（   ）。

A. 10%   B. 15%
C. 25%   D. 50%

40. 在实施超额配售选择权所涉及的股票发行验资工作完成后的（   ）个工作日内，发行人应当再次发布股份变动公告。

A. 2   B. 3
C. 5   D. 10

41. 发行人及其主承销商应当在刊登首次公开发行股票招股意向书后向询价对象进行推介和询价，并通过互联网向公众投资者进行推介。自招股意向书公告日至开始推介活动的时间间隔不得少于（   ）天。

A. 1   B. 2
C. 3   D. 5

42. 当有效申购总量大于该次股票发行量时，上交所按照每（   ）股配1个号的规则，由交易主机自动对有效申购进行统一连续配号，并通过卫星网络公布中签率。

A. 100   B. 200

C. 500   D. 1000

43. 下列股份有限公司申请其股票上市必须符合的条件不正确的是（　　）。
    A. 公司股本总额不少于人民币 5000 万元
    B. 公开发行的股份达到公司股份总数的 25％以上
    C. 公司股本总额超过人民币 2 亿元的，公开发行股份的比例为 15％以上
    D. 公司最近 3 年无重大违法行为，财务会计报告无虚假记载

44. 在全部发行工作完成后（　　）个工作日内，主承销商应当将超额配售选择权的行使情况及其内部监察报告报中国证监会和证券交易所备案。
    A. 3   B. 5
    C. 10   D. 15

45. 保荐人应当在发行人向交易所报送信息披露文件及其他文件之前，或者履行信息披露义务后（　　）个交易日内，完成对有关文件的审阅工作，督促发行人及时更正审阅中发现的问题，并向交易所报告。
    A. 3   B. 5
    C. 10   D. 15

46. 发行人首次公开发行股票前已发行的股份，自发行人股票上市之日起（　　）年内不得转让。
    A. 1   B. 2
    C. 3   D. 5

47. 股票上市要求公开发行的股份达到公司股份总数的（　　）以上；公司股本总额超过人民币 4 亿元的，公开发行股份的比例为（　　）以上。
    A. 15％　10％   B. 15％　15％
    C. 25％　10％   D. 25％　15％

48. 发行人申请创业板首次公开发行股票应符合的条件中表述不正确的是：（　　）。
    A. 发行人是依法设立且持续经营两年以上的股份有限公司
    B. 最近两年连续盈利，最近两年净利润累计不少于 1000 万元，且持续增长
    C. 最近一期末净资产不少于 2000 万元，且不存在未弥补亏损
    D. 发行后股本总额不少于 3000 万元

49. 证券交易所在收到发行人提交的全部上市申请文件后（　　）个交易日内，作出是否同意上市的决定并通知发行人。
    A. 3   B. 5
    C. 7   D. 10

50. 下列对创业板督导叙述正确的是：（　　）。
    A. 首次公开发行股票的，持续督导期间为股票上市当年剩余时间及其后两个完整会计年度
    B. 上市后发行新股的，持续督导期间为股票上市当年剩余时间及其后一个完整会计年度
    C. 申请恢复上市的，持续督导期间为股票恢复上市当年剩余时间及其后两个完整

会计年度

    D. 持续督导期间自股票上市或者恢复上市之日起计算

二、多项选择题

1. 新股发行体制改革第一阶段的措施有(　　)。

    A. 完善询价和申购的报价约束机制，形成进一步市场化的价格形成机制

    B. 优化网上发行机制，将网下网上申购参与对象分开

    C. 对网上单个申购账户设定上限

    D. 加强新股认购风险提示，提示所有参与人明晰市场风险

2. 新股发行改革的预期目标是(　　)。

    A. 市场价格发现功能得到优化，买方、卖方的内在制衡机制得以强化

    B. 提升股份配售机制的有效性，缓解巨额资金申购新股状况，提高发行的质量和效率

    C. 在风险明晰的前提下，中小投资者的参与意愿得到重视，向有意向申购新股的中小投资者适当倾斜

    D. 增强揭示风险的力度，强化一级市场风险意识

3. 下列关于股票发行价格的说法正确的是(　　)。

    A. 股票的发行价格可以等于票面金额，也可以超过票面金额，但不得低于票面金额

    B. 股票的定价不仅是估值及撰写投资价值研究报告，还包括发行期间的具体沟通、协商、询价、投标等一系列定价活动

    C. 《证券法》第三十四条规定，股票发行采取溢价发行的，其发行价格由发行人与承销的证券公司协商确定

    D. 根据中国证监会《上市公司证券发行管理办法》的规定，首次公开发行股票应通过询价的方式确定股票发行价格

4. 新股发行体制改革遵循的改革原则是(　　)。

    A. 坚持市场化方向，促进新股定价进一步市场化，注重培育市场约束机制

    B. 推动发行人、投资人、承销商等市场主体归位尽责

    C. 重视中小投资人的参与意愿

    D. 重视机构投资者的参与意愿

5. 在运用可比公司法时，可以采用比率指标进行比较，比率指标包括 P/E（市盈率）、P/B（市净率）、EV/EBITDA（企业价值与利息、所得税、折旧、摊销前收益的比率）等。其中最常用的比率指标是(　　)。

    A. 市盈率　　　　　　　　　　B. 市净率

    C. 企业价值与利息的比率　　　D. 企业价值与摊销前收益的比率

6. 股票发行的估值和定价既有理性的计算，更有对市场供求的感性判断。下列关于股票发行的估值和定价说法正确的是(　　)。

    A. 仅仅依赖公式计算认为所计算的结果才是公司的合理价值，这种说法过于武断

    B. 股票的价格是随着股票市场景气程度不断变化的，定价的艺术体现在定价的过程之中

    C. 主承销商在定价之前，首先要确定恰当的市场时机，因为在不恰当的情况下发行，估值结论和定价结果难以体现真正的价值，但是不会影响发行人和投资者的利益

    D. 我国的发行市场中，首次公开发行的承销风险相对较小，因此主承销商往往重在制作材料而轻视了定价过程

7. 下列关于投资价值研究报告的说法正确的是(　　)。

    A. 主承销商应当在询价时向询价对象提供投资价值研究报告

    B. 发行人、主承销商和询价对象不得以任何形式公开披露投资价值研究报告的内容

    C. 投资价值研究报告应当由承销商的研究人员独立撰写并署名，承销商不得提供承销团以外的机构撰写的投资价值研究报告

    D. 出具投资价值研究报告的承销商应当建立完善的投资价值研究报告质量控制制度，撰写投资价值研究报告的人员应当遵守证券公司内部控制制度

8. 下列关于相对估值法的说法正确的是(　　)。

    A. 相对估值法亦称可比公司法，是指对股票进行估值时，对可比较的或者代表性的公司进行分析，尤其注意着有相似业务的公司的新近发行以及相似规模的其他新近的首次公开发行，以获得估值基础

    B. 主承销商审查可比较的发行公司的初次定价和它们的二级市场表现，然后根据发行公司的特质进行价格调整，为新股发行进行估价

    C. 在运用可比公司法时，可以采用比率指标进行比较，比率指标包括 P/E（市盈率）、P/B（市净率）、EV/EBITDA（企业价值与利息、所得税、折旧、摊销前收益的比率），等等

    D. 市盈率（Pice to Earnings Ratio，简称 P/E），是指每股收益与股票市场价格的比率

9. 撰写投资价值研究报告应当遵守的要求有(　　)。

    A. 独立、审慎、客观

    B. 引用的资料真实、准确、完整、权威并须注明来源

    C. 对发行人所在行业的评估具有一致性和连贯性

    D. 无虚假记载、误导性陈述或者重大遗漏

10. 投资价值研究报告应当对影响发行人投资价值的因素进行全面分析，至少包括下列内容(　　)。

    A. 发行人的行业分类、行业政策，发行人与主要竞争者的比较及其在行业中的地位

    B. 发行人经营状况和发展前景分析；发行人盈利能力和财务状况分析；发行人募集资金投资项目分析

    C. 发行人与同行业可比上市公司的投资价值比较

    D. 宏观经济走势、股票市场走势以及其他对发行人投资价值有重要影响的因素

11. 贴现现金流量法需要比较可靠地估计未来现金流量（通常为正），同时根据现金流量的风险特性又能确定出恰当的贴现率。但实际操作中，情况往往与模型的假设条

件相距甚远，影响了该方法的正确使用。在以下哪种情况下，使用贴现现金流量法进行估值时将遇到较大困难（ ）。

A. 陷入财务危机的公司

B. 收益呈周期性分布的公司

C. 正在进行重组的公司

D. 拥有某些特殊资产的公司

12. 下列关于首次公开发行股票的询价和定价的说法正确的是：（ ）。

A. 首次公开发行股票，应当通过向特定机构投资者询价的方式确定股票发行价格

B. 发行人及其主承销商应当在刊登首次公开发行股票招股意向书和发行公告后向询价对象进行推介和询价，并通过互联网向公众投资者进行推介

C. 询价分为初步询价和累计投标询价。发行人及其主承销商应当通过初步询价确定发行价格区间，在发行价格区间内通过初步询价确定发行价格

D. 首次发行的股票在中小企业板上市的，发行人及其主承销商可以根据初步询价结果确定发行价格，不再进行累计投标询价

13. 询价对象应当符合下列哪些条件（ ）。

A. 依法设立，最近 6 个月未因重大违法违规行为被相关监管部门给予行政处罚、采取监管措施或者受到刑事处罚

B. 依法可以进行股票投资；信用记录良好，具有独立从事证券投资所必需的机构和人员

C. 具有健全的内部风险评估和控制系统并能够有效执行，风险控制指标符合有关规定

D. 按照《证券发行与承销管理办法》的规定被中国证券业协会从询价对象名单中去除的，自去除之日起已满 12 个月

14. 下列机构投资者作为询价对象应当符合下列条件（ ）。

A. 保险机构投资者经批准可以经营证券自营或者证券资产管理业务

B. 证券公司经批准可以经营证券自营或者证券资产管理业务

C. 信托投资公司经相关监管部门重新登记已满两年，注册资本不低于 4 亿元，最近 12 个月有活跃的证券市场投资记录

D. 财务公司成立两年以上，注册资本不低于 5 亿元，最近 12 个月有活跃的证券市场投资记录

15. 询价对象是指符合《证券发行与承销管理办法》规定条件的（ ）。

A. 证券投资基金管理公司、证券公司

B. 信托投资公司、财务公司

C. 保险机构投资者

D. 合格境外机构投资者

16. 下列关于询价和定价的描述正确的是：（ ）。

A. 询价对象可以自主决定是否参与初步询价，询价对象申请参与初步询价的，主承销商无正当理由不得拒绝

B. 未参与初步询价或者参与初步询价但未有效报价的询价对象，可以参与累计投标询价和网下配售

C. 询价结束后，公开发行股票数量在 4 亿股以下、提供有效报价的询价对象不足 20 家的，发行人及其主承销商不得确定发行价格，并应当中止发行

D. 公开发行股票数量在 4 亿股以上、提供有效报价的询价对象不足 50 家的，发行人及其主承销商不得确定发行价格，并应当中止发行

17. 询价对象有下列哪种情形之一的，中国证券业协会应当将其从询价对象名单中去除（   ）。

A. 不再符合《证券发行与承销管理办法》规定的条件

B. 最近 24 个月内因违反相关监管要求被监管谈话 3 次以上

C. 最近 12 个月内因违反相关监管要求被监管谈话 3 次以上

D. 未按时提交年度总结报告

18. 下列说法不正确的是（   ）。

A. 询价对象应当遵循独立、客观、诚信的原则合理报价，不得协商报价或者故意压低或抬高价格

B. 主承销商的证券自营账户不得参与本次发行股票的询价、网下配售和网上发行

C. 主承销商的证券自营账户不得参与本次发行股票的询价、网下配售，可以参与网上发行

D. 与发行人或其主承销商具有实际控制关系的询价对象，不得参与本次发行股票的询价、网下配售和网上发行

19. 根据《证券发行与承销管理办法》，首次公开发行股票可以根据实际情况，采取（   ）配售方式。

A. 向公司员工配售

B. 向战略投资者配售

C. 向参与网下配售的询价对象配售

D. 向参与网上发行的投资者配售

20. 下列关于向战略投资者配售首次公开发行股票的说法不正确的是：（   ）。

A. 首次公开发行股票数量在 2 亿股以上的，可以向战略投资者配售股票

B. 发行人应当与战略投资者事先签署配售协议，并报中国证监会备案

C. 发行人及其主承销商应当在发行公告中披露战略投资者的选择标准、向战略投资者配售的股票总量、占本次发行股票的比例以及持有期限制等

D. 战略投资者不得参与首次公开发行股票的初步询价和累计投标询价，并应当承诺获得本次配售的股票持有期限不少于 24 个月，持有期自本次公开发行的股票上市之日起计算

21. 为确保股票的顺利发行，发行人和主承销商应遵循以下基本原则：（   ）。

A. "公开、公平、公正"原则　　　B. 高效原则

C. 经济原则　　　D. 利润最大化原则

22. 对有下列情形之一的参与网下配售的询价对象不得配售股票：（   ）。

A. 未参与初步询价

B. 询价对象或者股票配售对象的名称、账户资料与中国证券业协会登记的不一致

C. 未在规定时间内报价或者足额划拨申购资金

D. 有证据表明在询价过程中有违法违规或者违反诚信原则的情形

23. 股票配售对象限于下列类别：（　　）。

A. 全国社会保障基金

B. 经批准设立的证券公司集合资产管理计划

C. 信托投资公司设立并已向相关监管部门履行报告程序的集合信托计划

D. 合格境外机构投资者管理的证券投资账户

24. 下列关于初步询价的说法正确的是：（　　）。

A. 初步询价开始日前3个交易日内，发行人应当向交易所申请股票代码

B. 发行人及主承销商在获得股票代码后刊登招股意向书、发行安排及初步询价公告

C. 初步询价期间，原则上每1个询价对象只能提交1次报价，因特殊原因（如市场发生突然变化需要调整估值、经办人员出错等）需要调整报价的，应在申购平台填写具体原因

D. 询价对象修改报价的情况、申购平台记录的本次发行的每1次报价情况将由主承销商向中国证监会报备

25. 上海证券交易所上网发行资金申购的时间一般为4个交易日，根据发行人和主承销商的申请，可以缩短1个交易日。下列说法正确的是：（　　）。

A. 投资者申购（T日）。申购当日（T日）按《发行公告》和申购办法等规定进行申购

B. 资金冻结、验资及配号（T+1日）。申购日后的第1天（T+1日），由中国结算上海分公司将申购资金冻结。16:00前，申购资金须全部到位，中国结算上海分公司配合上海证券交易所指定的具备资格的会计师事务所对申购资金进行验资，并由会计师事务所出具验资报告，上海证券交易所以实际到位资金作为有效申购进行配号（即16:00后按相关规定进行验资，确认有效申购和配号）

C. 摇号抽签、中签处理（T+2日）。申购日后的第2天（T+2日），公布确定的发行价格和中签率，并按相关规定进行摇号抽签、中签处理

D. 资金解冻（T+3日）。申购日后的第3天（T+3日）公布中签结果，并按相关规定进行资金解冻和新股认购款划付

26. 首次公开发行股票网下发行电子化业务是指通过证券交易所网下申购电子化平台及中国证券登记结算有限责任公司登记结算平台完成首次公开发行股票的（　　）。

A. 初步询价　　　　　　　　B. 累计投标询价

C. 资金代收付　　　　　　　D. 股份初始登记

27. 下列关于超额配售选择权的说法正确的是（　　）。

A. 超额配售选择权是指发行人授予主承销商的一项选择权，获此授权的主承销商按同一发行价格超额发售不超过包销数额20％的股份，即主承销商按不超过包

销数额 120％的股份向投资者发售

B. 在本次包销部分的股票上市之日起 20 日内，主承销商有权根据市场情况，从集中竞价交易市场购买发行人股票，或者要求发行人增发股票，分配给对此超额发售部分提出认购申请的投资者

C. 主承销商在未动用自有资金的情况下，通过行使超额配售选择权，可以平衡市场对该只股票的供求，起到稳定市价的作用

D. 中国证监会在股票发行中推出了超额配售选择权的试点，并依法对主承销商行使超额配售选择权进行监督管理。证券交易所对超额配售权的行使过程进行实时监控

28. 在超额配售选择权行使完成后的 3 个工作日内，主承销商应当在中国证监会指定报刊披露以下有关超额配售选择权的行使情况：（　　）。

A. 因行使超额配售选择权而发行的新股数，如未行使，应当说明原因

B. 从集中竞价交易市场购买发行人股票的数量及所支付的总金额、平均价格、最高与最低价格

C. 发行人本次发行股份总量

D. 发行人本次筹资总金额

29. 对上海证券交易所对有效申购总量配售新股的办法叙述正确的是：（　　）。

A. 当有效申购总量等于该次股票上网发行量时，投资者按其有效申购量认购股票

B. 当有效申购总量小于该次股票上网发行量时，投资者按其有效申购量认购股票后，余额部分按承销协议办理

C. 当有效申购总量大于该次股票发行量时，上交所按照每 500 股配 1 个号的规则，由交易主机自动对有效申购进行统一连续配号，并通过卫星网络公布中签率

D. 当有效申购总量大于该次股票发行量时，上交所按照每 1000 股配 1 个号的规则，由交易主机自动对有效申购进行统一连续配号，并通过卫星网络公布中签率

30. 公开发行证券的，主承销商应当在证券上市后 10 日内向中国证监会报备承销总结报告，总结说明发行期间的基本情况及新股上市后的表现，并提供下列文件：（　　）。

A. 募集说明书单行本

B. 承销协议及承销团协议

C. 律师鉴证意见（限于首次公开发行）

D. 会计师事务所验资报告

31. 在全部发行工作完成后 15 个工作日内，主承销商应当将超额配售选择权的行使情况及其内部监察报告报(　　)备案。

A. 发行人　　　　　　　　　　B. 中国证券业协会

C. 中国证监会　　　　　　　　D. 证券交易所

32. 股票上市是指经核准同意股票在证券交易所挂牌交易。根据《证券法》及交易所上市规则的规定，股份有限公司申请其股票上市必须符合下列条件：（　　）。

A. 股票经中国证监会核准已公开发行

B. 公司股本总额不少于人民币 2000 万元

C. 公开发行的股份达到公司股份总数的 20% 以上；公司股本总额超过人民币 4 亿元的，公开发行股份的比例为 10% 以上

D. 公司最近 3 年无重大违法行为，财务会计报告无虚假记载

33. 根据《上市公司董事、监事和高级管理人员所持本公司股份及其变动管理规则》，上市公司董事、监事和高级管理人员所持本公司股份在下列情形下不得转让：（ ）。

A. 本公司股票上市交易之日起 1 年内

B. 董事、监事和高级管理人员离职后半年内

C. 董事、监事和高级管理人员承诺一定期限内不转让并在该期限内的

D. 法律、法规、中国证监会和证券交易所规定的其他情形

34. 下列关于保荐机构的说法正确的是：（ ）。

A. 保荐机构应当为经中国证监会注册登记并列入保荐机构名单，同时具有交易所会员资格的证券经营机构；恢复上市保荐机构还应当具有中国证券业协会《证券公司从事代办股份转让主办券商业务资格管理办法（试行）》中规定的从事代办股份转让主办券商业务资格

B. 保荐机构应当与发行人签订保荐协议，明确双方在发行人申请上市期间、申请恢复上市期间和持续督导期间的权利和义务。保荐协议应当约定保荐机构审阅发行人信息披露文件的时点

C. 保荐机构应当在签订保荐协议时指定一名保荐代表人具体负责保荐工作，并作为保荐人与交易所之间的指定联络人。保荐代表人应当为经中国证监会注册登记并列入保荐代表人名单的自然人

D. 保荐机构保荐股票上市（股票恢复上市除外）时，应当向交易所提交上市保荐书、保荐协议、保荐机构和相关保荐代表人已经中国证监会注册登记并列入保荐机构和保荐代表人名单的证明文件、保荐机构向保荐代表人出具的由保荐机构法定代表人签名的授权书，以及与上市保荐工作有关的其他文件

35. 上市保荐书应当包括的内容有：（ ）。

A. 发行股票、可转换公司债券的公司概况；申请上市的股票、可转换公司债券的发行情况

B. 保荐机构是否存在可能影响其公正履行保荐职责的情形的说明；保荐机构按照有关规定应当承诺的事项

C. 对公司持续督导工作的安排；保荐机构和相关保荐代表人的联系地址、电话和其他通讯方式

D. 保荐机构认为应当说明的其他事项；证券交易所要求的其他内容

36. 下列关于保荐机构的说法不正确的是：（ ）。

A. 保荐机构应当在发行人向交易所报送信息披露文件及其他文件之前，或者履行信息披露义务后 10 个交易日内，完成对有关文件的审阅工作，督促发行人及时

更正审阅中发现的问题,并向交易所报告

B. 保荐机构履行保荐职责发表的意见应当及时告知发行人,记录于保荐工作档案。发行人应当配合保荐人和保荐代表人的工作

C. 保荐机构在履行保荐职责期间有充分理由确信发行人可能存在违反上市规则规定的行为的,应当督促发行人作出说明并限期纠正;情节严重的,应当向交易所报告

D. 保荐机构应当自持续督导工作结束后 5 个交易日内向交易所报送保荐总结报告书

37. 发行人向证券交易所申请其首次公开发行的股票上市时,应当提交的文件包括( )。

A. 中国证监会核准其股票首次公开发行的文件

B. 有关本次发行上市事宜的董事会和股东大会决议

C. 经具有执行证券、期货相关业务资格的会计师事务所审计的发行人最近 3 年的财务会计报告

D. 首次公开发行结束后,具有执行证券、期货相关业务资格的会计师事务所出具的验资报告

38. 下列关于中小企业板块的说法不正确的是:( )。

A. 中小企业板块是在上海证券交易所主板市场中设立的一个运行独立、监察独立、代码独立、指数独立的板块

B. 中小企业板块集中安排符合主板发行上市条件的企业中规模较小的企业上市

C. 中小企业板是现有主板市场的一个板块,其适用的基本制度规范与现有市场完全不同

D. 中小企业板适用的发行上市标准也与现有主板市场完全相同,必须满足信息披露、发行上市辅导、财务指标、盈利能力、股本规模、公众持股比例等各方面的要求

39. 关于中小企业板块上市公司的保荐,下列说法不正确的是:( )。

A. 保荐人和保荐代表人应当遵守法律、行政法规、中国证监会以及上海证券交易所的规定和行业规范,诚实守信,勤勉尽责,尽职推荐发行人证券上市,持续督导发行人履行相关义务

B. 保荐人和保荐代表人应当保证向深圳证券交易所出具的文件真实、准确、完整

C. 保荐人应当在发行人证券上市前与深圳证券交易所签订《深圳证券交易所中小企业板块上市推荐与持续督导协议》,明确双方的权利、义务和有关事项

D. 依据《中小企业板上市公司保荐工作评价办法》,上海证券交易所每年对中小企业板上市公司保荐人、保荐代表人的保荐工作进行评价,评价期间与对中小企业板上市公司信息披露工作考核期间一致

40. 发行人应当于其股票上市前 5 个交易日内,在指定媒体或网站上披露下列文件和事项:( )。

A. 上市公告书   B. 公司章程

C. 上市保荐书   D. 法律意见书

41. 创业板发行人申请首次公开发行股票应当符合的条件有：（　　）。
    A. 发行人是依法设立且持续经营 5 年以上的股份有限公司
    B. 最近两年连续盈利，最近两年净利润累计不少于 1000 万元，且持续增长；或者最近一年盈利，且净利润不少于 500 万元，最近 1 年营业收入不少于 5000 万元，最近两年营业收入增长率均不低于 30%。净利润以扣除非经常性损益前后孰低者为计算依据
    C. 最近一期末净资产不少于 3000 万元，且不存在未弥补亏损
    D. 发行后股本总额不少于 3000 万元

42. 关于创业板上市，下列说法不正确的是：（　　）。
    A. 发行人公开发行股票前已发行的股份，自发行人股票上市之日起两年内不得转让
    B. 发行人向深圳证券交易所提出其首次公开发行的股票上市申请时，控股股东和实际控制人应当承诺：自发行人股票上市之日起 36 个月内，不转让或者委托他人管理其直接或者间接持有的发行人公开发行股票前已发行的股份
    C. 深圳证券交易所在收到全套上市申请文件后 5 个交易日内，作出是否同意上市的决定
    D. 发行人在提出上市申请期间，未经深圳证券交易所同意，不得擅自披露与上市有关的信息

43. 关于创业板督导，下列说法正确的是：（　　）。
    A. 首次公开发行股票的，持续督导期间为股票上市当年剩余时间及其后三个完整会计年度
    B. 上市后发行新股的，持续督导期间为股票上市当年剩余时间及其后两个完整会计年度
    C. 申请恢复上市的，持续督导期间为股票恢复上市当年剩余时间及其后一个完整会计年度
    D. 保荐机构应当自持续督导工作结束后 7 个交易日内向深圳证券交易所报送保荐总结报告书

三、判断题

1. 新股发行体制改革遵循的改革原则是：坚持市场化方向，促进新股定价进一步市场化，注重培育市场约束机制，推动发行人、投资人、承销商等市场主体归位尽责，重视机构投资者的参与意愿。（　　）
   A. 正确　　　　　　　　　　　B. 错误

2. 对拟发行股票的合理估值是定价的基础。通常的估值方法有两大类：一类是相对估值法；另一类是绝对估值法。（　　）
   A. 正确　　　　　　　　　　　B. 错误

3. 询价对象如果最近 12 个月内因违反相关监管要求被监管谈话 3 次以上，中国证券业协会应当将其从询价对象名单中去除。（　　）
   A. 正确　　　　　　　　　　　B. 错误

4. 未参与初步询价或者参与初步询价但未有效报价的询价对象,可以参与累计投标询价和网下配售。( )

    A. 正确   B. 错误

5. 发行人应当在询价时向询价对象提供投资价值研究报告。( )

    A. 正确   B. 错误

6. 投资价值研究报告应当由承销商的研究人员独立撰写并署名,承销商不得提供承销团以外的机构撰写的投资价值研究报告。( )

    A. 正确   B. 错误

7. 询价分为初步询价和累计投标询价。( )

    A. 正确   B. 错误

8. 根据中国证监会《证券发行与承销管理办法》(中国证监会令［2006］第 37 号)的规定,首次公开发行股票应通过询价的方式确定股票发行价格。( )

    A. 正确   B. 错误

9. 发行人及其主承销商应当通过初步询价确定发行价格区间,在发行价格区间内通过累计投标询价确定发行价格。( )

    A. 正确   B. 错误

10. 在加权平均法下,每股净利润的计算公式为:

$$每股净利润 = \frac{全年净利润}{发行前总股本数 + 本次公开发行股本数 \times (12 - 发行月份) \div 12}。\quad (\quad)$$

    A. 正确   B. 错误

11. 询价对象应当符合的条件有按照《证券发行与承销管理办法》的规定被中国证券业协会从询价对象名单中去除的,自去除之日起已满 6 个月。( )

    A. 正确   B. 错误

12. 证券公司作为询价对象必须满足经批准可以经营证券自营或者证券资产管理业务的条件。( )

    A. 正确   B. 错误

13. 信托投资公司作为询价对象需经相关监管部门重新登记已满两年,注册资本不低于 5 亿元,最近 12 个月有活跃的证券市场投资记录。( )

    A. 正确   B. 错误

14. 出具投资价值研究报告的承销商应当建立完善的投资价值研究报告质量控制制度,撰写投资价值研究报告的人员应当遵守证券公司内部控制制度。( )

    A. 正确   B. 错误

15. 财务公司作为询价对象应成立两年以上,注册资本不低于 5 亿元,最近 12 个月有活跃的证券市场投资记录。( )

    A. 正确   B. 错误

16. 公开发行股票数量在 4 亿股以上、提供有效报价的询价对象不足 20 家的,发行人及其主承销商不得确定发行价格,并应当中止发行。( )

A. 正确 B. 错误

17. 询价结束后，公开发行股票数量在 5 亿股以下、提供有效报价的询价对象不足 20 家的，发行人及其主承销商不得确定发行价格，并应当中止发行。（ ）

A. 正确 B. 错误

18. 根据《证券发行与承销管理办法》，首次公开发行股票可以根据实际情况，采取向战略投资者配售、向参与网下配售的询价对象配售以及向参与网上发行的投资者配售等方式。（ ）

A. 正确 B. 错误

19. 发行人和主承销商只给战略投资者和参与网上发行的投资者提供认购股票的机会。（ ）

A. 正确 B. 错误

20. 战略投资者不得参与首次公开发行股票的初步询价和累计投标询价，并应当承诺获得本次配售的股票持有期限不少于 12 个月。（ ）

A. 正确 B. 错误

21. 主承销商的证券自营账户不得参与本次发行股票的询价、网下配售，可以参与网上发行。（ ）

A. 正确 B. 错误

22. 发行人及其主承销商应当向参与网下配售的询价对象配售股票，并应当与网上发行同时进行。（ ）

A. 正确 B. 错误

23. 发行人及其主承销商应当在发行公告中披露战略投资者的选择标准、向战略投资者配售的股票总量、占本次发行股票的比例以及持有期限制等。（ ）

A. 正确 B. 错误

24. 向参与网下配售的询价对象配售股票的，公开发行股票数量少于 4 亿股的，配售数量不超过本次发行总量的 20%。（ ）

A. 正确 B. 错误

25. 首次公开发行股票网下发行电子化业务是指通过证券交易所网下申购电子化平台及中国证券登记结算有限责任公司登记结算平台完成首次公开发行股票的初步询价、累计投标询价、资金代收付及股份初始登记。（ ）

A. 正确 B. 错误

26. 初步询价开始日前 3 个交易日内，发行人应当向交易所申请股票代码。（ ）

A. 正确 B. 错误

27. 初步询价期间，原则上每一个询价对象只能提交 2 次报价，因特殊原因（如市场发生突然变化需要调整估值、经办人员出错等）需要调整报价的，应在申购平台填写具体原因。（ ）

A. 正确 B. 错误

28. 在累计投标询价报价阶段，询价对象管理的每个配售对象可以多次申报，一经申报，还可以撤销或者修改。（ ）

A. 正确   B. 错误

29. 发行人及其主承销商通过累计投标询价确定发行价格的，当发行价格以上的有效申购总量大于网下配售数量时，应当对发行价格以上的全部有效申购进行同比例配售。（   ）

A. 正确   B. 错误

30. 主承销商可通过申购平台实时查询申报情况，并于 T 日（累计投标询价截止日）15：00 后，查询并下载申报结果。（   ）

A. 正确   B. 错误

31. 投资者参与网上发行，应当按价格区间上限进行申购，如最终确定的发行价格低于价格区间上限，差价部分退还给投资者。（   ）

A. 正确   B. 错误

32. 我国股票发行历史上曾采取过全额预缴款方式、与储蓄存款挂钩方式、网上竞价和市值配售等方式。（   ）

A. 正确   B. 错误

33. 首次公开发行股票数量在 4 亿股以下的，发行人及其主承销商可以在发行方案中采用超额配售选择权。（   ）

A. 正确   B. 错误

34. 超额配售选择权是指发行人授予主承销商的一项选择权，获此授权的主承销商按同一发行价格超额发售不超过包销数额 10％的股份，即主承销商按不超过包销数额 110％的股份向投资者发售。（   ）

A. 正确   B. 错误

35. 发行人计划实施超额配售选择权的，应当提请股东大会批准，因行使超额配售选择权而发行的新股为本次发行的一部分。（   ）

A. 正确   B. 错误

36. 深圳证券交易所网下发行电子化程序与上海证券交易所网下发行程序基本相同。（   ）

A. 正确   B. 错误

37. 根据《证券发行与承销管理办法》的规定，发行人及其主承销商网下配售股票，应当与网上发行分开进行。（   ）

A. 正确   B. 错误

38. 首次公开发行公司关于进行网上直播推介活动的公告应与其招股说明书摘要（或招股意向书）可在不同日期不同报刊刊登。（   ）

A. 正确   B. 错误

39. 投资者申购缴款结束后，主承销商应当聘请具有证券相关业务资格的会计师事务所对申购资金进行验证，并出具验资报告。（   ）

A. 正确   B. 错误

40. 股票发行采用代销方式的，应当在发行公告中披露发行失败后的处理措施。股票发行失败后，主承销商应当协助发行人按照发行价返还股票认购人。（   ）

A. 正确　　　　　　　　　　　B. 错误

41. 上市公司董事、监事和高级管理人员在任职期间，每年通过集中竞价、大宗交易、协议转让等方式转让的股份不得超过其所持本公司股份总数的15%，因司法强制执行、继承、遗赠、依法分割财产等导致股份变动的除外。（　　）

A. 正确　　　　　　　　　　　B. 错误

42. 上市未满1年公司的董事、监事、高级管理人员证券账户内新增的本公司股份，按100%自动锁定。（　　）

A. 正确　　　　　　　　　　　B. 错误

43. 承销团由4家以上承销商组成的，可以设副主承销商，协助主承销商组织承销活动。（　　）

A. 正确　　　　　　　　　　　B. 错误

44. 发行人首次公开发行股票前已发行的股份，自发行人股票上市之日起1年内不得转让。（　　）

A. 正确　　　　　　　　　　　B. 错误

45. 保荐机构应当自持续督导工作结束后10个交易日内向证券交易所报送保荐总结报告书。（　　）

A. 正确　　　　　　　　　　　B. 错误

46. 创业板发行人申请首次公开发行股票应当符合发行后股本总额不少于3000万元的要求。（　　）

A. 正确　　　　　　　　　　　B. 错误

47. 创业板发行人向深圳证券交易所提出其首次公开发行的股票上市申请时，控股股东和实际控制人应当承诺：自发行人股票上市之日起36个月内，不转让或者委托他人管理其直接或者间接持有的发行人公开发行股票前已发行的股份，也不由发行人回购其直接或者间接持有的发行人公开发行股票前已发行的股份。（　　）

A. 正确　　　　　　　　　　　B. 错误

48. 证券交易所在收到发行人提交的全部上市申请文件后5个交易日内，作出是否同意上市的决定并通知发行人。（　　）

A. 正确　　　　　　　　　　　B. 错误

49. 证券经营机构采用包销方式，如果有承销团没能全部售出证券，不得在承销期结束时自行购入售后剩余的证券。（　　）

A. 正确　　　　　　　　　　　B. 错误

50. 创业板首次公开发行股票的，持续督导期间为股票上市当年剩余时间及其后两个完整会计年度；上市后发行新股的，持续督导期间为股票上市当年剩余时间及其后一个完整会计年度；申请恢复上市的，持续督导期间为股票恢复上市当年剩余时间及其后一个完整会计年度。（　　）

A. 正确　　　　　　　　　　　B. 错误

参考答案

一、单项选择题

1. A	2. B	3. C	4. D	5. D
6. B	7. D	8. B	9. C	10. A
11. C	12. C	13. C	14. B	15. B
16. C	17. B	18. C	19. B	20. B
21. D	22. C	23. A	24. C	25. C
26. C	27. C	28. C	29. A	30. C
31. B	32. D	33. A	34. C	35. D
36. C	37. A	38. B	39. B	40. B
41. A	42. D	43. C	44. D	45. B
46. A	47. C	48. A	49. C	50. D

二、多项选择题

1. ABCD	2. ABCD	3. ABC	4. ABC	5. AB
6. ABD	7. ABCD	8. ABC	9. ABCD	10. ABCD
11. ABCD	12. ABD	13. BCD	14. BC	15. ABCD
16. ACD	17. ACD	18. CD	19. BCD	20. AD
21. ABC	22. ABCD	23. ABCD	24. BCD	25. ABCD
26. ABCD	27. CD	28. ABCD	29. ABD	30. ABCD
31. CD	32. AD	33. ABCD	34. ABD	35. ABCD
36. AD	37. ABCD	38. AC	39. AD	40. ABCD
41. BD	42. AC	43. ABC		

三、判断题

1. B	2. A	3. A	4. B	5. B
6. A	7. A	8. A	9. A	10. A
11. B	12. A	13. B	14. A	15. B
16. B	17. B	18. A	19. B	20. A
21. B	22. A	23. A	24. A	25. A
26. B	27. B	28. B	29. A	30. A
31. A	32. A	33. B	34. B	35. A
36. A	37. B	38. B	39. A	40. B
41. B	42. A	43. B	44. A	45. A
46. A	47. A	48. B	49. B	50. B

第六章　首次公开发行股票的信息披露

一、本章考纲

掌握信息披露的制度规定、信息披露的方式、信息披露的原则和信息披露的事务管理。

熟悉招股说明书的编制、预披露和披露要求及其保证与责任，了解招股说明书的摘要刊登、有关招股说明书及其摘要信息的散发。掌握招股说明书的一般内容与格式。

熟悉路演、申购、询价区间公告、发行结果公告的基本内容。了解确定发行价格后，披露网下申购情况、网下具体报价情况的机制安排。

熟悉股票招股意向书及上市公告书的编制和披露要求，股票招股书意向书及上市公告书的内容与格式。

掌握创业板上市招股书及其备查文件的披露、发行公告、投资风险特别公告等信息披露方面的特殊要求。

二、本章知识体系

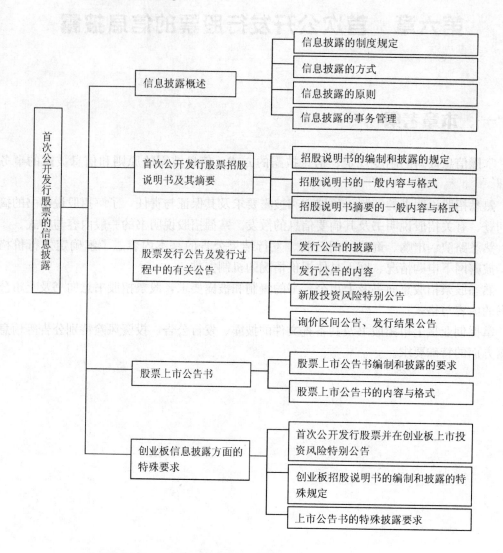

三、同步强化练习题及参考答案

同步强化练习题

一、单项选择题

1. 上市公司信息披露事务管理制度应当经公司董事会审议通过，报注册地证监局和（　　）备案。

   A. 国务院　　　　　　　　　　B. 国资委

   C. 证监会　　　　　　　　　　D. 证券交易所

2. 董事会秘书空缺期间超过（　　）个月之后，董事长应当代行董事会秘书职责，直至公司正式聘任董事会秘书。

  A. 1
          B. 2

  C. 3
          D. 4

3. 信息披露义务人未在规定期限内履行信息披露义务，或者所披露的信息有虚假记载、误导性陈述或者重大遗漏的，中国证监会按照（　　）第一百九十三条处罚。

  A.《证券法》

  B.《中国证监会现行规章、规范性文件目录》

  C.《首次公开发行股票并上市管理办法》

  D.《证券发行与承销管理办法》

4. （　　）是指信息披露义务人所公开的情况不得有任何虚假成分，必须与自身的客观实际相符。

  A. 真实性原则
        B. 准确性原则

  C. 完整性原则
        D. 及时性原则

5. 发行人披露的招股意向书除不含（　　）以外，其内容与格式应当与招股说明书一致，并与招股说明书具有同等法律效力。

  A. 发行价格、筹资金额
     B. 发行规模、筹资金额

  C. 发行价格、发行时间
     D. 发行时间、筹资金额

6. 根据（　　），公开发行证券的公司信息披露规范包括：内容与格式准则、编报规则、规范问答。

  A.《证券法》

  B.《中国证监会现行规章、规范性文件目录》

  C.《首次公开发行股票并上市管理办法》

  D.《证券发行与承销管理办法》

7. 招股说明书中引用的财务报告在其最近一期截止日后（　　）个月内有效。特殊情况下，发行人可申请适当延长，但至多不超过 1 个月。

  A. 2
          B. 3

  C. 5
          D. 6

8. （　　）应当对上市公司及其他信息披露义务人披露信息进行监督，督促其依法及时、准确地披露信息，对证券及其衍生品种交易实行实时监控。

  A. 国务院
        B. 中国人民银行

  C. 中国证监会
       D. 证券交易所

9. 招股说明书的有效期为（　　）个月，自中国证监会核准发行申请前招股说明书最后 1 次签署之日起计算。

  A. 2
          B. 3

  C. 5
          D. 6

10. 在申请文件被受理后、发行审核委员会审核前，发行人应当将招股说明书（申报稿）在（　　）预先披露。

  A. 中国证监会网站
     B. 发行人公司网站

C. 中国证券报　　　　　　　　　D. 证券交易所网站

11. 招股说明书的有效期为6个月，自中国证监会核准发行申请前招股说明书（　　）起计算。
    A. 第1次签署之日　　　　　　　B. 第1次签署次日
    C. 最后1次签署之日　　　　　　D. 最后1次签署次日

12. 发行人应在招股说明书及其摘要披露后（　　）日内，将正式印刷的招股说明书全文文本一式五份，分别报送中国证监会及其在发行人注册地的派出机构。
    A. 3　　　　　　　　　　　　　B. 5
    C. 10　　　　　　　　　　　　　D. 15

13. 发行人应披露的股本情况包括前（　　）名股东。
    A. 3　　　　　　　　　　　　　B. 5
    C. 10　　　　　　　　　　　　　D. 15

14. 发行人应采用方框图或其他有效形式，全面披露发起人、持有发行人（　　）以上股份的主要股东、实际控制人，控股股东、实际控制人所控制的其他企业，发行人的职能部门、分公司、控股子公司、参股子公司以及其他有重要影响的关联方。
    A. 3%　　　　　　　　　　　　B. 5%
    C. 8%　　　　　　　　　　　　D. 10%

15. 发行人应当遵循（　　）原则，按顺序披露可能直接或间接对发行人生产经营状况、财务状况和持续盈利能力产生重大不利影响的所有因素。
    A. 真实性　　　　　　　　　　　B. 准确性
    C. 完整性　　　　　　　　　　　D. 重要性

16. 律师和律师事务所就公司控制权的归属及其变动情况出具的法律意见书是发行审核部门判断发行人最近（　　）年内"实际控制人没有发生变更"的重要依据。
    A. 1　　　　　　　　　　　　　B. 2
    C. 3　　　　　　　　　　　　　D. 5

17. 发行人应根据重要性原则披露主营业务的具体情况，存在高危险、重污染情况的，应披露安全生产及污染治理情况、因安全生产及环境保护原因受到处罚的情况、近（　　）年相关费用成本支出及未来支出情况，说明是否符合国家关于安全生产和环境保护的要求。
    A. 1　　　　　　　　　　　　　B. 2
    C. 3　　　　　　　　　　　　　D. 5

18. 发行人应披露主要产品生产技术所处的阶段，如处于基础研究、试生产、小批量生产或大批量生产阶段；披露正在从事的研发项目及进展情况、拟达到的目标，最近（　　）年及1期研发费用占营业收入的比例等。
    A. 1　　　　　　　　　　　　　B. 2
    C. 3　　　　　　　　　　　　　D. 5

19. 若曾存在工会持股、职工持股会持股、信托持股、委托持股或股东数量超过（　　）人的情况，发行人应详细披露有关股份的形成原因及演变情况。

A. 50   B. 100

C. 150   D. 200

20. 对于（   ）关联交易，应披露关联交易方名称、交易时间、交易内容、交易金额、交易价格的确定方法、资金的结算情况、交易产生的利润及对发行人当期经营成果的影响、交易对公司主营业务的影响等。

    A. 经常性   B. 偶发性

    C. 长期性   D. 个别性

21. 发行人应列表披露董事、监事、高级管理人员、核心技术人员及其近亲属以任何方式直接或间接持有发行人股份的情况，并应列出持有人姓名，近（   ）年所持股份的增减变动以及所持股份的质押或冻结情况。

    A. 1   B. 2

    C. 3   D. 5

22. 发行人应披露董事、监事、高级管理人员及核心技术人员最近（   ）年从发行人及其关联企业领取收入的情况，以及所享受的其他待遇和退休金计划等。

    A. 1   B. 2

    C. 3   D. 5

23. 发行人应披露董事、监事、高级管理人员是否符合法律法规规定的任职资格；发行人董事、监事、高级管理人员在近（   ）年内曾发生变动的，应披露变动情况和原因。

    A. 1   B. 2

    C. 3   D. 5

24. 发行人应披露持有（   ）以上股份的主要股东以及作为股东的董事、监事、高级管理人员作出的重要承诺及其履行情况。

    A. 3%   B. 5%

    C. 8%   D. 10%

25. 发行人应披露近（   ）年内是否存在违法违规行为，若存在违法违规行为，应披露违规事实和受到处罚的情况，并说明对发行人的影响。

    A. 1   B. 2

    C. 3   D. 5

26. 发行人应披露最近（   ）年及1期发生的关联交易是否履行了公司章程规定的程序。

    A. 1   B. 2

    C. 3   D. 5

27. 发行人应披露公司管理层对内部控制完整性、合理性及有效性的自我评估意见以及（   ）对公司内部控制的鉴证意见。

    A. 注册会计师   B. 律师

    C. 资产评估师   D. 承销商

28. 报表披露中，发行人运行不足3年的，应披露最近3年及1期的（   ）以及设立后各年及最近1期的（   ）。

A. 资产负债表　利润表和现金流量表

B. 资产负债表和现金流量表　利润表

C. 股东权益增减变动表　资产负债表和现金流量表

D. 利润表　资产负债表和现金流量表

29. 发行人应披露财务报表的编制基础、合并财务报表范围及变化情况。发行人运行不足3年的，应披露设立前（　　）编制的会计主体及确定方法。

A. 资产负债表　　　　　　　　B. 利润表

C. 现金流量表　　　　　　　　D. 股东权益增减变动表

30. 发行人最近1年及1期内收购兼并其他企业资产（或股权），且被收购企业资产总额或营业收入或净利润超过收购前发行人相应项目（　　）（含）的，应披露被收购企业收购前1年利润表。

A. 10%　　　　　　　　　　　B. 20%

C. 25%　　　　　　　　　　　D. 30%

31. 发行人应披露近（　　）年内是否存在资金被控股股东、实际控制人及其控制的其他企业占用的情况，或者为控股股东、实际控制人及其控制的其他企业担保的情况。

A. 1　　　　　　　　　　　　B. 2

C. 3　　　　　　　　　　　　D. 5

32. 发行人应披露最近（　　）年股利分配政策、实际股利分配情况以及发行后的股利分配政策。

A. 1　　　　　　　　　　　　B. 2

C. 3　　　　　　　　　　　　D. 5

33. 如果重组属于《企业会计准则第20号——企业合并》中同一控制下的企业合并事项的，被重组方合并前的净损益应计入（　　）非经常性损益，并在申报财务报表中单独列示。

A. 经常性损益　　　　　　　　B. 营业外收入

C. 非经常性损益　　　　　　　D. 主营业务收入

34. 发行人应主要依据最近（　　）年及1期的合并财务报表分析披露发行人财务状况、盈利能力及现金流量的报告期内情况及未来趋势。

A. 1　　　　　　　　　　　　B. 2

C. 3　　　　　　　　　　　　D. 5

35. 募集资金拟用于向其他企业增资或收购其他企业股份的，应披露、拟增资或收购的企业的基本情况及最近（　　）年及1期经具有证券、期货相关业务资格的会计师事务所审计的资产负债表和利润表。

A. 1　　　　　　　　　　　　B. 2

C. 3　　　　　　　　　　　　D. 5

36. 发行人应依据经注册会计师核验的非经常性损益明细表，以合并财务报表的数据为基础，披露最近（　　）年及1期非经常性损益的具体内容、金额及对当期经营成果的影响。

A. 1   B. 2

C. 3   D. 5

37. 根据《关于进一步改革和完善新股发行体制的指导意见》，对最终定价超过预期价格导致募集资金量超过项目资金需要量的，发行人应当提前在（　　）中披露用途。

A. 招股说明书摘要   B. 招股说明书

C. 上市公告书   D. 招股意向书

38. 发行人应披露交易金额在（　　）元以上或者虽未达到前述标准但对生产经营活动、未来发展或财务状况具有重要影响的合同内容。

A. 300 万   B. 500 万

C. 700 万   D. 1 亿

39. 发行人应在（　　）显要位置提示创业板投资风险。

A. 招股说明书   B. 招股说明书摘要

C. 上市公告书   D. 招股意向书

40. （　　）是发行人在股票上市前向公众公告发行与上市有关事项的信息披露文件。

A. 招股说明书   B. 招股说明书摘要

C. 上市公告书   D. 招股意向书

41. 不论《股票上市公告书内容与格式指引》是否有明确规定，凡在（　　）至上市公告书刊登日期间所发生的对投资者作出投资决策有重大影响的信息，均应披露。

A. 招股说明书披露日   B. 招股说明书披露次日

C. 招股意向书披露日   D. 招股意向书披露次日

42. 由于商业秘密等特殊原因致使某些信息确实不便披露的，发行人可向（　　）申请豁免。

A. 国务院   B. 证券业协会

C. 中国证监会   D. 证券交易所

43. 下列内容不属于发行公告的有（　　）。

A. 发行额度、面值与价格   B. 发行时间和范围

C. 认购股数的规定   D. 募集资金运用

44. 为规范首次公开发行股票的信息披露行为，保护投资者合法权益，中国证监会于（　　）发布了《公开发行证券的公司信息披露内容与格式准则第 28 号——创业板公司招股说明书》。

A. 2009 年 6 月 20 日   B. 2009 年 7 月 20 日

C. 2009 年 8 月 20 日   D. 2009 年 9 月 20 日

45. 发行人应在披露上市公告书后 10 日内，将上市公告书文本一式（　　）份分别报送发行人注册地的中国证监会派出机构、上市的证券交易所。

A. 二   B. 三

C. 四   D. 五

二、多项选择题

1. 首次公开发行股票的信息披露文件主要包括（　　）。

A. 招股说明书及其附录和备查文件　　B. 招股说明书摘要

C. 发行公告　　　　　　　　　　　　D. 上市公告书

2. 发行人应针对不同的发行方式,披露预计发行上市的重要日期,主要包括:(　　)。

A. 询价推介时间　　　　　　　　　B. 定价公告刊登日期

C. 申购日期和缴款日期　　　　　　D. 股票上市日期

3. 首次公开发行股票信息披露的原则包括(　　)。

A. 真实性原则　　　　　　　　　　B. 准确性原则

C. 完整性原则　　　　　　　　　　D. 及时性原则

4. 发行人披露风险因素时,可能对发行人(　　)有严重不利影响的,应作"重大事项提示"。

A. 生产经营状况　　　　　　　　　B. 财务状况

C. 持续盈利能力　　　　　　　　　D. 举债能力

5. 上市公司应当制定信息披露事务管理制度。信息披露事务管理制度应当包括(　　)。

A. 明确上市公司应当披露的信息,确定披露标准;未公开信息的传递、审核、披露流程

B. 信息披露事务管理部门及其负责人在信息披露中的职责;董事和董事会、监事和监事会、高级管理人员等的报告、审议和披露的职责

C. 董事、监事、高级管理人员履行职责的记录和保管制度;未公开信息的保密措施,内幕信息知情人的范围和保密责任

D. 财务管理和会计核算的内部控制及监督机制;对外发布信息的申请、审核、发布流程

6. 下列对招股说明书及其引用的财务报告的相关事项说法不正确的是(　　)。

A. 招股说明书中引用的财务报告在其最近1期截止日后3个月内有效

B. 特殊情况下,发行人可申请适当延长,但至多不超过1个月

C. 财务报告应当以年度末、半年度末或者季度末为截止日

D. 招股说明书的有效期为3个月,自中国证监会核准发行申请前招股说明书最后1次签署之日起计算

7. 下列关于中国证监会实施信息披露的监督管理职责说法正确的是(　　)。

A. 可以要求上市公司及其他信息披露义务人或者其董事、监事、高级管理人员对有关信息披露问题作出解释、说明或者提供相关资料

B. 可以要求上市公司提供保荐机构或者证券服务机构的专业意见

C. 中国证监会对保荐机构和证券服务机构出具的文件的真实性、准确性、完整性有疑义的,可以要求相关机构作出解释、补充,并调阅其工作底稿

D. 对上市公司及其他信息披露义务人披露信息进行监督,督促其依法及时、准确地披露信息,对证券及其衍生品种交易实行实时监控

8. 下列关于招股说明书的预先披露说法不正确的是(　　)。

A. 在申请文件受理后、发行审核委员会审核前,发行人应当将招股说明书(申报稿)在中国证监会网站预先披露

B. 自 2008 年 7 月 1 日起，对所有新受理首次公开发行申请，中国证监会发行监管部将在发行人和保荐机构按照反馈意见修改申请文件后的 7 个工作日内在网上公开招股说明书（申报稿）

C. 发行人不得将招股说明书（申报稿）刊登于其公司网站

D. 发行人可以将招股说明书（申报稿）刊登于其公司网站，但披露内容应当完全一致，且不得早于在中国证监会网站的披露时间

9. 关于招股说明书的一般要求，下列说法正确的是（　　）。

A. 引用的数据应有充分、客观的依据，并注明资料来源

B. 发行人可根据有关规定或其他需求，编制招股说明书外文译本，但应保证中、外文文本的一致性

C. 引用的数字应采用阿拉伯数字，货币金额除特别说明外，应指人民币金额，并以元、千元或万元为单位

D. 招股说明书应使用事实描述性语言，保证其内容简明扼要、通俗易懂，突出事件实质，不得有祝贺性、广告性、恭维性或诋毁性的词句

10. 发行人应披露下列机构的名称、法定代表人、住所、联系电话、传真；同时，应披露有关经办人员的姓名（　　）。

A. 发行人；保荐人、主承销商及其他承销机构

B. 律师事务所；会计师事务所；资产评估机构

C. 股票登记机构

D. 收款银行

11. 发行人应详细披露设立以来股本的形成及其变化和重大资产重组情况，包括（　　）。

A. 其具体内容　　　　　　B. 所履行的法定程序

C. 对发行人业务、管理层的影响　　D. 对实际控制人及经营业绩的影响

12. 下列关于招股说明书及其摘要的刊登和报送的说法不正确的是（　　）。

A. 发行人应当在发行前将招股说明书摘要刊登于至少一种中国证监会指定的报刊，同时将招股说明书全文刊登于中国证监会指定的网站；并将招股说明书全文置备于发行人住所、拟上市证券交易所、保荐人、主承销商和其他承销机构的住所，以备公众查阅

B. 发行人可以将招股说明书摘要、招股说明书全文、有关备查文件刊登于其他报刊和网站，但披露内容应当完全一致，且不得晚于在中国证监会指定报刊和网站的披露时间

C. 证券发行申请经中国证监会核准后至发行结束前发生重要事项的，发行人应当向中国证监会书面说明，并经中国证监会同意后，修改招股说明书或者作相应的补充公告

D. 发行人应在招股说明书及其摘要披露后 5 日内，将正式印刷的招股说明书全文文本一式五份，分别报送中国证监会及其在发行人注册地的派出机构

13. 招股说明书全文文本扉页应载有的内容包括（　　）。

A. 发行股票类型；发行股数；每股面值；每股发行价格；预计发行日期

  B. 拟上市的证券交易所

  C. 发行后总股本，发行境外上市外资股的公司还应披露在境内上市流通的股份数量和在境外上市流通的股份数量

  D. 本次发行前股东所持股份的流通限制、股东对所持股份自愿锁定的承诺；保荐人、主承销商；招股说明书签署日期

14. 发行人应详细披露改制重组的情况主要包括(　　)。

  A. 设立方式；发起人；在改制设立发行人之前，主要发起人拥有的主要资产和实际从事的主要业务

  B. 发行人成立时拥有的主要资产和实际从事的主要业务；在发行人成立之后，主要发起人拥有的主要资产和实际从事的主要业务

  C. 改制前原企业的业务流程、改制后发行人的业务流程，以及原企业和发行人业务流程间的联系

  D. 发行人成立以来，在生产经营方面与主要发起人的关联关系及演变情况；发起人出资资产的产权变更手续办理情况

15. 发行人应披露的股本情况主要包括(　　)。

  A. 本次发行前的总股本、本次发行的股份，以及本次发行的股份占发行后总股本的比例

  B. 前 10 名股东；前 10 名自然人股东及其在发行人处担任的职务；若有国有股份或外资股份的，须根据有关主管部门对股份设置的批复文件披露股东名称、持股数量、持股比例

  C. 股东中的战略投资者持股及其简况；本次发行前各股东间的关联关系及关联股东的各自持股比例

  D. 本次发行前股东所持股份的流通限制和自愿锁定股份的承诺

16. 如发行过内部职工股，发行人应披露(　　)。

  A. 内部职工股的审批及发行情况

  B. 本次发行前的内部职工股托管情况

  C. 发生过的违法违规情况

  D. 对尚存在内部职工股潜在问题和风险隐患的，应披露有关责任的承担主体等

17. 发行人如发行过内部职工股，应披露本次发行前的内部职工股托管情况，包括(　　)。

  A. 托管单位

  B. 前 20 名自然人股东名单、持股数量及比例

  C. 应托管数量、实际托管数量、托管完成时间、未托管股票数额及原因、未托管股票的处理办法

  D. 省级人民政府对发行人内部职工股托管情况及真实性的确认情况

18. 发行人应简要披露员工及其社会保障的情况主要包括(　　)。

  A. 员工人数及变化情况

  B. 员工专业结构、受教育程度

C. 员工性别比例、年龄分布、婚姻状况

D. 发行人执行社会保障制度、住房制度改革、医疗制度改革情况

19. 经常性关联交易的披露内容：对于购销商品、提供劳务等经常性的关联交易，应分别披露最近 3 年及 1 期的（　　）。

A. 关联交易方名称、交易内容、交易金额、交易价格的确定方法

B. 占当期营业收入或营业成本的比重、占当期同类型交易的比重以及关联交易增减变化的趋势

C. 与交易相关应收应付款项的余额及增减变化的原因

D. 上述关联交易是否仍将持续进行等

20. 对于偶发性关联交易，应披露（　　）。

A. 关联交易方名称、交易时间、交易内容

B. 交易金额、交易价格的确定方法、资金的结算情况

C. 交易产生的利润及对发行人当期经营成果的影响

D. 交易对公司主营业务的影响

21. 发行人应披露公司管理层对内部控制（　　）的自我评估意见以及注册会计师对公司内部控制的鉴证意见。

A. 专业性　　　　　　　　　　　B. 完整性

C. 合理性　　　　　　　　　　　D. 有效性

22. 发行人应披露会计师事务所的审计意见类型。财务报表被出具带强调事项段的无保留审计意见的，应全文披露审计报告正文以及（　　）对强调事项的详细说明。

A. 董事会　　　　　　　　　　　B. 监事会

C. 资产评估师　　　　　　　　　D. 注册会计师

23. 发行人应披露下列哪些固定资产和对外投资情况（　　）。

A. 最近 1 期末主要固定资产类别、折旧年限、原价、净值

B. 对外投资项目及各项投资的投资期限、初始投资额、期末投资额、股权投资占被投资方的股权比例及会计核算方法

C. 编制合并报表时采用成本法核算的长期股权投资按照权益法进行调整的方法及影响金额

D. 最近 1 期末主要固定资产的取得方式

24. 发行人应扼要披露最近 1 期末的主要债项，包括（　　）。

A. 主要的银行借款

B. 对内部人员和关联方的负债

C. 主要合同承诺的债务、或有债项的金额、期限、成本

D. 票据贴现、抵押及担保等形成的或有负债情况

25. 发行人应披露所有者权益变动表，扼要披露报告期内各期末股东权益的情况，包括：（　　）。

A. 股本　　　　　　　　　　　　B. 资本公积、盈余公积

C. 未分配利润　　　　　　　　　D. 少数股东权益的情况

26. 发行人应扼要披露报告期内现金流量情况，包括：（　　）。

　　A. 各期经营活动产生的现金流量

　　B. 各期投资活动产生的现金流量

　　C. 各期筹资活动产生的现金流量的基本情况

　　D. 不涉及现金收支的重大投资和筹资活动及其影响

27. 财务状况分析一般应包括以下内容，下列正确的是：（　　）。

　　A. 发行人应披露公司资产、负债的主要构成，分析说明主要资产的减值准备提取
　　　 情况是否与资产质量实际状况相符；最近 1 期资产结构、负债结构发生重大变
　　　 化的，发行人还应分析说明导致变化的主要因素

　　B. 发行人应分析披露最近 1 期流动比率、速动比率、资产负债率、息税折旧摊销
　　　 前利润及利息保障倍数的变动趋势，并结合公司的现金流量状况、在银行的资
　　　 信状况、可利用的融资渠道及授信额度、表内负债、表外融资情况及或有负债
　　　 等情况，分析说明公司的偿债能力；发行人最近 1 期经营活动产生的现金流量
　　　 净额为负数或者远低于当期净利润的，应分析披露原因

　　C. 发行人应披露最近 3 年及 1 期应收账款周转率、存货周转率等反映资产周转能
　　　 力的财务指标的变动趋势，并结合市场发展、行业竞争状况、公司生产模式及
　　　 物流管理、销售模式及赊销政策等情况，分析说明公司的资产周转能力

　　D. 发行人最近 1 期末持有金额较大的交易性金融资产、可供出售的金融资产、借
　　　 与他人款项、委托理财等财务性投资的，应分析其投资目的、对发行人资金安
　　　 排的影响、投资期限、发行人对投资的监管方案、投资的可回收性及减值准备
　　　 的计提是否充足

28. 发行人运行 3 年以上的，应披露最近 3 年及 1 期的（　　）。

　　A. 资产负债表　　　　　　　　　B. 利润表

　　C. 现金流量表　　　　　　　　　D. 股东权益增减变动表

29. 发行人编制合并财务报表的，应同时披露（　　）。

　　A. 合并财务报表　　　　　　　　B. 母公司财务报表

　　C. 财务报表的编制基础　　　　　D. 合并财务报表范围及变化情况

30. 盈利能力分析一般应包括以下内容，下列正确的是（　　）。

　　A. 发行人应列表披露最近 3 年及 1 期营业收入的构成及比例，并分别按产品（或
　　　 服务）类别及业务、地区分部列示，分析营业收入增减变化的情况及原因；营
　　　 业收入存在季节性波动的，应分析季节性因素对各季度经营成果的影响

　　B. 发行人应依据所从事的主营业务、采用的经营模式及行业竞争情况，分析公司
　　　 最近 3 年及 1 期利润的主要来源、可能影响发行人盈利能力连续性和稳定性的
　　　 主要因素。发行人应按照利润表项目逐项分析最近 3 年及 1 期经营成果变化的
　　　 原因，对于变动幅度较大的项目应重点说明

　　C. 发行人应列表披露最近 3 年及 1 期公司综合毛利率、分行业毛利率的数据及变
　　　 动情况；报告期内发生重大变化的，还应用数据说明相关因素对毛利率变动的
　　　 影响程度

D. 发行人最近 5 年非经常性损益、合并财务报表范围以外的投资收益以及少数股东损益对公司经营成果有重大影响的，应当分析原因及对公司盈利能力稳定性的影响

31. 资本性支出的分析一般应包括以下内容，下列正确的是（　　）。

A. 发行人应披露最近 1 年及 1 期重大的资本性支出情况

B. 如果资本性支出导致公司固定资产大规模增加或进行跨行业投资的，应当分析资本性支出对公司主营业务和经营成果的影响

C. 发行人应披露未来可预见的重大资本性支出计划及资金需求量

D. 未来资本性支出计划跨行业投资的，应说明其与公司未来发展战略的关系

32. 发行人应披露募股资金运用情况包括（　　）。

A. 预计募集资金数额

B. 按投资项目的轻重缓急顺序，列表披露预计募集资金投入的时间进度及项目履行的审批、核准或备案情况

C. 若所筹资金不能满足项目资金需求的，应说明缺口部分的资金来源及落实情况

D. 募股资金所投项目的预计资金分配情况

33. 募集资金拟用于向其他企业增资或收购其他企业股份的，应披露：（　　）。

A. 拟增资或收购的企业的基本情况及最近 1 年及 1 期经具有证券、期货相关业务资格的会计师事务所审计的资产负债表和利润表

B. 增资资金折合股份或收购股份的评估、定价情况

C. 增资或收购前后持股比例及控制情况

D. 增资或收购行为与发行人业务发展规划的关系

34. 发行人应披露对财务状况、经营成果、声誉、业务活动、未来前景等可能产生较大影响的诉讼或仲裁事项，主要包括（　　）。

A. 案件受理情况和基本案情　　　　B. 诉讼或仲裁请求

C. 判决、裁决结果及执行情况　　　D. 诉讼、仲裁案件对发行人的影响

35. 发行人应披露发行当年和未来两年的发展计划，包括（　　）。

A. 提高竞争能力的计划　　　　　　B. 市场和业务开拓的计划

C. 筹资等方面的计划　　　　　　　D. 投资方面的计划

36. 发行人及其主承销商应当在刊登招股意向书或者招股说明书摘要的同时刊登发行公告，对发行方案进行详细说明。发行人及其主承销商发行过程中通常还将发布（　　）。

A. 初步询价结果及发行价格区间公告

B. 发行定价

C. 网下发行结果及网上中签率公告

D. 网上资金申购发行摇号中签结果公告等

37. 发行人应在其股票上市前，将上市公告书全文刊登在：（　　）。

A. 至少一种由中国证监会指定的报刊及中国证监会指定的网站上

B. 将上市公告书文本置备于发行人住所以供公众查阅

C. 拟上市的证券交易所住所以供公众查阅

D. 有关证券经营机构住所及其营业网点，以供公众查阅

38. 发行人应披露招股说明书刊登日至上市公告书刊登前已发生的可能对发行人有较大影响的其他重要事项，主要包括（   ）。

A. 主要业务发展目标的进展，所处行业或市场的重大变化，原材料采购价格和产品销售价格的重大变化

B. 重大关联交易事项，重大投资，重大资产（或股权）购买、出售及置换

C. 发行人住所的变更，董事、监事、高级管理人员及核心技术人员的变化

D. 重大诉讼、仲裁事项，对外担保等或有事项，财务状况和经营成果的重大变化

39. 首次公开发行股票向战略投资者配售股票的，发行人及其主承销商应当在网下配售结果公告中披露战略投资者的（   ）等情况。

A. 名称

B. 认购数量

C. 资金总额

D. 承诺持有期

40. 创业板上市投资风险特别提示主要内容的特殊要求包括提示如下内容（   ）。

A. 本次发行后拟在创业板市场上市，该市场具有较高的投资风险

B. 创业板公司具有业绩不稳定、经营风险高、退市风险大等特点，投资者面临较大的市场风险

C. 投资者应充分了解创业板市场的投资风险及发行人所披露的风险因素，审慎作出投资决定

D. 创业板市场在制度与规则方面与主板市场存在一定差异，包括但不限于上市条件、信息披露、退市制度设计等，这些差异若认知不到位，可能给投资者造成投资风险

三、判断题

1. 首次公开发行股票的信息披露文件主要包括：招股说明书及其附录和备查文件；招股说明书摘要；发行公告；上市公告书。（   ）

A. 正确

B. 错误

2. 上市公司信息披露事务管理制度应当经公司董事会审议通过，报注册地证监局和证券交易所备案。（   ）

A. 正确

B. 错误

3. 上市公司应当设立董事会秘书，作为公司与证监会之间的指定联络人。（   ）

A. 正确

B. 错误

4. 信息披露文件应当采用中文文本。同时采用外文文本的，信息披露义务人应当保证两种文本的内容一致。两种文本发生歧义时，以外文文本为准。（   ）

A. 正确

B. 错误

5. 完全性原则是指信息披露义务人必须把能够提供给投资者判断证券投资价值的情况全部公开。（   ）

A. 正确

B. 错误

6. 发行人违反依法披露的信息规定致使投资者在证券交易中遭受损失的，发行人应当

承担赔偿责任；发行人的董事、监事、高级管理人员和其他直接责任人员以及保荐机构、承销的证券公司，在任何情况下要与发行人承担连带赔偿责任。（　　）

A. 正确 B. 错误

7. 信息披露的方式主要包括：发行人及其主承销商应当将发行过程中披露的信息刊登在至少一种中国证监会指定的报刊，同时将其刊登在中国证监会指定的互联网网站，并打印成册分发给战略投资者。（　　）

A. 正确 B. 错误

8. 上市公司在履行信息披露义务时，应当指派董事会秘书、证券事务代表或者代行董事会秘书职责的人员负责与交易所联系，办理信息披露与股权管理事务。（　　）

A. 正确 B. 错误

9. 证券交易所应当对上市公司及其他信息披露义务人披露信息进行监督，督促其依法及时、准确地披露信息，对证券及其衍生品种交易实行实时监控。（　　）

A. 正确 B. 错误

10. 中国证监会可以对金融、房地产、能源等特殊行业上市公司的信息披露作出特别规定。（　　）

A. 正确 B. 错误

11. 信息披露义务人未在规定期限内履行信息披露义务，或者所披露的信息有虚假记载、误导性陈述或者重大遗漏的，中国证监会按照《证券法》第一百八十三条处罚。（　　）

A. 正确 B. 错误

12. 上市公司董事会秘书空缺期间，董事会应当指定1名独立董事或高级管理人员代行董事会秘书的职责，并报交易所备案，同时尽快确定董事会秘书人选。（　　）

A. 正确 B. 错误

13. 董事会秘书空缺期间超过两个月之后，董事长应当代行董事会秘书职责，直至公司正式聘任董事会秘书。（　　）

A. 正确 B. 错误

14. 发行人披露的招股意向书除不含发行价格、筹资金额以外，其内容与格式应当与招股说明书一致，并与招股说明书具有同等法律效力。（　　）

A. 正确 B. 错误

15. 若发行人有充分依据证明第1号准则要求披露的某些信息涉及国家机密、商业秘密及其他因披露可能导致其违反国家有关保密法律法规规定或严重损害公司利益的，发行人可向中国证监会申请豁免披露。（　　）

A. 正确 B. 错误

16. 上市公司董事、监事、高级管理人员应当对公司信息披露的真实性、准确性、完整性、及时性、公平性负责，任何情况下不得例外。（　　）

A. 正确 B. 错误

17. 发行人公开发行股票的申请经中国证监会核准后，发生应予披露事项的，应向中国证监会书面说明情况，并及时修改招股说明书及其摘要。（　　）

A. 正确　　　　　　　　　　　　　B. 错误

18. 招股说明书中引用的财务报告在其最近 1 期截止日后 6 个月内有效。特殊情况下，发行人可申请适当延长，但至多不超过 1 个月。（　　）

A. 正确　　　　　　　　　　　　　B. 错误

19. 财务报告应当以年度末、半年度末或者季度末为截止日。招股说明书的有效期为 6 个月，自中国证监会核准发行申请前招股说明书最后 1 次签署之日起计算。（　　）

A. 正确　　　　　　　　　　　　　B. 错误

20. 招股说明书只需要披露第 1 号准明确规定的内容。（　　）

A. 正确　　　　　　　　　　　　　B. 错误

21. 在申请文件受理后、发行审核委员会审核前，发行人应当将招股说明书（申报稿）在证券交易所网站预先披露。（　　）

A. 正确　　　　　　　　　　　　　B. 错误

22. 发行人可以将招股说明书（申报稿）刊登于其公司网站，但披露内容应当完全一致，且不得早于在中国证监会网站的披露时间。（　　）

A. 正确　　　　　　　　　　　　　B. 错误

23. 发行人运行不足 3 年的，应披露最近 3 年及 1 期的利润表以及设立后各年及最近 1 期的资产负债表和现金流量表。发行人编制合并财务报表的，应同时披露合并财务报表和母公司财务报表。（　　）

A. 正确　　　　　　　　　　　　　B. 错误

24. 发行人运行不足 3 年的，应披露设立前资产负债表编制的会计主体及确定方法；存在剥离调整的，还应披露剥离调整的原则、方法和具体剥离情况。（　　）

A. 正确　　　　　　　　　　　　　B. 错误

25. 招股说明书应披露发行人及与本次发行有关的中介机构及其负责人、高级管理人员及经办人员之间存在的直接或间接的股权关系或其他权益关系。（　　）

A. 正确　　　　　　　　　　　　　B. 错误

26. 发行人应披露的股本情况时涉及国有股的，应在国家股股东之后标注"SLS"，在国有法人股股东之后标注"SS"。（　　）

A. 正确　　　　　　　　　　　　　B. 错误

27. 发行人应披露发起人、持有发行人 10％以上股份的主要股东及实际控制人的基本情况。（　　）

A. 正确　　　　　　　　　　　　　B. 错误

28. 发行人应披露实际控制人应披露到最终的国有控股主体或自然人为止。（　　）

A. 正确　　　　　　　　　　　　　B. 错误

29. 预先披露的招股说明书（申报稿）不是发行人发行股票的正式文件，可以含有价格信息，但发行人不得据此发行股票。（　　）

A. 正确　　　　　　　　　　　　　B. 错误

30. 发行人应在招股说明书及其摘要披露后 10 日内，将正式印刷的招股说明书全文文本一式五份，分别报送中国证监会及其在发行人注册地的派出机构。（　　）

A. 正确　　　　　　　　　　B. 错误

31. 发行人应列表披露董事、监事、高级管理人员、核心技术人员及其近亲属以任何方式直接或间接持有发行人股份的情况，并应列出持有人姓名，近3年所持股份的增减变动以及所持股份的质押或冻结情况。（　　）
A. 正确　　　　　　　　　　B. 错误

32. 发行人应披露近5年内是否存在违法违规行为，若存在违法违规行为，应披露违规事实和受到处罚的情况，并说明对发行人的影响；若不存在违法违规行为，应明确声明。（　　）
A. 正确　　　　　　　　　　B. 错误

33. 发行境外上市外资股的发行人，若境内外会计师事务所的审计意见类型存在差异的，以境外会计师事务所审计意见为准。（　　）
A. 正确　　　　　　　　　　B. 错误

34. 发行人应披露交易金额在1000万元以上或者虽未达到前述标准但对生产经营活动、未来发展或财务状况具有重要影响的合同内容。（　　）
A. 正确　　　　　　　　　　B. 错误

35. 招股说明书中引用的数字应采用中国数字，货币金额除特别说明外，应指人民币金额，并以元、千元或万元为单位。（　　）
A. 正确　　　　　　　　　　B. 错误

36. 首次公开发行股票向战略投资者配售股票的，发行人及其主承销商应当在网下配售结果公告中披露战略投资者的名称、认购数量及承诺持有期等情况。（　　）
A. 正确　　　　　　　　　　B. 错误

37. 招股说明书全文文本书脊应标明"××××公司首次公开发行股票招股说明书"字样。（　　）
A. 正确　　　　　　　　　　B. 错误

38. 发行人最近1年及1期内收购兼并其他企业资产（或股权），且被收购企业资产总额或营业收入或净利润超过收购前发行人相应项目20%（含）的，应披露被收购企业收购前1年资产负债表。（　　）
A. 正确　　　　　　　　　　B. 错误

39. 发行人应依据经注册会计师核验的非经常性损益明细表，以合并财务报表的数据为基础，披露最近3年及1期非经常性损益的具体内容、金额及对当期经营成果的影响，并计算最近3年及1期扣除非经常性损益后的净利润金额。（　　）
A. 正确　　　　　　　　　　B. 错误

40. 发行人应扼要披露最近1期末主要固定资产类别、折旧年限、原价、净值；对外投资项目及各项投资的投资期限、初始投资额、期末投资额、股权投资占被投资方的股权比例及会计核算方法，编制合并报表时采用成本法核算的长期股权投资按照权益法进行调整的方法及影响金额。（　　）
A. 正确　　　　　　　　　　B. 错误

41. 招股说明书全文文本应采用质地良好的纸张印刷，幅面为209毫米×295毫米（相

当于标准的 A4 纸规格)。( )

A. 正确 B. 错误

42. 无形资产的原始价值是以评估值作为入账依据的，还应披露资产评估机构名称及主要评估方法。( )

A. 正确 B. 错误

43. 发行人应列表披露最近 1 年及 1 期的流动比率、速动比率、资产负债率(母公司)、应收账款周转率、存货周转率、息税折旧摊销前利润、利息保障倍数、每股经营活动产生的现金流量、每股净现金流量、每股收益、净资产收益率、无形资产(扣除土地使用权、水面养殖权和采矿权等后)占净资产的比例。( )

A. 正确 B. 错误

44. 在不影响信息披露的完整性和不致引起阅读不便的前提下，发行人可采用相互引证的方法，对各相关部分的内容进行适当的技术处理，以避免重复，保持文字简洁。( )

A. 正确 B. 错误

45. 新股投资风险特别公告中要说明本次发行定价是由网下机构投资者在确定的价格区间内进行累计投标询价，发行人和保荐机构(主承销商)协商确定价格，整个定价过程及定价结果由上述参与主体自主决定和风险自担。( )

A. 正确 B. 错误

46. 新股发行申购，任一股票配售对象只能选择网下或者网上一种方式进行申购，所有参与网下初步询价的股票配售对象均不能参与网上申购；单个投资者可以使用多个合格账户进行申购。( )

A. 正确 B. 错误

47. 发行人应主要依据最近 3 年及 1 期的合并财务报表分析披露发行人财务状况、盈利能力及现金流量的报告期内情况及未来趋势。( )

A. 正确 B. 错误

48. 招股意向书公告的同时，发行人及其主承销商应刊登初步询价公告。发行价格区间向证券交易所报备后，发行人及其主承销商应刊登初步询价结果公告。( )

A. 正确 B. 错误

49. 为规范首次公开发行股票的信息披露行为，保护投资者合法权益，中国证监会于2009 年 7 月 20 日发布了《公开发行证券的公司信息披露内容与格式准则第 28号——创业板公司招股说明书》。( )

A. 正确 B. 错误

50. 第 28 号准则与第 1 号准则相比，招股说明书的风险因素增加了对创业板上市公司在经营业绩、内部管理、控制(权)、行业等相对特殊的风险。( )

A. 正确 B. 错误

参考答案

一、单项选择题

1. D	2. C	3. A	4. A	5. A
6. B	7. D	8. D	9. A	10. A
11. D	12. C	13. C	14. B	15. D
16. C	17. C	18. C	19. D	20. B
21. C	22. A	23. C	24. B	25. C
26. C	27. A	28. D	29. B	30. B
31. C	32. C	33. C	34. C	35. A
36. C	37. B	38. B	39. A	40. C
41. A	42. D	43. D	44. B	45. D

二、多项选择题

1. ABCD	2. ABCD	3. ABCD	4. ABC	5. ABCD
6. AD	7. ABC	8. BC	9. ABCD	10. ABCD
11. ABCD	12. CD	13. ABCD	14. ABCD	15. ABCD
16. ABCD	17. ABCD	18. ABD	19. ABCD	20. ABCD
21. BCD	22. ABD	23. ABC	24. ABCD	25. ABCD
26. ABCD	27. CD	28. ABC	29. ABCD	30. ABC
31. BCD	32. ABC	33. ABCD	34. ABCD	35. ABC
36. ABCD	37. ABCD	38. ABCD	39. ABD	40. ABCD

三、判断题

1. A	2. A	3. B	4. B	5. A
6. B	7. B	8. A	9. A	10. B
11. B	12. B	13. B	14. A	15. A
16. B	17. B	18. B	19. A	20. A
21. B	22. A	23. A	24. B	25. A
26. B	27. B	28. A	29. B	30. A
31. A	32. B	33. B	34. B	35. B
36. A	37. A	38. B	39. A	40. A
41. A	42. A	43. B	44. A	45. A
46. B	47. A	48. B	49. A	50. A

第七章　上市公司发行新股

一、本章考纲

　　掌握新股公开发行和非公开发行的基本条件、一般规定、配股的特别规定、增发的特别规定。熟悉新股公开发行和非公开发行的申请程序。掌握主承销商尽职调查的工作内容。掌握新股发行申请文件的编制和申报的基本原则、申请文件的形式要求以及文件目录。

　　熟悉主承销商的保荐过程和中国证监会的核准程序。

　　掌握增发的发行方式、配股的发行方式。熟悉增发及上市业务操作流程、配股及上市业务操作流程。

　　熟悉新股发行申请过程中信息披露的规定及各项内容。了解上市公司发行新股时招股说明书的编制和披露。

二、本章知识体系

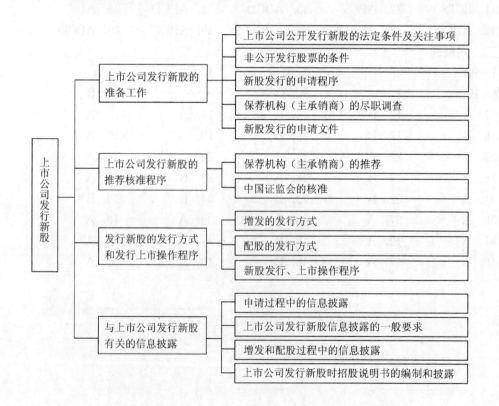

三、同步强化练习题及参考答案

同步强化练习题

一、单项选择题

1. 公司对公开发行股票所募集资金，必须按照招股说明书所列资金用途使用。改变招股说明书所列资金用途，必须经（　　）作出决议。
   A. 董事会　　　　　　　　　B. 监事会
   C. 股东大会　　　　　　　　D. 证监会

2. 申请发行新股的上市公司需要满足最近（　　）个会计年度连续盈利，扣除非经常性损益后的净利润与扣除前的净利润相比，以低者作为计算依据。
   A. 1　　　　　　　　　　　B. 2
   C. 3　　　　　　　　　　　D. 5

3. 申请发行新股的上市公司若最近 24 个月内曾公开发行证券的，则必须满足不存在发行当年营业利润比上年下降（　　）以上的情形。
   A. 20%　　　　　　　　　　B. 30%
   C. 40%　　　　　　　　　　D. 50%

4. 申请发行新股的上市公司现任董事、监事和高级管理人员必须具备任职资格，能够忠实和勤勉地履行职务，不存在违反《公司法》第一百四十八条、第一百四十九条规定的行为，且最近（　　）个月内未受到过中国证监会的行政处罚、最近（　　）个月内未受到过证券交易所的公开谴责。
   A. 12　6　　　　　　　　　B. 24　6
   C. 24　12　　　　　　　　　D. 36　12

5. 申请发行新股的上市公司需要满足最近（　　）个月内不存在违规对外提供担保的行为的要求。
   A. 6　　　　　　　　　　　B. 12
   C. 24　　　　　　　　　　　D. 36

6. 上市公司公开发行新股，必须满足公司在最近（　　）年内财务会计文件无虚假记载，无其他重大违法行为的条件。
   A. 1　　　　　　　　　　　B. 2
   C. 3　　　　　　　　　　　D. 5

7. 申请发行新股的上市公司需要满足高级管理人员和核心技术人员稳定，最近（　　）个月内未发生重大不利变化的要求。
   A. 6　　　　　　　　　　　B. 12
   C. 24　　　　　　　　　　　D. 36

8. 申请发行新股的上市公司需要满足最近（　　）年及 1 期财务报表未被注册会计师出具保留意见、否定意见或无法表示意见的审计报告。

A. 1   B. 2

C. 3   D. 5

9. 申请发行新股的上市公司需要满足经营成果真实，现金流量正常，营业收入和成本费用的确认严格遵循国家有关企业会计准则的规定，最近(　　)年资产减值准备计提充分合理，不存在操纵经营业绩的情形。

A. 1   B. 2

C. 3   D. 5

10. 申请发行新股的上市公司需要满足最近 3 年以现金方式累计分配的利润不少于最近 3 年实现的年均可分配利润的(　　)。

A. 20%   B. 30%

C. 40%   D. 50%

11. 上市公司向原股东配股，拟配股数量不超过本次配股前股本总额的(　　)。

A. 20%   B. 30%

C. 40%   D. 50%

12. 控股股东不履行认配股份的承诺，或者代销期限届满，原股东认购股票的数量未达到拟配售数量(　　)的，发行人应当按照发行价并加算银行同期存款利息返还已经认购的股东。

A. 30%   B. 50%

C. 60%   D. 70%

13. 非公开发行股票的发行对象不超过(　　)名。

A. 10   B. 15

C. 20   D. 30

14. 向不特定对象公开募集股份需要满足最近 3 个会计年度加权平均净资产收益率平均不低于(　　)。扣除非经常性损益后的净利润与扣除前的净利润相比，以低者作为加权平均净资产收益率的计算依据。

A. 2%   B. 3%

C. 5%   D. 6%

15. 向不特定对象公开募集股份：除金融类企业外，最近(　　)期末不存在持有金额较大的交易性金融资产和可供出售的金融资产、借予他人款项、委托理财等财务性投资的情形。

A. 1   B. 2

C. 3   D. 4

16. 向不特定对象公开募集股份，发行价格应不低于公告招股意向书前(　　)个交易日公司股票均价或前 1 个交易日的均价。

A. 10   B. 15

C. 20   D. 30

17. 申请发行新股的上市公司建立募集资金专项存储制度，募集资金必须存放于公司(　　)决定的专项账户。

A. 董事会   B. 监事会

C. 股东大会   D. 职工代表大会

18. 现任董事、高级管理人员最近（   ）个月内受到过中国证监会的行政处罚、（   ）个月内受到过证券交易所的公开谴责，上市公司不得非公开发行股票。

    A. 36   6   B. 36   12

    C. 24   6   D. 12   12

19. 非公开发行股票，如发行对象均属于原前（   ）名股东的，则可以由上市公司自行销售。

    A. 10   B. 15

    C. 20   D. 30

20. 上市公司发行新股决议（   ）年有效；决议失效后仍决定继续实施发行新股的，须重新提请股东大会表决。

    A. 1   B. 2

    C. 3   D. 4

21. 股东大会就发行证券事项作出决议，必须经出席会议的股东所持表决权的（   ）以上通过。

    A. 1/4   B. 1/3

    C. 1/2   D. 2/3

22. 在发行申请提交发审会前，如果发生对发行人发行新股法定条件产生重大影响，或对发行人股票价格可能产生重大影响，以及对投资者作出投资决策可能产生重大影响的重大事项，保荐人（主承销商）应当在两个工作日内向（   ）书面说明。

    A. 国务院   B. 证券交易所

    C. 证券业协会   D. 中国证监会

23. 上市公司非公开发行股票，发行价格不低于定价基准日前 20 个交易日公司股票均价的（   ）。

    A. 30%   B. 50%

    C. 70%   D. 90%

24. 封卷后至刊登募集说明书期间，如果发行人公布了新的定期报告、重大事项临时公告或调整盈利预测，发行人、保荐人（主承销商）、律师应在（   ）个工作日内，向中国证监会报送会后重大事项说明或专业意见以及修改后的募集说明书。

    A. 2   B. 3

    C. 5   D. 10

25. 发审会后至发行前期间，如果发行人公布了新的定期报告、重大事项临时公告或调整盈利预测，发行人、保荐人（主承销商）、律师应在（   ）个工作日内，向中国证监会报送会后重大事项说明或专业意见。

    A. 2   B. 3

    C. 5   D. 10

26. 上市公司发行新股的，持续督导的期间为证券上市当年剩余时间及其后（   ）个完整会计年度。
  A. 1   B. 2
  C. 3   D. 5

27. 拟发行公司在刊登招股说明书或招股意向书的（　　）工作日，应向中国证监会说明拟刊登的招股说明书或招股意向书与招股说明书或招股意向书（封卷稿）之间是否存在差异，保荐人（主承销商）及相关专业中介机构应出具声明和承诺。
  A. 前四个   B. 前三个
  C. 前两个   D. 前一个

28. 招股说明书或招股意向书刊登后至获准上市前，拟发行公司发生重大事项的，应于该事项发生后第（　　）个工作日向中国证监会提交书面说明，保荐人（主承销商）和相关专业中介机构应出具专业意见。
  A. 1   B. 2
  C. 3   D. 5

29. 如发生重大事项后，拟发行公司仍符合发行上市条件的，拟发行公司应在报告中国证监会后第（　　）日刊登补充公告。
  A. 1   B. 2
  C. 3   D. 5

30. 保荐人应当自持续督导工作结束后（　　）个工作日内向中国证监会、证券交易所报送"保荐总结报告书"。
  A. 2   B. 3
  C. 5   D. 10

31. 公开募集证券说明书自最后签署之日起（　　）个月内有效。
  A. 1   B. 2
  C. 3   D. 6

32. 公开募集证券说明书所引用的审计报告、盈利预测审核报告、资产评估报告、资信评级报告，应当由有资格的证券服务机构出具，并由至少（　　）名有从业资格的人员签署。
  A. 1   B. 2
  C. 3   D. 6

33. 发行人和保荐人报送发行申请文件，初次应提交（　　）；在提交发审委审核之前，根据中国证监会要求的书面文件份数补报申请文件。
  A. 原件1份，复印件1份   B. 原件1份，复印件2份
  C. 原件1份，复印件3份   D. 原件1份，复印件4份

34. 中国证监会自受理申请文件到作出决定的期限为（　　）个月，发行人根据要求补充、修改发行申请文件的时间不计算在内。
  A. 1   B. 2
  C. 3   D. 6

35. 保荐人持续督导的期间自证券上市（　　）起计算。

A. 前一日   B. 当日

C. 后一日   D. 后两日

36. 中国证监会收到发行新股的申请文件后，在（   ）个工作日内作出是否受理的决定。未按规定的要求制作申请文件的，中国证监会不予受理。

     A. 2   B. 3

     C. 5   D. 10

37. 发审委会议审核上市公司非公开发行股票申请，适用特别程序。每次参加发审委会议的委员为（   ）名。表决投票时同意票数达到（   ）票为通过。

     A. 5   3   B. 5   4

     C. 10   6   D. 10   7

38. 证券发行申请未获核准的上市公司，自中国证监会作出不予核准的决定之日起（   ）个月后，可再次提出证券发行申请。

     A. 1   B. 2

     C. 3   D. 6

39. 自中国证监会核准发行之日起，上市公司应在（   ）个月内发行证券；超过这个时间未发行的，核准文件失效，须重新经中国证监会核准后方可发行。

     A. 1   B. 2

     C. 3   D. 6

40. 配股一般采取（   ）发行的方式。

     A. 网下配售   B. 网上定价

     C. 上网定价发行与网下配售相结合   D. 网下网上同时定价发行

41. T日，增发新股可流通部分上市交易，当日股票（   ）。

     A. 不设涨跌幅限制   B. 受涨跌幅限制

     C. 只设跌幅限制不设涨幅限制   D. 只设涨幅限制不设跌幅限制

42. 发行人询价增发、比例配售时，（   ）日，主承销商组织网上申购资金验资，同时根据网上网下申购情况，确定本次网上网下发行数量，计算网下配售比例。

     A. T＋1   B. T＋2

     C. T＋3   D. T＋4

43. 发行人定价增发时，（   ）日，招股意向书摘要、网上网下发行公告、网上路演公告见报。

     A. T－3   B. T－2

     C. T－1   D. T

44. 目前通常采用的增发方式是：（   ）。

     A. 网下配售   B. 网上定价

     C. 上网定价发行与网下配售相结合   D. 网下网上同时定价发行

45. 发行人定价增发时，（   ）日，承销商刊登网下发行结果公告，退还未获配售的网下申购定金，网下申购投资者根据配售结果补缴余款（如需）；网上发行部分如果采用摇号抽签的方式，则举行摇号抽签仪式。

A. T+1   B. T+2

C. T+3   D. T+4

46. 发行公司及其主承销商必须在刊登招股意向书摘要前1个工作日（　　）前，向证券交易所提交上述全部文件。

A. 17:00   B. 15:00

C. 11:30   D. 12:00

47. 经上海证券交易所同意后，发行人和主承销商应于（　　）日刊登《股份变动及增发股票上市公告书》。

A. T−3   B. T−2

C. T−1   D. T

48. 上市公司在公开发行证券前的（　　）个工作日内，应当将经中国证监会核准的募集说明书摘要或者募集意向书摘要刊登在至少一种中国证监会指定的报刊，同时将其全文刊登在中国证监会指定的互联网网站，置备于中国证监会指定的场所，供公众查阅。

A. 1~3   B. 2~5

C. 3~6   D. 5~8

49. 当增发采取在询价区间内网上申购与网下申购相结合的累计投标询价、且原社会公众股股东具有优先认购权的方式时，假设 T 日为网上申购日，T+X 日，上市公告或股份变动公告，须在交易所对上市申请文件审查同意后，且增发新股的可流通股份上市（　　）刊登。

A. 当日   B. 前1个工作日内

C. 前2个工作日内   D. 前3个工作日内

50. 上市公司申请发行新股，被注册会计师出具（　　）审计报告的，所涉及的事项对发行人无重大不利影响或者在发行前重大不利影响已经消除。

A. 保留意见   B. 否定意见

C. 带强调事项段的无保留意见   D. 非标准无保留意见

二、多项选择题

1. 根据《证券法》第十三条的有关规定，上市公司公开发行新股，必须具备下列条件：（　　）。

A. 具备健全且运行良好的组织机构

B. 具有持续盈利能力，财务状况良好

C. 公司在最近2年内财务会计文件无虚假记载，无其他重大违法行为

D. 经国务院批准的国务院证券监督管理机构规定的其他条件

2. 申请发行的新股上市公司需要满足最近36个月内财务会计文件无虚假记载，且不存在下列哪些重大违法行为：（　　）。

A. 违反证券法律、行政法规或规章，受到中国证监会的行政处罚

B. 受到刑事处罚

C. 违反工商、税收、土地、环保、海关法律、行政法规或规章，受到行政处罚且情

节严重，或者受到刑事处罚

　　D. 违反国家其他法律、行政法规且情节严重的行为

3. 上市公司非公开发行股票的定价基准日可以为（　　）。

　　A. 关于本次非公开发行股票的董事会决议公告日

　　B. 股东大会决议公告日

　　C. 发行期的首日

　　D. 申请材料得证监会批准日

4. 申请发行新股的上市公司需要组织机构健全、运行良好，符合下列哪些规定：（　　）。

　　A. 公司章程合法有效，股东大会、董事会、监事会和独立董事制度健全，能够依法有效履行职责

　　B. 公司内部控制制度健全，能够有效保证公司运行的效率、合法合规性和财务报告的可靠性；内部控制制度的完整性、合理性、有效性不存在重大缺陷

　　C. 现任董事、监事和高级管理人员具备任职资格，能够忠实和勤勉地履行职务，不存在违反《公司法》第一百四十八条、第一百四十九条规定的行为，且最近24个月内未受到过中国证监会的行政处罚、最近12个月内未受到过证券交易所的公开谴责

　　D. 上市公司与控股股东或实际控制人的人员、资产、财务分开，机构、业务独立，能够自主经营管理；最近12个月内不存在违规对外提供担保的行为

5. 上市公司存在下列哪种情形之一的，不得公开发行证券（　　）。

　　A. 本次发行申请文件有虚假记载、误导性陈述或重大遗漏

　　B. 擅自改变前次公开发行证券募集资金的用途而未作纠正

　　C. 上市公司最近12个月内受到过证券交易所的公开谴责

　　D. 上市公司或其现任董事、高级管理人员因涉嫌犯罪被司法机关立案侦查或涉嫌违法违规被中国证监会立案调查

6. 申请发行新股的上市公司的盈利能力具有可持续性，符合规定的是（　　）。

　　A. 最近2个会计年度连续盈利，扣除非经常性损益后的净利润与扣除前的净利润相比，以低者作为计算依据

　　B. 业务和盈利来源相对稳定，不存在严重依赖于控股股东、实际控制人的情形；现有主营业务或投资方向能够可持续发展，经营模式和投资计划稳健，主要产品或服务的市场前景良好，行业经营环境和市场需求不存在现实或可预见的重大不利变化

　　C. 高级管理人员和核心技术人员稳定，最近24个月内未发生重大不利变化；公司重要资产、核心技术或其他重大权益的取得合法，能够持续使用，不存在现实或可预见的重大不利变化

　　D. 最近24个月内曾公开发行证券的，不存在发行当年营业利润比上年下降50%以上的情形

7. 申请发行新股上市公司的财务状况良好，应符合下列哪些规定（　　）。

A. 会计基础工作规范，严格遵循国家统一会计制度的规定

B. 最近3年及1期财务报表未被注册会计师出具保留意见、否定意见或无法表示意见的审计报告；被注册会计师出具带强调事项段的无保留意见审计报告的，所涉及的事项对发行人无重大不利影响或者在发行前重大不利影响已经消除

C. 经营成果真实，现金流量正常，营业收入和成本费用的确认严格遵循国家有关企业会计准则的规定，最近5年资产减值准备计提充分合理，不存在操纵经营业绩的情形

D. 最近3年以现金方式累计分配的利润不少于最近3年实现的年均可分配利润的30%

8. 申请发行的新股的上市公司募集资金的数额和使用应当符合的规定，下列不正确的是：（　　）。

A. 募集资金数额不超过项目需要量

B. 募集资金用途符合国家产业政策和有关环境保护、土地管理等法律和行政法规的规定

C. 除金融类企业外，本次募集资金使用项目可以为持有交易性金融资产和可供出售的金融资产、借予他人款项、委托理财等财务性投资，可以直接或间接投资于以买卖有价证券为主要业务的公司

D. 投资项目实施后，可能会与控股股东或实际控制人产生同业竞争或影响公司生产经营的独立性

9. 根据《证券法》第十五条的规定，上市公司发行新股还必须满足下列要求：（　　）。

A. 公司对公开发行股票所募集资金，必须按照招股说明书所列资金用途使用

B. 改变招股说明书所列资金用途，必须经证监会作出决议

C. 改变招股说明书所列资金用途，必须经股东大会作出决议

D. 擅自改变用途而未作纠正的，或者未经股东大会认可的，不得公开发行新股

10. 向不特定对象公开募集股份，应当符合下列哪些规定（　　）。

A. 最近3个会计年度加权平均净资产收益率平均不低于6%

B. 扣除非经常性损益后的净利润与扣除前的净利润相比，以高者作为加权平均净资产收益率的计算依据

C. 除金融类企业外，最近1期末不存在持有金额较大的交易性金融资产和可供出售的金融资产、借予他人款项、委托理财等财务性投资的情形

D. 发行价格应不低于公告招股意向书前10个交易日公司股票均价或前1个交易日的均价

11. 非公开发行股票的特定对象应当符合的规定有（　　）。

A. 特定对象符合股东大会决议规定的条件

B. 发行对象不超过10名。发行对象为境外战略投资者的，应当经国务院相关部门事先批准

C. 特定对象符合董事会决议规定的条件

D. 发行对象不超过5名。发行对象为境外战略投资者的，应当经国务院相关部门

事先批准

12. 上市公司非公开发行股票的关于发行股份的限售期规定中，发行对象属于下列情形之一的，具体发行对象及其认购价格或者定价原则应当由上市公司董事会的非公开发行股票决议确定，并经股东大会批准；认购的股份自发行结束之日起 36 个月内不得转让：（   ）。

A. 上市公司的控股股东、实际控制人或其控制的关联人

B. 通过认购本次发行的股份取得上市公司实际控制权的投资者

C. 董事会拟引入的境内外战略投资者

D. 与上市公司无业务往来的企业

13. 上市公司存在下列情形之一的，不得非公开发行股票：（   ）。

A. 本次发行申请文件有虚假记载、误导性陈述或重大遗漏

B. 上市公司的权益被控股股东或实际控制人严重损害且尚未消除；上市公司及其附属公司违规对外提供担保且尚未解除

C. 现任董事、高级管理人员最近 36 个月内受到过中国证监会的行政处罚，或者最近 24 个月内受到过证券交易所的公开谴责；上市公司或其现任董事、高级管理人员因涉嫌犯罪正被司法机关立案侦查，或涉嫌违法违规正被中国证监会立案调查

D. 最近 1 年及 1 期财务报表被注册会计师出具保留意见、否定意见或无法表示意见的审计报告。保留意见、否定意见或无法表示意见所涉及事项的重大影响已经消除或者本次发行涉及重大重组的除外

14. 通过提交发行申请文件前的尽职调查，保荐机构（主承销商）必须至少达到以下目的（   ）。

A. 充分了解发行人的经营情况及面临的风险和问题

B. 有充分理由确信发行人符合《证券法》等法律法规及中国证监会规定的发行条件

C. 确信发行人申请文件和公开募集文件真实、准确、完整

D. 在发行申请提交发审会前，了解是否有对发行人发行新股法定条件产生重大影响的事件

15. 向原股东配股，除符合上市公司一般规定外，还应当符合下列哪些规定（   ）。

A. 拟配股数量不超过本次配股前股本总额的 30%

B. 控股股东应当在股东大会召开前公开承诺认配股份的数量

C. 采用《证券法》规定的代销方式发行

D. 采用《证券法》规定的包销方式发行

16. 根据《上市公司证券发行管理办法》及《公开发行证券的公司信息披露内容与格式准则第 10 号——上市公司公开发行证券申请文件》的规定，公开发行新股申请文件的编制和申报应注意以下几点（   ）。

A. 上市公司全体董事、监事、高级管理人员应当在公开募集证券说明书上签字，保证不存在虚假记载、误导性陈述或者重大遗漏，并声明承担个别和连带的法

律责任

    B. 公开募集证券说明书所引用的审计报告、盈利预测审核报告、资产评估报告、资信评级报告，应当由有资格的证券服务机构出具，并由至少3名有从业资格的人员签署

    C. 发行人应根据中国证监会对发行申请文件的审核反馈意见提供补充材料。有关中介机构应履行其对相关问题进行尽职调查或补充出具专业意见的义务

    D. 对未按规定要求制作和报送发行申请文件的，中国证监会可不予受理

17. 上市公司公开发行新股的推荐核准，包括（　　）。

    A. 由保荐机构（主承销商）进行的内核

    B. 出具发行保荐书

    C. 对承销商备案材料的合规性审核

    D. 由中国证监会进行的受理文件、初审、发行审核委员会审核、核准发行等

18. 发审委会议审核上市公司公开发行股票申请的特别程序中，中国证监会有关职能部门应当在发审委会议召开前，将（　　）送达参会发审委委员。

    A. 会议通知   B. 股票发行申请文件

    C. 中国证监会有关职能部门的初审报告   D. 发行人承诺函

19. 封卷后至刊登募集说明书期间，如果发行人公布了新的定期报告、重大事项临时公告或调整盈利预测，（　　）应在5个工作日内，向中国证监会报送会后重大事项说明或专业意见以及修改后的募集说明书。

    A. 发行人   B. 保荐人（主承销商）

    C. 注册会计师   D. 律师

20. 对发行人申请文件的形式要求，下列说法正确的是（　　）。

    A. 发行人和保荐人报送发行申请文件，初次应提交原件1份，复印件2份；在提交发审委审核之前，根据中国证监会要求的书面文件份数补报申请文件

    B. 纳入发行申请文件原件的文件，均应为原始文本。发行人不能提供有关文件的原始文本的，应由发行人律师提供鉴证意见，或由出文单位盖章，以保证与原始文件一致。如原出文单位不再存续，由承继其职权的单位或作出撤销决定的单位出文证明文件的真实性

    C. 发行申请文件的扉页应附发行人董事会秘书及有关中介机构项目负责人的姓名、电话、传真及其他有效的联系方式

    D. 在每次报送书面文件的同时，发行人应报送两份相应的电子文件（应为标准.doc或.rtf文件）。发行结束后，发行人应将募集说明书的电子文件及历次报送的电子文件汇总报送中国证监会备案

21. 上市公司董事会依法就下列事项作出决议：（　　），并提请股东大会批准。

    A. 新股发行的方案   B. 本次募集资金使用的可行性报告

    C. 前次募集资金使用的报告   D. 其他必须明确的事项

22. 为了做好内核工作，保荐人（主承销商）必须（　　）。

    A. 建立和健全以尽职调查为基础的发行申请文件的质量控制体系

B. 建立和健全尽职调查工作流程，明确调查要点

C. 形成调查报告；建立科学的项目决策体系

D. 建立和完善内核工作会议程序和规则

23. 关于网下网上同时定价发行，下列说法正确的是（　　）。

A. 这种方式是发行人和主承销商按照"发行价格应不低于公告招股意向书前 10 个交易日公司股票均价或前 1 个交易日的均价"的原则确定增发价格，网下对机构投资者与网上对公众投资者同时公开发行

B. 这是目前通常的增发方式

C. 在此种发行方式下，对于网上发行部分，既可以按统一配售比例对所有公众投资者进行配售，也可以按一定的中签率以摇号抽签方式确定获配对象

D. 但发行人和主承销商必须在发行公告中预先说明

24. 配股价格的确定是在一定的价格区间内由主承销商和发行人协商确定。价格区间通常以股权登记日前（　　）个交易日该股二级市场价格的平均值为上限，下限为上限的一定折扣。

A. 10
B. 20
C. 30
D. 40

25. 内核小组通常由 8～15 名专业人士组成，这些人员要保持（　　）；公司主管投资银行业务的负责人及投资银行部门的负责人通常为内核小组的成员。

A. 稳定性
B. 有效性
C. 独立性
D. 安全性

26. 上市公司申请增发新股的可流通股份上市，应向上海证券交易所提交以下申请文件（　　）。

A. 上市报告书（申请书）；申请上市的董事会和股东大会决议；按照有关规定编制的上市公告书

B. 保荐协议和保荐人出具的上市保荐书；发行结束后经具有执行证券、期货相关业务资格的会计师事务所出具的验资报告

C. 登记公司对新增股份登记托管的书面确认文件

D. 董事、监事和高级管理人员持股情况变动的报告；股份变动报告书

27. 下列关于询价增发、比例配售操作流程的注意事项中描述正确的有（　　）。

A. 刊登的招股意向书、网下发行公告中应注明本次增发具体日程安排及停牌日期

B. 上市公司增发股票，可以全部或者部分向原股东优先配售，优先配售比例应当在发行公告中披露

C. 向原股东配售应明确股权登记日，原股东放弃以及未获配售的股份纳入剩余部分对投资者公开发行

D. 公开增发期间（T～T＋3 日，通常情况下深圳证券交易所比上海证券交易所少停牌一天，T＋3 日原股票即恢复交易），公司股票连续停牌

28. 申请发行新股的上市公司应当符合公司章程合法有效，（　　）制度健全，能够依法有效履行职责。

A. 股东大会   B. 董事会

C. 监事会   D. 独立董事

29. 上市公司申请增发新股发行阶段主承销商和发行人应提交的材料包括( )。

A. 中国证监会的核准文件；经中国证监会审核的全部发行申报材料

B. 发行的预计时间安排

C. 发行具体实施方案和发行公告

D. 相关招股意向书或者募集说明书

30. 下列关于定价增发操作流程中的注意事项描述正确的是：( )。

A. 刊登的招股意向书、网下发行公告中应注明本次增发具体日程安排表

B. 定价增发如有原股东配售，则应强调代码为"730×××"，配售简称为"×××配售"；新股东增发代码为"700×××"，增发简称为"×××增发"

C. 原股东配售应明确股权登记日，未配售的股份对新股东发行

D. 公开增发期间（T～T＋3 日，通常情况下深圳证券交易所比上海证券交易所少停牌一天，T＋3 日原股票即恢复交易），公司股票连续停牌

31. 上市公司发行新股的方式包括：( )。

A. 向特定对象发行股票   B. 向不特定对象公开募集股份

C. 原股东配售股份   D. 向原股东公开募集股份

32. 除金融类企业外，上市公司募集资金可以做下列哪种使用：( )。

A. 可以为持有交易性金融资产和可供出售的金融资产

B. 借予他人

C. 委托理财等财务性投资

D. 可以直接或间接投资于以买卖有价证券为主要业务的公司

33. 在发行申请提交发审会前，如果发生( )的重大事项，保荐人（主承销商）应当在两个工作日内向中国证监会书面说明。

A. 对发行人业务发生影响

B. 对发行人发行新股法定条件产生重大影响

C. 对发行人股票价格可能产生重大影响

D. 对投资者作出投资决策可能产生重大影响

34. 上市公司发行证券，保荐人关于本次证券发行的文件包括( )。

A. 证券发行保荐书   B. 法律意见书

C. 招股意向书   D. 保荐人尽职调查报告

35. 申请过程中的信息披露是指从发行人董事会作出发行新股预案、股东大会批准，直到获得中国证监会核准文件为止的有关信息披露。中国证监会于 2006 年 5 月 6 日发布《上市公司证券发行管理办法》，其中规定：( )。

A. 证券发行议案经董事会表决通过后，应当在三个工作日内报告证券交易所，公告召开股东大会的通知

B. 使用募集资金收购资产或者股权的，应当在公告召开股东大会通知的同时，披露该资产或者股权的基本情况、交易价格、定价依据以及是否与公司股东或其

他关联人存在利害关系

    C. 股东大会通过本次发行议案之日起两个工作日内,上市公司应当公布股东大会决议

    D. 上市公司收到中国证监会关于本次发行申请的下列决定后,应当在第一工作日予以公告:第一,不予受理或者终止审查;第二,不予核准或者予以核准。上市公司决定撤回证券发行申请的,应当在撤回申请文件的次一工作日予以公告

36.《上市公司证券发行管理办法》所称"定价基准日",是指计算发行底价的基准日。定价基准日可以为( )。

    A. 关于本次非公开发行股票的董事会决议公告日

    B. 发审委批复日

    C. 股东大会决议公告日

    D. 发行期的首日

37. 关于上市公司发行新股信息披露的一般要求,下列说法不正确的是:( )。

    A. 上市公司在公开发行证券前的5~8个工作日内,应当将经中国证监会核准的募集说明书摘要或者募集意向书摘要刊登在至少一种中国证监会指定的报刊

    B. 上市公司在公开发行证券前的5~8个工作日内,应当将经中国证监会核准的募集说明书摘要或者募集意向书摘要全文刊登在中国证监会指定的互联网网站,置备于中国证监会指定的场所,供公众查阅

    C. 上市公司在非公开发行新股后,应当将发行情况报告书刊登在至少一种中国证监会指定的报刊,同时将其刊登在中国证监会指定的互联网网站,置备于中国证监会指定的场所,供公众查阅

    D. 上市公司可以将公开募集证券说明书全文或摘要、发行情况公告书刊登于其他网站和报刊,但不得早于法定披露信息的时间

38. 增发新股过程中的信息披露,是指发行人从刊登招股意向书开始到股票上市为止,通过中国证监会指定报刊向社会公众发布的有关发行、定价及上市情况的各项公告。一般包括( )等。

    A.《招股意向书》

    B.《网上、网下发行公告》、《网上或网下路演公告》、《网上、网下询价公告》

    C.《发行提示性公告》、《上市公告书》

    D.《发行结果公告》

39. 发行公司及其主承销商在证券交易所网站披露招股意向书全文及相关文件前,须向证券交易所提交以下材料:( )。

    A. 证券交易所核准发行公司增发股份的文件

    B. 发行公司招股意向书全文及相关文件的书面材料

    C. 发行公司招股意向书全文及相关文件的电子文件磁盘

    D. 发行公司及其主承销商关于保证招股意向书全文及相关文件的电子文件与书面文件内容一致,并承担全部责任的确认函

40. 上市公司增发股票当采取网下、网上同时定价发行方式时,需要披露( )。

A. T－2日，刊登公开增发提示性公告

B. T日，招股意向书摘要、网上网下发行公告、网上路演公告见报

C. T＋3日，刊登网下发行结果公告

D. T＋4日，刊登网上发行中签结果公告（如有）

41. 上市公司当增发采取在询价区间内网上申购与网下申购相结合的累计投标询价、且原社会公众股股东具有优先认购权的方式时，假设T日为网上申购日，则上述公告刊登的时间和顺序一般为（日期为工作日）：（　　　）。

A. T－4日，刊登招股意向书及网上、网下发行公告、网上路演公告

B. T－3日，增发股份提示性公告

C. T－1日，询价区间公告

D. T＋4日，发行结果公告

42. 上市公司配股的信息披露。假设T日为股权登记日，则有关公告刊登的时间和顺序为（所有日期为工作日）：（　　　）。

A. T－3日，刊登配股说明书、发行公告及网上路演公告

B. T＋1～T＋5日，刊登配股提示性公告

C. T＋X日，刊登股份变动及上市公告书

D. 该公告须在交易所对上市申请文件审查同意后，且所配股票上市前5个工作日内刊登

43. 关于上市公司历次募集资金的运用应重点披露（　　　）。

A. 发行人应披露最近3年内募集资金运用的基本情况。发行人应列表披露前次募集资金实际使用情况。若募集资金的运用和项目未达到计划进度和效益，应进行说明

B. 发行人对前次募集资金投资项目的效益作出承诺并披露的，列表披露投资项目效益情况；项目实际效益与承诺效益存在重大差异的，还应披露原因

C. 发行人最近5年内募集资金的运用发生变更的，应列表披露历次变更情况，并披露募集资金的变更金额及占所募集资金净额的比例；发行人募集资金所投资的项目被以资产置换等方式置换出公司的，应予以单独披露

D. 发行人应披露会计师事务所对前次募集资金运用所出具的专项报告结论

三、判断题

1. 上市公司公开发行新股，必须满足公司在最近2年内财务会计文件无虚假记载，无其他重大违法行为的条件。（　　）

A. 正确　　　　　　　　B. 错误

2. 公司对公开发行股票所募集资金，必须按照招股说明书所列资金用途使用。（　　）

A. 正确　　　　　　　　B. 错误

3. 申请发行新股的上市公司需要满足最近3个会计年度连续盈利，扣除非经常性损益后的净利润与扣除前的净利润相比，以低者作为计算依据。（　　）

A. 正确　　　　　　　　B. 错误

4. 上市公司募集资金的数额应当不超过项目需要量。（　　）

A. 正确　　　　　　　　　　　B. 错误

5. 申请发行新股的上市公司需要满足高级管理人员和核心技术人员稳定，最近 24 个月内未发生重大不利变化。（　　）

A. 正确　　　　　　　　　　　B. 错误

6. 上市公司计划公开发行新股前，中国证监会必须首先判断发行主体是否符合公开发行新股的法定条件，这是上市公司成功公开发行新股的基本前提。（　　）

A. 正确　　　　　　　　　　　B. 错误

7. 申请发行新股的上市公司需要满足最近 24 个月内曾公开发行证券的，不存在发行当年营业利润比上年下降 50％以上的情形。（　　）

A. 正确　　　　　　　　　　　B. 错误

8. 申请发行新股的上市公司需要满足最近 1 年及 1 期财务报表未被注册会计师出具保留意见、否定意见或无法表示意见的审计报告。（　　）

A. 正确　　　　　　　　　　　B. 错误

9. 申请发行新股的上市公司需要满足经营成果真实，现金流量正常，营业收入和成本费用的确认严格遵循国家有关企业会计准则的规定，最近 3 年资产减值准备计提充分合理，不存在操纵经营业绩的情形。（　　）

A. 正确　　　　　　　　　　　B. 错误

10. 申请发行新股的上市公司需要满足最近 3 年以现金方式累计分配的利润不少于最近 3 年实现的年均可分配利润的 20％。（　　）

A. 正确　　　　　　　　　　　B. 错误

11. 申请发行新股的上市公司现任董事、监事和高级管理人员具备任职资格，且最近 24 个月内未受到过中国证监会的行政处罚、最近 12 个月内未受到过证券交易所的公开谴责。（　　）

A. 正确　　　　　　　　　　　B. 错误

12. 申请发行新股的上市公司需要满足最近 36 个月内不存在违规对外提供担保的行为的要求。（　　）

A. 正确　　　　　　　　　　　B. 错误

13. 除金融类企业外，上市公司募集资金使用项目可以为持有交易性金融资产和可供出售的金融资产、借予他人、委托理财等财务性投资。（　　）

A. 正确　　　　　　　　　　　B. 错误

14. 上市公司最近 12 个月内受到过证券交易所的公开谴责的，不得公开发行证券。（　　）

A. 正确　　　　　　　　　　　B. 错误

15. 改变招股说明书所列发行股票所募集资金用途，必须经董事会作出决议。（　　）

A. 正确　　　　　　　　　　　B. 错误

16. 上市公司及其控股股东或实际控制人最近 24 个月内存在未履行向投资者作出的公开承诺的行为，不得公开发行证券。（　　）

A. 正确　　　　　　　　　　　B. 错误

17. 控股股东不履行认配股份的承诺，或者代销期限届满，原股东认购股票的数量未达到拟配售数量 70%的，发行人应当按照发行价并加算银行同期存款利息返还已经认购的股东。（　　）

    A. 正确　　　　　　　　　　　　B. 错误

18. 向不特定对象公开募集股份需要满足最近 3 个会计年度加权平均净资产收益率平均不低于 5%。（　　）

    A. 正确　　　　　　　　　　　　B. 错误

19. 向不特定对象公开募集股份，扣除非经常性损益后的净利润与扣除前的净利润相比，以高者作为加权平均净资产收益率的计算依据。（　　）

    A. 正确　　　　　　　　　　　　B. 错误

20. 向不特定对象公开募集股份，发行价格应不低于公告招股意向书前 20 个交易日公司股票均价或前 1 个交易日的均价。（　　）

    A. 正确　　　　　　　　　　　　B. 错误

21. 上市公司非公开发行股票，发行价格不低于定价基准日前 20 个交易日公司股票均价的 70%。（　　）

    A. 正确　　　　　　　　　　　　B. 错误

22. 《上市公司证券发行管理办法》所称"定价基准日前 20 个交易日股票交易均价"的计算公式为：定价基准日前 20 个交易日股票交易均价＝定价基准日前 20 个交易日股票交易总额/定价基准日前 20 个交易日股票交易总量。（　　）

    A. 正确　　　　　　　　　　　　B. 错误

23. 向原股东配股，除符合一般规定外，还应当符合拟配股数量不超过本次配股前股本总额的 20%。（　　）

    A. 正确　　　　　　　　　　　　B. 错误

24. 非公开发行股票的发行对象不超过 15 名。（　　）

    A. 正确　　　　　　　　　　　　B. 错误

25. 非公开发行股票的发行对象若为上市公司的控股股东、实际控制人或其控制的关联人，具体发行对象及其认购价格或者定价原则应当由上市公司董事会的非公开发行股票决议确定，并经股东大会批准；认购的股份自发行结束之日起 12 个月内不得转让。（　　）

    A. 正确　　　　　　　　　　　　B. 错误

26. 现任董事、高级管理人员最近 24 个月内受到过中国证监会的行政处罚，上市公司不得非公开发行股票。（　　）

    A. 正确　　　　　　　　　　　　B. 错误

27. 上市公司发行新股决议 1 年有效；决议失效后仍决定继续实施发行新股的，须重新提请股东大会表决。（　　）

    A. 正确　　　　　　　　　　　　B. 错误

28. 尽职调查是保荐人（主承销商）透彻了解发行人各方面情况、设计发行方案、成功销售股票以及明确保荐人（主承销商）责任范围的基础和前提，对保荐人（主承销

商）和发行人均具有非常重要的意义。（　　）

    A. 正确   B. 错误

29. 招股说明书或招股意向书刊登后至获准上市前，拟发行公司发生重大事项的，应于该事项发生后 5 个工作日内向中国证监会提交书面说明，保荐机构（主承销商）和相关专业中介机构应出具专业意见。（　　）

    A. 正确   B. 错误

30. 上市公司公开发行股票，应当由证券公司承销；非公开发行股票，如发行对象均属于原前 10 名股东的，则可以由上市公司自行销售。（　　）

    A. 正确   B. 错误

31. 股东大会就发行证券事项作出决议，必须经出席会议的股东所持表决权的 1/2 以上通过。（　　）

    A. 正确   B. 错误

32. 创业板上市公司发行新股的，持续督导的期间为证券上市当年剩余时间及其后两个完整会计年度。（　　）

    A. 正确   B. 错误

33. 如发生重大事项后，拟发行公司仍符合发行上市条件的，拟发行公司应在报告中国证监会后第 2 日刊登补充公告。（　　）

    A. 正确   B. 错误

34. 发审委会议审核上市公司非公开发行股票申请，适用特别程序。表决投票时同意票数达到 3 票为通过，同意票数未达到 3 票为未通过。（　　）

    A. 正确   B. 错误

35. 拟发行公司在刊登招股说明书或招股意向书的前一个工作日，应向中国证监会说明拟刊登的招股说明书或招股意向书与招股说明书或招股意向书（封卷稿）之间是否存在差异，保荐人（主承销商）及相关专业中介机构应出具声明和承诺。（　　）

    A. 正确   B. 错误

36. 公开募集证券说明书自最后签署之日起 3 个月内有效。公开募集证券说明书不得使用超过有效期的资产评估报告或者资信评级报告。（　　）

    A. 正确   B. 错误

37. 发行人和保荐机构报送发行申请文件，初次应提交原件 1 份，复印件 2 份；在提交发审委审核之前，根据中国证监会要求的书面文件份数补报申请文件。（　　）

    A. 正确   B. 错误

38. 保荐机构应当自持续督导工作结束后 15 个工作日内向中国证监会、证券交易所报送"保荐总结报告书"。持续督导的具体要求与首发相同。（　　）

    A. 正确   B. 错误

39. 内核小组通常由 8～15 名专业人士组成，这些人员要保持稳定性和独立性；公司主管投资银行业务的负责人及财务部门的负责人通常为内核小组的成员。（　　）

    A. 正确   B. 错误

40. 中国证监会收到申请文件后，在 10 个工作日内作出是否受理的决定。未按规定的

要求制作申请文件的, 中国证监会不予受理。( )

    A. 正确   B. 错误

41. 发审委委员在审核上市公司非公开发行股票申请和中国证监会规定的其他非公开发行证券申请时, 可以提议暂缓表决。( )

    A. 正确   B. 错误

42. 自中国证监会核准发行之日起, 上市公司应在 6 个月内发行证券; 超过 6 个月未发行的, 核准文件失效, 须重新经中国证监会核准后方可发行。( )

    A. 正确   B. 错误

43. 上市公司公开发行股票, 应当由证券公司承销; 非公开发行股票, 发行对象均属于原前 10 名股东的, 可以由上市公司自行销售。( )

    A. 正确   B. 错误

44. 网下网上同时定价发行是发行人和主承销商按照"发行价格应不低于公告招股意向书前 15 个交易日公司股票均价或前 10 个交易日的均价"的原则确定增发价格。( )

    A. 正确   B. 错误

45. 配股价格区间通常以股权登记日前 20 个或 30 个交易日该股二级市场价格的平均值为上限, 下限为上限的一定折扣。( )

    A. 正确   B. 错误

46. 上海证券交易所与发行人、主承销商协商在配股说明书中确定股权登记日、除权日以及投资者配股申购期限。配股简称: ×××配; 配股代码: 730×××。( )

    A. 正确   B. 错误

47. 上网定价发行与网下配售相结合, 这种方式是网下通过向机构投资者询价确定发行价格配售, 同时网上对公众投资者定价发行。( )

    A. 正确   B. 错误

48. 询价增发、比例配售过程中, T+2 日, 15:00 前, 主承销商根据验资结果, 确定本次网上网下发行数量、配售比例和发行价格, 盖章后将结果报上海证券交易所发行上市部。( )

    A. 正确   B. 错误

49. 定价增发, T+2 日, 主承销商联系会计师事务所进行网下申购定金验资。( )

    A. 正确   B. 错误

50. 发行公司及其主承销商须在刊登招股意向书摘要的当日, 将招股意向书全文及相关文件在证券交易所网站上披露, 并对其内容负责。( )

    A. 正确   B. 错误

参考答案

一、单项选择题

1. C   2. C   3. D   4. D   5. B

6. C	7. B	8. C	9. C	10. B
11. B	12. D	13. A	14. D	15. A
16. C	17. A	18. B	19. A	20. A
21. D	22. D	23. D	24. C	25. C
26. A	27. D	28. A	29. B	30. D
31. D	32. B	33. B	34. C	35. B
36. C	37. A	38. D	39. D	40. B
41. A	42. B	43. B	44. D	45. C
46. A	47. C	48. B	49. D	50. C

二、多项选择题

1. ABCD	2. ABCD	3. ABC	4. ABD	5. ABCD
6. BD	7. ABD	8. CD	9. ACD	10. AC
11. AB	12. ABC	13. ABD	14. ABC	15. ABC
16. ACD	17. ABCD	18. ABC	19. ABD	20. ABCD
21. ABCD	22. ABCD	23. BCD	24. BC	25. AC
26. ABCD	27. ABCD	28. ABCD	29. ABCD	30. AC
31. BC	32. ABCD	33. BCD	34. AD	35. BC
36. ACD	37. CD	38. ABCD	39. BCD	40. CD
41. ABC	42. BC	43. BCD		

三、判断题

1. B	2. A	3. A	4. A	5. B
6. B	7. A	8. B	9. A	10. B
11. B	12. B	13. B	14. A	15. B
16. B	17. A	18. B	19. B	20. A
21. B	22. A	23. B	24. B	25. B
26. B	27. A	28. A	29. B	30. A
31. B	32. A	33. A	34. A	35. A
36. A	37. A	38. B	39. B	40. B
41. B	42. A	43. A	44. B	45. A
46. B	47. A	48. B	49. B	50. A

第八章 可转换公司债券及可交换公司债券的发行

一、本章考纲

熟悉可转换债券的概念、股份转换及债券偿还、可转换债券的赎回及回售。掌握可转换债券发行的基本条件、募集资金投向以及不得发行的情形。了解可转换债券发行条款的设计要求。熟悉可转换公司债券的转换价值、可转换公司债券的价值及其影响因素。了解企业发行可转换债券的主要动因。

熟悉可转换债券发行的申报程序。了解可转换债券发行申请文件的内容。熟悉可转换公司债券发行的核准程序。

熟悉可转换债券的发行方式、配售安排、保荐要求及可转换公司债券的网上定价发行程序。掌握可转换债券的上市条件、上市保荐、上市申请、停牌与复牌、转股的暂停与恢复、停止交易以及暂停上市等内容。

熟悉发行可转换债券申报前的信息披露。掌握可转换债券募集说明书及其摘要披露的基本要求。了解可转换公司债券上市公告书披露的基本要求。了解可转换公司债券发行上市完成后的重大事项信息披露以及持续性信息披露的内容。

熟悉可交换公司债券的概念。掌握可交换公司债券发行的基本要求，包括申请发行可交换公司债券应满足的条件，以及预备用于交换的上市公司股票应具备的条件。了解可交换公司债券的主要条款设计要求和操作程序。

二、本章知识体系

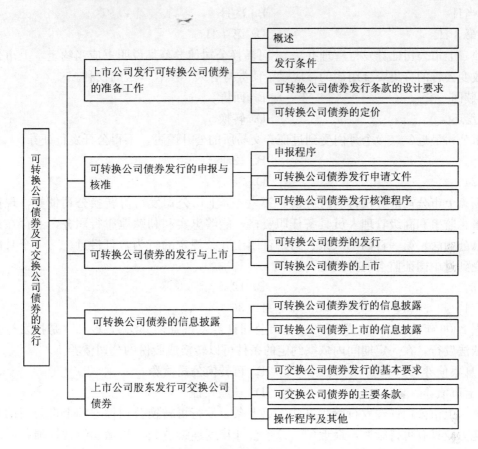

三、同步强化练习题及参考答案

同步强化练习题

一、单项选择题

1. 根据《上市公司证券发行管理办法》，上市公司发行的可转换公司债券在发行结束
   （　　）个月后，方可转换为公司股票，转股期限由公司根据可转换公司债券的存续
   期限及公司财务状况确定。

   A. 3   B. 5

   C. 6   D. 10

2. 根据《上市公司证券发行管理办法》第六条的规定，发行可转换公司债券的上市公
   司最近（　　）个月内不存在违规对外提供担保的行为。

   A. 6   B. 12

   C. 24   D. 36

3. 可转换公司债券持有人对转换股票或不转换股票有选择权，并于转股完成后的
  （　　）成为发行公司的股东。
  A. 当日　　　　　　　　　　　B. 次日
  C. 第 3 日　　　　　　　　　　D. 第 4 日

4. 按照《上市公司证券发行管理办法》，可转换公司债券募集说明书应当约定，上市公
  司改变公告的募集资金用途的，应赋予债券持有人一次（　　）的权利。
  A. 赎回　　　　　　　　　　　B. 回售
  C. 偿还　　　　　　　　　　　D. 转换

5. 上市公司最近（　　）个月内受到过证券交易所的公开谴责，不得公开发行证券。
  A. 6　　　　　　　　　　　　　B. 12
  C. 24　　　　　　　　　　　　D. 36

6. 根据《上市公司证券发行管理办法》第六条，上市公司发行可转换公司债券，现任
  董事、监事和高级管理人员具备任职资格，能够忠实和勤勉地履行职务，不存在违
  反《公司法》第一百四十八条、第一百四十九条规定的行为，且最近（　　）个月内
  未受到过中国证监会的行政处罚。
  A. 6　　　　　　　　　　　　　B. 12
  C. 24　　　　　　　　　　　　D. 36

7. 根据 2006 年 5 月 8 日起施行的《上市公司证券发行管理办法》，（　　）是指发行公
  司依法发行，在一定期间内依据约定的条件可以转换成股份的公司债券。
  A. 息票债券　　　　　　　　　B. 可转换公司债券
  C. 上市债券　　　　　　　　　D. 认股权证

8. 根据《上市公司证券发行管理办法》第七条，发行可转换公司债券的上市公司的盈
  利能力应具有可持续性，最近（　　）个会计年度连续盈利，扣除非经常性损益后的
  净利润与扣除前的净利润相比，以低者作为计算依据。
  A. 1　　　　　　　　　　　　　B. 2
  C. 3　　　　　　　　　　　　　D. 4

9. 根据《上市公司证券发行管理办法》第七条，发行可转换公司债券的上市公司的盈
  利能力应具有可持续性，最近（　　）个会计年度实现的年均可分配利润不少于公司
  债券 1 年的利息。
  A. 1　　　　　　　　　　　　　B. 2
  C. 3　　　　　　　　　　　　　D. 4

10. 根据《上市公司证券发行管理办法》第七条，发行可转换公司债券的上市公司的盈
   利能力应具有可持续性，高级管理人员和核心技术人员稳定，最近（　　）个月内未
   发生重大不利变化。
   A. 6　　　　　　　　　　　　　B. 12
   C. 24　　　　　　　　　　　　D. 36

11. 根据《上市公司证券发行管理办法》第七条，发行可转换公司债券的上市公司的盈
   利能力应具有可持续性，最近 24 个月内曾公开发行证券的，不存在发行当年营业

利润比上年下降(　　)以上的情形。

  A. 20%　 B. 30%

  C. 40%　 D. 50%

12. 上市公司应当在可转换公司债券期满后(　　)个工作日内，办理完毕偿还债券余额本息的事项。

  A. 3　 B. 5

  C. 6　 D. 10

13. 《上市公司证券发行管理办法》第八条规定，发行可转换公司债券的上市公司的经营成果真实，现金流量正常，营业收入和成本费用的确认严格遵循国家有关企业会计准则的规定，最近(　　)年资产减值准备计提充分合理，不存在操纵经营业绩的情形。

  A. 1　 B. 2

  C. 3　 D. 4

14. 《上市公司证券发行管理办法》第八条规定，发行可转换公司债券的上市公司的财务状况应当良好，最近(　　)年及1期财务报表未被注册会计师出具保留意见、否定意见或无法表示意见的审计报告。

  A. 1　 B. 2

  C. 3　 D. 4

15. 《证券法》第十六条规定，发行可转换为股票的公司债券的上市公司，股份有限公司的净资产不低于人民币(　　)万元。

  A. 2000　 B. 3000

  C. 5000　 D. 6000

16. 根据《上市公司证券发行管理办法》第二十七条规定，发行分离交易的可转换公司债券的上市公司，其最近1期末经审计的净资产不低于人民币(　　)亿元。

  A. 5　 B. 10

  C. 15　 D. 20

17. 根据《上市公司证券发行管理办法》规定，公开发行可转换公司债券的上市公司，其最近3个会计年度加权平均净资产收益率平均不低于(　　)。扣除非经常性损益后的净利润与扣除前的净利润相比，以低者作为加权平均净资产收益率的计算依据。

  A. 3%　 B. 4%

  C. 5%　 D. 6%

18. 上市公司及其控股股东或实际控制人最近(　　)个月内存在未履行向投资者作出的公开承诺的行为，不得公开发行证券。

  A. 6　 B. 12

  C. 24　 D. 36

19. 发行分离交易的可转换公司债券的上市公司，其最近3个会计年度经营活动产生的现金流量净额平均应不少于公司债券1年的利息，但若其最近3个会计年度加权平均净资产收益率平均不低于( )，则可不作此现金流量要求。

A. 3% B. 4%

C. 5% D. 6%

20. 可转换公司债券发行后，累计公司债券余额不得超过最近 1 期末净资产额的( )。

A. 20% B. 30%

C. 40% D. 50%

21. 《证券法》第十六条规定，发行可转换为股票的公司债券的上市公司，有限责任公司的净资产不低于人民币( )万元。

A. 2000 B. 3000

C. 5000 D. 6000

22. 对于分离交易的可转换公司债券，发行后累计公司债券余额不得高于最近 1 期末公司净资产额的( )。

A. 20% B. 30%

C. 40% D. 50%

23. 分离交易的可转换公司债券的期限最短为 1 年，最长期限( )。

A. 2 年 B. 4 年

C. 6 年 D. 无最长期限限制

24. 转股价格应不低于募集说明书公告日前( )个交易日公司股票交易均价和前一个交易日的均价。

A. 10 B. 20

C. 30 D. 40

25. 认股权证的存续期间不超过公司债券的期限，自发行结束之日起不少于( )。

A. 6 个月 B. 1 年

C. 2 年 D. 3 年

26. 转股价格修正方案须提交公司股东大会表决，且须经出席会议的股东所持表决权的( )以上同意；股东大会进行表决时，持有公司可转换债券的股东应当回避。

A. 1/3 B. 1/2

C. 2/3 D. 1/4

27. 修正后的转股价格不低于前项规定的股东大会召开日前( )个交易日该公司股票交易均价和前一个交易日的均价。

A. 5 B. 10

C. 15 D. 20

28. 自中国证监会核准可转换公司债券发行之日起，上市公司应在( )个月内发行证券。

A. 2 B. 3

C. 5 D. 6

29. 公开发行可转换公司债券应当提供担保，但最近 1 期末经审计的净资产不低于人民币（　　　）亿元的公司除外。

    A. 5   B. 10

    C. 15   D. 20

30. 公开发行可转换公司债券，应当委托具有资格的资信评级机构进行信用评级和跟踪评级；资信评级机构每年至少公告（　　　）次跟踪评级报告。

    A. 1   B. 2

    C. 3   D. 4

31. 对于分离交易的可转换公司债券，认股权证自发行结束至少已满（　　　）个月起方可行权，行权期间为存续期限届满前的一段时间，或者是存续期限内的特定交易日。

    A. 1   B. 3

    C. 5   D. 6

32. 下列关于可转换公司债券定价的说法错误的一项是：（　　　）。

    A. 可转换公司债券是一种含权债券，兼有公司债券和股票的双重特征

    B. 转股以前，它是一种公司债券，具备债券的特性，同时具有优先股的特征

    C. 转股以后，它变成了股票，具备股票的特性，体现的是所有权关系，持有者由债权人转变成了股权所有者

    D. 在价值形态上，可转换公司债券赋予投资者一个保底收入，即债券利息支付与到期本金偿还构成的普通附息券的价值

33. 可转换公司债券实质上是一种由普通债权和股票期权两个基本工具构成的复合融资工具，投资者购买可转换公司债券等价于同时购买了一个普通债券和一个对公司股票的（　　　）。

    A. 看涨期权   B. 看跌期权

    C. 平价期权   D. 实值期权

34. 1979 年，经济学家（　　　）发表了《期权定价：一种简化的方法》的论文，提出了二叉树模型（Bino-mial Model）。

    A. Fisher Black   B. Robin-stein

    C. Fisher Black 与 Myron Scholes   D. Cox、Ross 与 Robin-stein

35. 证券公司或上市公司不得作为发行可转债的担保人，但（　　　）除外。

    A. 上市商业银行   B. 发行人上市母公司

    C. 可转债承销商   D. 发行人关联企业

36. 保荐人（主承销商）负责可转换公司债券上市后的持续督导责任，持续督导期间为上市当年剩余时间及其后（　　　）个完整会计年度，自上市之日算起。

    A. 1   B. 2

    C. 3   D. 4

37. 如果最近 3 年的财务会计报告被注册会计师出具（　　　）审计报告的，则所涉及的事项应对发行人无重大影响或影响已经消除，违反合法性、公允性和一贯性的事项应已纠正。

    A. 保留意见   B. 否定意见

C. 带强调事项段的无保留意见　　　D. 非标准无保留意见

38. 发行人应在申请文件中提供最近(　　)年经审计的财务会计报告，以及由注册会计师就非标准无保留意见审计报告涉及的事项是否已消除或纠正所出具的补充意见。
    A. 1　　　　　　　　　　　　B. 2
    C. 3　　　　　　　　　　　　D. 4

39. 中国证监会在收到可转换公司债券发行的申请文件后(　　)个工作日内决定是否受理；未按规定要求制作申请文件的，中国证监会不予受理。
    A. 1　　　　　　　　　　　　B. 2
    C. 3　　　　　　　　　　　　D. 5

40. 可转换公司债券发行申请未获核准的上市公司，自中国证监会作出不予核准的决定之日起(　　)个月后，可再次提出证券发行申请。
    A. 2　　　　　　　　　　　　B. 3
    C. 5　　　　　　　　　　　　D. 6

41. 按照目前的做法，发行人申请发行可转换公司债券，(　　)应决定是否优先向原股东配售。
    A. 中国证监会　　　　　　　　B. 监事会
    C. 股东大会　　　　　　　　　D. 董事会

42. 关于发行可转换公司债券发行的时间安排，下列说法错误的是：(　　)。
    A. T−5日，刊登债券募集说明书概要和发行公告
    B. T−4日，刊登债券募集说明书概要和发行公告
    C. T+1日，冻结申购资金
    D. T+4日，摇号结果公告见报

43. 可转换公司债券发行人在发行结束后，可向证券交易所申请将可转换公司债券上市。可转换公司债券在(　　)上市。
    A. 上海证券交易所　　　　　　B. 深圳证券交易所
    C. 发行人股票上市的证券交易所　D. 香港证券交易所

44. 发行人向交易所申请其可转换公司债券在交易所上市，应当由(　　)推荐。
    A. 保荐人　　　　　　　　　　B. 注册会计师
    C. 律师　　　　　　　　　　　D. 资产评估师

45. 可转换公司债券获准上市后，上市公司应当在可转换公司债券上市前(　　)个交易日内，在指定媒体上披露上市公告书。
    A. 2　　　　　　　　　　　　B. 3
    C. 4　　　　　　　　　　　　D. 5

46. 上市公司在可转换公司债券转换期结束的20个交易日前，应当至少发布(　　)次提示公告，提醒投资者有关在可转换公司债券转换期结束前的10个交易日停止交易的事项。
    A. 2　　　　　　　　　　　　B. 3
    C. 4　　　　　　　　　　　　D. 5

47. 上市公司应当在可转换公司债券约定的付息日前（　　）个交易日内披露付息公告；在可转换公司债券期满前 3～5 个交易日内披露本息兑付公告。

 A. 1～3

 B. 2～5

 C. 3～5

 D. 5～8

48. 申请发行可交换公司债券时，要求当次发行债券的金额不超过预备用于交换的股票按募集说明书公告日前 20 个交易日均价计算的市值的（　　），且应当将预备用于交换的股票设定为当次发行的公司债券的担保物。

 A. 40%

 B. 50%

 C. 60%

 D. 70%

49. 申请发行可交换公司债券，应当符合公司最近 1 期末的净资产额不少于人民币（　　）亿元。

 A. 2

 B. 3

 C. 4

 D. 5

50. 为规范上市公司股东发行可交换公司债券行为，根据《公司债券发行试点办法》（证监会令第 49 号），中国证监会制定了《上市公司股东发行可交换公司债券试行规定》，并于（　　）予以发布并施行。

 A. 2002 年 2 月 13 日

 B. 2005 年 9 月 1 日

 C. 2006 年 5 月 19 日

 D. 2008 年 10 月 17 日

二、多项选择题

1. 根据《上市公司证券发行管理办法》的规定，上市公司发行可转换公司债券，无论此可转换公司债券是否可分离交易，均应当符合下列基本条件：（　　）。

 A. 应具备健全的法人治理结构

 B. 盈利能力应具有可持续性

 C. 财务状况符合《上市公司证券发行管理办法》第八条规定

 D. 财务会计文件无虚假记载且无重大违法行为

2. 上市公司发行可转换公司债券募集资金，除金融类企业外，本次募集资金使用项目不得（　　）为主要业务的公司。

 A. 为持有交易性金融资产和可供出售的金融资产

 B. 借予他人

 C. 委托理财等财务性投资

 D. 直接或间接投资于以买卖有价证券

3. 根据《上市公司证券发行管理办法》第六条的规定，发行可转换公司债券的上市公司应当组织机构健全、运行良好。下列不正确的是：（　　）。

 A. 公司章程合法有效，股东大会、董事会、监事会和独立董事制度健全，能够依法有效履行职责

 B. 公司内部控制制度健全，能够有效保证公司运行的效率、合法合规性和财务报告的可靠性；内部控制制度的完整性、合理性、有效性不存在重大缺陷

 C. 现任董事、监事和高级管理人员具备任职资格，能够忠实和勤勉地履行职务，不

存在违反《公司法》第一百四十八条、第一百四十九条规定的行为，且最近 24 个月内未受到过中国证监会的行政处罚、最近 12 个月内未受到过证券交易所的公开谴责

D. 上市公司与控股股东或实际控制人的人员、资产、财务分开，机构、业务独立，能够自主经营管理。最近 24 个月内不存在违规对外提供担保的行为

4. 根据《上市公司证券发行管理办法》第七条，发行可转换公司债券的上市公司的盈利能力应具有可持续性，并符合下列规定：（　　）。

A. 最近 3 个会计年度连续盈利，扣除非经常性损益后的净利润与扣除前的净利润相比，以低者作为计算依据；最近 2 个会计年度实现的年均可分配利润不少于公司债券 1 年的利息

B. 业务和盈利来源相对稳定，不存在严重依赖于控股股东、实际控制人的情形

C. 高级管理人员和核心技术人员稳定，最近 12 个月内未发生重大不利变化

D. 最近 24 个月内曾公开发行证券的，不存在发行当年营业利润比上年下降 40% 以上的情形

5. 下列关于股份转换与债券偿还的说法正确的是：（　　）。

A. 根据《上市公司证券发行管理办法》，上市公司发行的可转换公司债券在发行结束 5 个月后，方可转换为公司股票，转股期限由公司根据可转换公司债券的存续期限及公司财务状况确定

B. 可转换公司债券持有人对转换股票或不转换股票有选择权，并于转股完成后的次日成为发行公司的股东

C. 上市公司应当在可转换公司债券期满后 5 个工作日内，办理完毕偿还债券余额本息的事项

D. 分离交易的可转换公司债券的偿还事宜与可转换公司债券相同

6. 《上市公司证券发行管理办法》第八条规定，发行可转换公司债券的上市公司的财务状况应当良好，符合下列要求：（　　）。

A. 最近 3 年及 1 期财务报表未被注册会计师出具保留意见、否定意见或无法表示意见的审计报告；被注册会计师出具带强调事项段的无保留意见审计报告的，所涉及的事项对发行人无重大不利影响或者在发行前重大不利影响已经消除

B. 资产质量良好，不良资产不足以对公司财务状况造成重大不利影响

C. 经营成果真实，现金流量正常，营业收入和成本费用的确认严格遵循国家有关企业会计准则的规定，最近 1 年资产减值准备计提充分合理，不存在操纵经营业绩的情形

D. 最近 3 年以现金或股票方式累计分配的利润不少于最近 1 年实现的年均可分配利润的 20%

7. 上市公司发行可转换公司债券募集资金运用的数额和使用应当符合下列规定：（　　）。

A. 募集资金数额不超过项目需要量；募集资金用途符合国家产业政策和有关环境保护、土地管理等法律和行政法规的规定

B. 除金融类企业外，本次募集资金使用项目不得为持有交易性金融资产和可供出售的金融资产、借予他人、委托理财等财务性投资，不得直接或间接投资于以买卖有价证券为主要业务的公司

C. 投资项目实施后，与控股股东或实际控制人产生同业竞争或影响公司生产经营的独立性

D. 建立募集资金专项存储制度，募集资金不必存放于公司董事会决定的专项账户

8. 上市公司存在下列情形之一的，不得公开发行证券：（　　　）。

A. 擅自改变前次公开发行证券募集资金的用途而未作纠正

B. 上市公司最近 36 个月内受到过证券交易所的公开谴责

C. 上市公司及其控股股东或实际控制人最近 24 个月内存在未履行向投资者作出的公开承诺的行为

D. 上市公司或其现任董事、高级管理人员因涉嫌犯罪被司法机关立案侦查或涉嫌违法违规被中国证监会立案调查

9. 发行可转换公司债券的上市公司应符合最近 36 个月内财务会计文件无虚假记载，且不存在下列重大违法行为：（　　　）。

A. 违反证券法律、行政法规或规章，受到中国证监会的行政处罚，或者受到刑事处罚

B. 违反工商、税收、土地、环保、海关法律、行政法规或规章，受到行政处罚且情节严重

C. 受到刑事处罚

D. 违反国家其他法律、行政法规且情节严重的行为

10. 关于上市公司发行可转换公司债券的净资产要求，下列说法正确的是：（　　　）。

A. 股份有限公司的净资产不低于人民币 3000 万元

B. 股份有限公司的净资产不低于人民币 5000 万元

C. 有限责任公司的净资产不低于人民币 6000 万元

D. 有限责任公司的净资产不低于人民币 1 亿元

11. 提供担保的，应当为全额担保，担保范围包括债券的（　　　）。

A. 本金及利息　　　　　　　　　　B. 违约金

C. 损害赔偿金　　　　　　　　　　D. 实现债权的费用

12. 根据《上市公司证券发行管理办法》，对于可转换公司债券的期限下列正确的是：（　　　）。

A. 可转换公司债券的最短期限为 1 年，最长期限为 6 年

B. 分离交易的可转换公司债券的期限最短为 6 个月，无最长期限限制

C. 认股权证的存续期间不超过公司债券的期限，自发行结束之日起不少于 6 个月

D. 募集说明书公告的权证存续期限不得调整

13. 对于可转换公司债券的转股期或行权期下列正确的是：（　　　）。

A. 根据《上市公司证券发行管理办法》，上市公司发行的可转换公司债券在发行结束 3 个月后，方可转换为公司股票

B. 上市公司发行的可转换公司债券的转股期限由公司根据可转换公司债券的存续期限及公司财务状况确定

C. 发行人应明确约定可转换公司债券转股的具体方式及程序

D. 对于分离交易的可转换公司债券，认股权证自发行结束至少已满 6 个月起方可行权，行权期间为存续期限届满前的一段时间，或者是存续期限内的特定交易日

14. 对于可转换公司债券的转股价格或行权价格下列正确的是：（　　）。
   A. 转股价格或行权价格是指可转换公司债券转换为每股股份所支付的价格
   B. 可转换公司债券的转股价格应在募集说明书中约定
   C. 转股价格应不高于募集说明书公告日前 20 个交易日公司股票交易均价和前一个交易日的均价。募集说明书应当约定转股价格调整的原则及方式
   D. 发行可转换公司债券后，因配股、增发、送股、派息、分立及其他原因引起上市公司股份变动的，应当同时调整转股价格

15. 对于分离交易的可转换公司债券下列主要发行条款规定不正确的是：（　　）。
   A. 对于分离交易的可转换公司债券，发行后累计公司债券余额不得高于最近 1 期末公司净资产额的 50％
   B. 分离交易的可转换公司债券的期限最短为 2 年，无最长期限限制
   C. 对于分离交易的可转换公司债券，认股权证自发行结束至少已满 6 个月起方可行权，行权期间为存续期限届满前的一段时间，或者是存续期限内的特定交易日
   D. 分离交易的可转换公司债券每张面值 100 元。分离交易的可转换公司债券的利率由发行公司与主承销商协商确定，但必须符合国家的有关规定

16. 根据《上市公司证券发行管理办法》，对于可转换公司债券的发行规模下列不正确的是：（　　）。
   A. 可转换公司债券的发行规模由发行人根据其投资计划和财务状况确定
   B. 可转换公司债券发行后，累计公司债券余额不得超过最近 1 期末净资产额的 50％
   C. 对于分离交易的可转换公司债券，发行后累计公司债券余额不得低于最近 1 期末公司净资产额的 40％
   D. 预计所附认股权全部行权后募集的资金总量不超过拟发行公司债券金额

17. 对于可转换公司债券的担保要求下列正确的是：（　　）。
   A. 公开发行可转换公司债券应当提供担保，但最近 1 期末经审计的净资产不低于人民币 15 亿元的公司除外
   B. 提供担保的，应当为全额担保，担保范围包括债券的本金及利息、违约金、损害赔偿金和实现债权的费用
   C. 以保证方式提供担保的，应当为连带责任担保，且保证人最近 1 期经审计的净资产额应不低于其累计对外担保的金额
   D. 证券公司或上市公司可以作为发行可转债的担保人，但上市商业银行除外。设

定抵押或质押的，抵押或质押财产的估值应不低于担保金额

18. 下列关于可转换公司债券的描述正确的是：（　　）。
    A. 可转换公司债券是一种含权债券，兼有公司债券和股票的双重特征
    B. 转股以前，它是一种公司债券，具备债券的特性，在规定的利率和期限体现的是债权、债务关系，持有者是债权人
    C. 转股以后，它变成了股票，具备股票的特性，体现的是所有权关系，持有者由债权人转变成了股权所有者
    D. 在价值形态上，可转换公司债券赋予投资者在股票上涨到一定价格条件下转换成发行人普通股票的权益，即看涨期权的价值

19. 通常情况下，（　　），赎回的期权价值就越小，越有利于转债持有人。
    A. 赎回期限越短　　　　　　　　B. 转股期限越长
    C. 转换比率越高　　　　　　　　D. 赎回价格越高

20. 可转换公司债券的价值可以近似地看作是普通债券与股票期权的组合体，下列说法正确的是：（　　）。
    A. 由于可转换公司债券的持有者可以按照债券上约定的转股价格在转股期内行使转股权利，这实际上相当于以转股价格为期权执行价格的美式买权，一旦市场价格高于期权执行价格，债券持有者就可以行使美式买权，从而获利
    B. 由于发行人在可转换公司债券的赎回条款中规定，如果股票价格连续若干个交易日收盘价高于某一赎回启动价格（该赎回启动价要高于转股价格），发行人有权按一定金额予以赎回
    C. 赎回条款相当于债券持有人在购买可转换公司债券时就无条件出售给发行人的1张美式买权
    D. 由于可转换公司债券中的回售条款规定，如果股票价格连续若干个交易日收盘价低于某一回售启动价格（该回售启动价要低于转股价格），债券持有人有权按一定金额回售给发行人，所以，回售条款相当于债券持有人同时拥有发行人出售的1张美式卖权

21. 公开发行可转换公司债券或可分离交易的可转换公司债券，应当约定保护债券持有人权利的办法以及债券持有人会议的权利、程序和决议生效条件。存在下列事项之一的，应当召开债券持有人会议：（　　）。
    A. 拟变更募集说明书的约定
    B. 发行人不能按期支付本息；发行人减资、合并、分立、解散或者申请破产
    C. 保证人或者担保物发生重大变化
    D. 其他影响债券持有人重大权益的事项

22. 影响可转换公司债券价值的因素以下几点说法错误的是：（　　）。
    A. 票面利率越高，可转换公司债券的债权价值越低；反之，票面利率越低，可转换公司债券的债权价值越高
    B. 转股价格越高，期权价值越低，可转换公司债券的价值越低；反之，转股价格越低，期权价值越高，可转换公司债券的价值越高

C. 股票波动率是影响期权价值的一个重要因素，股票波动率越大，期权的价值越低，可转换公司债券的价值越低；反之，股票波动率越低，期权的价值越高，可转换公司债券的价值越高

D. 回售条款。通常情况下，回售期限越长、转换比率越高、回售价格越高，回售的期权价值就越大；相反，回售期限越短、转换比率越低、回售价格越低，回售的期权价值就越小

23. 下列对布莱克—斯科尔斯模型的假设前提说法正确的是：（   ）。

A. 股票可被自由买进或卖出

B. 期权是美式期权

C. 在期权到期日前，股票无股息支付

D. 存在一个固定的、无风险的利率，投资者可以此利率无限制地借入或贷出

24. 上市公司申请发行证券，董事会应当依法就下列事项作出决议，并提请股东大会批准：（   ）。

A. 本次证券发行的方案   B. 本次募集资金使用的可行性报告

C. 前次募集资金使用的报告   D. 其他必须明确的事项

25. 股东大会就发行可转换公司债券作出的决定，至少应当包括下列事项：（   ）。

A. 本次发行的种类和数量；发行方式、发行对象及向原股东配售的安排

B. 定价方式或价格区间；募集资金用途

C. 决议的有效期；对董事会办理本次发行具体事宜的授权

D. 债券利率；债券期限；还本付息的期限和方式；转股期；转股价格的确定和修正

26. 分离交易的可转换公司债券。股东大会就发行分离交易的可转换公司债券作出的决定，至少应当包括下列事项：（   ）。

A. 本次发行的种类和数量，发行方式、发行对象及向原股东配售的安排，定价方式或价格区间

B. 募集资金用途，决议的有效期，对董事会办理本次发行具体事宜的授权

C. 债券利率，债券期限，担保事项，回售条款，还本付息的期限和方式

D. 认股权证的行权价格，认股权证的存续期限，认股权证的行权期间或行权日，其他必须明确的事项

27. 国内可转换公司债券的发行方式主要有：（   ）。

A. 部分向原社会公众股股东优先配售，剩余部分网下向机构投资者配售

B. 部分向原社会公众股股东优先配售，剩余部分采用网上定价发行和网下向机构投资者配售相结合的方式

C. 全部网上定价发行

D. 网上定价发行和网下向机构投资者配售相结合

28. 可转换公司债券实质上是一种由（   ）构成的复合融资工具。

A. 普通债权   B. 普通股票

C. 股票期权   D. 看跌期权

29. 根据《公开发行证券的公司信息披露内容与格式准则第 10 号——上市公司公开发行证券申请文件》，可转换公司债券发行需申报的文件包括：（ ）。
   A. 本次证券发行的募集文件，发行人关于本次证券发行的申请与授权文件
   B. 保荐机构关于本次证券发行的文件
   C. 发行人律师关于本次证券发行的文件
   D. 关于本次证券发行募集资金运用的文件；其他相关文件

30. 通常情况下，（ ），可转换公司债券的债权价值越高。
   A. 票面利率越高
   B. 转股价格越高
   C. 股票波动率越高
   D. 转股期限越长

31. 可转换公司债券在上海证券交易所网上定价发行须提交以下资料：（ ）。
   A. 中国证监会关于公开发行可转换公司债券的核准文件
   B. 《债券募集说明书概要》、《可转换公司债券发行公告》（主承销商盖具公章）
   C. 由以上两个文件组成的磁盘和磁盘证明文件（由发行人出具证明，证明磁盘文件与债券募集说明书概要、发行公告内容一致）
   D. 主承销商募集资金划付的席位号和公司自营股票账号（主承销商盖具公章）

32. 上市公司申请可转换公司债券在证券交易所上市，应当符合下列条件：（ ）。
   A. 可转换公司债券的期限为 1 年以上
   B. 可转换公司债券实际发行额不少于人民币 5000 万元
   C. 申请上市时仍符合法定的可转换公司债券发行条件
   D. 可转换公司债券未转股的额度不少于 5000 万元

33. 上市公司向证券交易所申请可转换公司债券上市，应当提交下列文件：（ ）。
   A. 上市报告书（申请书）
   B. 申请上市的董事会和股东大会决议
   C. 按照有关规定编制的上市公告书；保荐协议和保荐人出具的上市保荐书
   D. 发行结束后经具有执行证券、期货相关业务资格的资产评估机构出具的验资报告

34. 发行可转换公司债券的上市公司涉及下列事项时，证券交易所可以根据实际情况或者中国证监会的要求，决定可转换公司债券的停牌与复牌、转股的暂停与恢复事宜：（ ）。
   A. 交易日披露涉及调整或修正转股价格的信息
   B. 行使可转换公司债券赎回、回售权；公司实施利润分配或资本公积金转增股本方案
   C. 作出发行新公司债券的决定；减资、合并、分立、解散、申请破产及其他涉及上市公司主体变更事项
   D. 财务或信用状况发生重大变化，可能影响如期偿还公司债券本息；提供担保的，担保人或担保物发生重大变化

35. 上市公司行使赎回权时，应当在每年首次满足赎回条件后的 5 个交易日内至少发布 3 次赎回公告。赎回公告应当载明赎回的（ ）等内容。

A. 程序   B. 价格

C. 付款方法   D. 时间

36. 证券交易所按照下列哪些规定停止可转换公司债券的交易：（   ）。

    A. 可转换公司债券流通面值少于 2000 万元时，在上市公司发布相关公告 3 个交易日后停止其可转换公司债券的交易

    B. 可转换公司债券自转换期结束之前的第 5 个交易日起停止交易

    C. 可转换公司债券在赎回期间停止交易

    D. 可转换公司债券还应当在出现中国证监会和证券交易所认为必须停止交易的其他情况时停止交易

37. 发行可转换公司债券的上市公司出现以下情况之一时，应当及时向证券交易所报告并披露：（   ）。

    A. 因发行新股、送股、分立及其他原因引起股份变动，需要调整转股价格，或者依据募集说明书约定的转股价格向下修正条款修正转股价格的

    B. 出现减资、合并、分立、解散、申请破产及其他涉及上市公司主体变更事项

    C. 可转换公司债券转换为股票的数额累计达到可转换公司债券开始转股前公司已发行股份总额 10% 的

    D. 未转换的可转换公司债券数量少于 5000 万元的

38. 变更募集资金投资项目的，上市公司应当在股东大会通过决议后 20 个交易日内赋予可转换公司债券持有人 1 次回售的权利，有关回售公告至少发布 3 次，这 3 次的发布时间说法正确的是：（   ）。

    A. 在回售实施前、股东大会决议公告后 5 个交易日内至少发布 1 次

    B. 在回售实施期间至少发布 1 次

    C. 在回售期结束前 5 个交易日内至少发布 1 次

    D. 余下 1 次回售公告的发布时间视需要而定

39. 关于发行可转换公司债券上市公司的赎回与回售，下列说法错误的是：（   ）。

    A. 上市公司行使赎回权时，应当在每年首次满足赎回条件后的 5 个交易日内至少发布 1 次赎回公告

    B. 赎回公告应当载明赎回的程序、价格、付款方法、时间等内容。赎回期结束后，公司应当公告赎回结果及其影响

    C. 在可以行使回售权的年份内，上市公司应当在每年首次满足回售条件后的 5 个交易日内至少发布 1 次回售公告

    D. 变更募集资金投资项目的，上市公司应当在股东大会通过决议后 20 个交易日内赋予可转换公司债券持有人 1 次回售的权利，有关回售公告至少发布 3 次

40. 上市公司出现下列情形之一的，证券交易所暂停其可转换公司债券上市：（   ）。

    A. 公司情况发生重大变化不符合可转换公司债券上市条件

    B. 发行可转换公司债券所募集的资金不按照核准的用途使用

    C. 未按照可转换公司债券募集办法履行义务

    D. 公司最近 3 年连续亏损

41. 持有上市公司股份的股东，经保荐人保荐，可以向中国证监会申请发行可交换公司债券。申请发行可交换公司债券，应当符合下列规定：（   ）。

    A. 申请人应当是符合《公司法》、《证券法》规定的有限责任公司或者股份有限公司

    B. 公司最近1期末的净资产额不少于人民币2亿元

    C. 公司最近3个会计年度实现的年均可分配利润不少于公司债券1年的利息

    D. 次发行债券的金额不超过预备用于交换的股票按募集说明书公告日前20个交易日均价计算的市值的60%，且应当将预备用于交换的股票设定为本次发行的公司债券的担保物

42. 预备用于交换的上市公司股票应具备下列哪些条件：（   ）。

    A. 该上市公司最近一期末的净资产不低于人民币10亿元，或者最近3个会计年度加权平均净资产收益率平均不低于6%

    B. 扣除非经常性损益后的净利润与扣除前的净利润相比，以低者作为加权平均净资产收益率的计算依据

    C. 用于交换的股票在提出发行申请时应当为无限售条件股份，且股东在约定的换股期间转让该部分股票不违反其对上市公司或者其他股东的承诺

    D. 用于交换的股票在本次可交换公司债券发行前，不存在被查封、扣押、冻结等财产权利被限制的情形，也不存在权属争议或者依法不得转让或设定担保的其他情形

43. 下列关于可交换公司债券的主要条款说法正确的是：（   ）。

    A. 可交换公司债券的期限最短为1年，最长为10年

    B. 面值为每张人民币100元，发行价格则由上市公司股东和保荐人通过市场询价确定

    C. 可交换公司债券的募集说明书可以约定赎回条款，规定上市公司股东可以按事先约定的条件和价格赎回尚未换股的可交换公司债券。同时，募集说明书也可以约定回售条款，规定债券持有人可以按事先约定的条件和价格将所持债券回售给上市公司股东

    D. 可交换公司债券自发行结束之日起24个月后，方可交换为预备交换的股票，债券持有人对交换股票或者不交换股票有选择权

44. 申请发行可交换公司债券，应当按要求编制申请文件，按照《证券法》的规定持续公开信息。发行可交换公司债券申请文件目录包括：（   ）。

    A. 相关责任人签署的募集说明书；保荐人出具的发行保荐书

    B. 发行人关于就预备用于交换的股票在证券登记结算机构设定担保并办理相关登记手续的承诺

    C. 评级机构出具的债券资信评级报告

    D. 公司债券受托管理协议和公司债券持有人会议规则

三、判断题

1. 可转换公司债券在转换股份前，其持有人具有股东的权利和义务。（   ）

A. 正确   B. 错误

2. 发行可转换公司债券的上市公司的最近 3 年以现金或股票方式累计分配的利润不少于最近 3 年实现的年均可分配利润的 20％。（　　）

A. 正确   B. 错误

3. 根据《上市公司证券发行管理办法》，上市公司发行的可转换公司债券在发行结束 10 个月后，方可转换为公司股票，转股期限由公司根据可转换公司债券的存续期限及公司财务状况确定。（　　）

A. 正确   B. 错误

4. 按照《上市公司证券发行管理办法》，可转换公司债券募集说明书应当约定，上市公司改变公告的募集资金用途的，应赋予债券持有人一次回售的权利。但这一点对于分离交易的可转换公司债券不适用。（　　）

A. 正确   B. 错误

5. 可转换公司债券是指发行公司依法发行，在一定期间内依据约定的条件可以转换成股份的公司债券。（　　）

A. 正确   B. 错误

6. 根据《上市公司证券发行管理办法》第七条，发行可转换公司债券的上市公司的盈利能力应具有可持续性，最近 24 个月内曾公开发行证券的，不存在发行当年营业利润比上年下降 50％以上的情形。（　　）

A. 正确   B. 错误

7. 上市公司及其控股股东或实际控制人最近 12 个月内存在未履行向投资者作出的公开承诺的行为的不得公开发行证券。（　　）

A. 正确   B. 错误

8. 《上市公司证券发行管理办法》第八条规定，发行可转换公司债券的上市公司的财务状况应当良好，最近 3 年以现金或股票方式累计分配的利润不少于最近 3 年实现的年均可分配利润的 30％。（　　）

A. 正确   B. 错误

9. 上市公司发行可转换公司债券募集资金，建立募集资金专项存储制度，募集资金不必存放于公司董事会决定的专项账户。（　　）

A. 正确   B. 错误

10. 除金融类企业外，发行可转债募集的资金使用项目不得为持有交易性金融资产和可供出售的金融资产、借予他人、委托理财等财务性投资，不得直接或间接投资于以买卖有价证券为主要业务的公司。（　　）

A. 正确   B. 错误

11. 上市公司发行可转换公司债券募集资金，投资项目实施后，与控股股东或实际控制人产生同业竞争或影响公司生产经营的独立性。（　　）

A. 正确   B. 错误

12. 根据《上市公司证券发行管理办法》规定，公开发行可转换公司债券的上市公司，其最近 3 个会计年度加权平均净资产收益率平均不低于 5％；扣除非经常性损益后

的净利润与扣除前的净利润相比，以低者作为加权平均净资产收益率的计算依据。（　　）

A. 正确　　　　　　　　　　　　B. 错误

13. 发行分离交易的可转换公司债券的上市公司，必须最近 3 个会计年度经营活动产生的现金流量净额平均应不少于公司债券 1 年的利息。（　　）

A. 正确　　　　　　　　　　　　B. 错误

14. 根据《上市公司证券发行管理办法》第二十七条规定，发行分离交易的可转换公司债券的上市公司，其最近 1 期未经审计的净资产不低于人民币 10 亿元。（　　）

A. 正确　　　　　　　　　　　　B. 错误

15. 《证券法》第十六条规定，发行可转换为股票的公司债券的上市公司，股份有限公司的净资产不低于人民币 3000 万元，有限责任公司的净资产不低于人民币 6000 万元。（　　）

A. 正确　　　　　　　　　　　　B. 错误

16. 无论是否可分离交易，可转换公司债券的最短期限为 1 年，最长期限为 6 年。（　　）

A. 正确　　　　　　　　　　　　B. 错误

17. 对于分离交易的可转换公司债券，发行后累计公司债券余额不得高于最近 1 期末公司净资产额的 40%。（　　）

A. 正确　　　　　　　　　　　　B. 错误

18. 修正后的转股价格不低于前项规定的股东大会召开目前 10 个交易日该公司股票交易均价和前 1 个交易日的均价。认股权证的行权价格应不低于公告募集说明书日前 10 个交易日公司股票均价和前 1 个交易日的均价。（　　）

A. 正确　　　　　　　　　　　　B. 错误

19. 可转换公司债券每张面值 50 元。可转换公司债券的利率由发行公司与主承销商协商确定，但必须符合国家的有关规定。分离交易的可转换公司债券的面值和利率确定方式与此相同。（　　）

A. 正确　　　　　　　　　　　　B. 错误

20. 转股价格或行权价格是指可转换公司债券转换为每股股份所支付的价格。（　　）

A. 正确　　　　　　　　　　　　B. 错误

21. 公开发行可转换公司债券应当提供担保，但最近 1 期末经审计的净资产不低于人民币 15 亿元的公司除外。（　　）

A. 正确　　　　　　　　　　　　B. 错误

22. 以保证方式提供担保的，应当为连带责任担保，且保证人最近 2 期经审计的净资产额应不高于其累计对外担保的金额。（　　）

A. 正确　　　　　　　　　　　　B. 错误

23. 证券公司或上市公司不得作为发行可转债的担保人，但上市商业银行除外。（　　）

A. 正确　　　　　　　　　　　　B. 错误

24. 发行分离交易的可转换公司债券，可以不提供担保；发行公司提供担保的，其要求

与此相同。（　　）

    A. 正确　　　　　　　　　　　　B. 错误

25. 可转换公司债券实质上是一种由普通债权和股票期权两个基本工具构成的复合融资
    工具。（　　）

    A. 正确　　　　　　　　　　　　B. 错误

26. 发行分离交易的可转换公司债券，应当委托具有资格的资信评级机构进行信用评级
    和跟踪评级；资信评级机构每年至少公告两次跟踪评级报告。（　　）

    A. 正确　　　　　　　　　　　　B. 错误

27. 设定抵押或质押的，抵押或质押财产的估值应不低于担保金额。（　　）

    A. 正确　　　　　　　　　　　　B. 错误

28. 在价值形态上，可转换公司债券赋予投资者一个保底收入，即债券利息支付与到期
    本金偿还构成的普通附息券的价值；同时，它还赋予投资者在股票下跌到一定价格
    条件下转换成发行人普通股票的权益，即看跌期权的价值。（　　）

    A. 正确　　　　　　　　　　　　B. 错误

29. 转换价值是可转换公司债券实际转换时按转换成普通股的市场价格计算的理论价
    值。转换价值等于每股普通股的净值乘以转换比例。（　　）

    A. 正确　　　　　　　　　　　　B. 错误

30. 由于可转换公司债券有一定的转换期限，在不同时点上，股票价格不同，转换价值
    也不相同。（　　）

    A. 正确　　　　　　　　　　　　B. 错误

31. 可转换公司债券的价值可以用以下公式近似表示：
    可转换公司债券价值≈纯粹债券价值＋投资人美式买权价值－投资人美式卖权价
    值－发行人美式买权价值。（　　）

    A. 正确　　　　　　　　　　　　B. 错误

32. 票面利率越高，可转换公司债券的债权价值越高；反之，票面利率越低，可转换公
    司债券的债权价值越低。（　　）

    A. 正确　　　　　　　　　　　　B. 错误

33. 自中国证监会核准可转换公司债券发行之日起，上市公司超过 6 个月未发行的，核
    准文件失效，须重新经中国证监会核准后方可发行。（　　）

    A. 正确　　　　　　　　　　　　B. 错误

34. 通常情况下，回售期限越长、转换比率越低、回售价格越低，回售的期权价值就越
    小；相反，回售期限越短、转换比率越高、回售价格越高，回售的期权价值就越
    大。（　　）

    A. 正确　　　　　　　　　　　　B. 错误

35. 转股价格越高，期权价值越高，可转换公司债券的价值越高；反之，转股价格越
    低，期权价值越低，可转换公司债券的价值越低。（　　）

    A. 正确　　　　　　　　　　　　B. 错误

36. 二叉树模型（Bino-mial Model）建立了期权定价数值算法的基础，解决了美式期权

的定价问题。（　　）

A. 正确　　　　　　　　　　　　B. 错误

37. 股票波动率是影响期权价值的一个重要因素，股票波动率越大，期权的价值越高，可转换公司债券的价值越高；反之，股票波动率越低，期权的价值越低，可转换公司债券的价值越低。（　　）

A. 正确　　　　　　　　　　　　B. 错误

38. 由于可转换公司债券的期权是一种美式期权，因此，转股期限越长，转股权价值就越大，可转换公司债券的价值越高；反之，转股期限越短，转股权价值就越小，可转换公司债券的价值越低。（　　）

A. 正确　　　　　　　　　　　　B. 错误

39. 通常情况下，赎回期限越长、转换比率越低、赎回价格越低，赎回的期权价值就越大，越有利于发行人；相反，赎回期限越短、转换比率越高、赎回价格越高，赎回的期权价值就越小，越有利于转债持有人。（　　）

A. 正确　　　　　　　　　　　　B. 错误

40. 可转换公司债券发行申请未获核准的上市公司，自中国证监会作出不予核准的决定之日起 3 个月后，可再次提出证券发行申请。（　　）

A. 正确　　　　　　　　　　　　B. 错误

41. 上市公司应当在可转换公司债券开始转股前 5 个交易日内披露实施转股的公告。上市公司应当在每一季度结束后及时披露因可转换公司债券转换为股份所引起的股份变动情况。（　　）

A. 正确　　　　　　　　　　　　B. 错误

42. 上市公司应当在每年首次满足回售条件后的 5 个交易日内至少发布 3 次回售公告。回售公告应当载明回售的程序、价格、付款方法、时间等内容。（　　）

A. 正确　　　　　　　　　　　　B. 错误

43. 上市公司在可转换公司债券转换期结束的 20 个交易日前，应当至少发布 2 次提示公告，提醒投资者有关在可转换公司债券转换期结束前的 10 个交易日停止交易的事项。（　　）

A. 正确　　　　　　　　　　　　B. 错误

44. 可交换公司债券持有人申请换股的，应当通过其托管证券公司向证券交易所发出换股指令，指令视同为债券受托管理人与发行人认可的解除担保指令。（　　）

A. 正确　　　　　　　　　　　　B. 错误

45. 预备用于交换的上市公司最近一期末的净资产不低于人民币 10 亿元，或者最近 3 个会计年度加权平均净资产收益率平均不低于 5％。（　　）

A. 正确　　　　　　　　　　　　B. 错误

46. 按照目前的做法，发行人申请发行可转换公司债券，股东大会应决定是否优先向原股东配售；如果优先配售，应明确进行配售的数量和方式以及有关原则。（　　）

A. 正确　　　　　　　　　　　　B. 错误

47. 国内可转换公司债券的发行方式可采用部分向原社会公众股股东优先配售，剩余部

分网下向机构投资者配售相结合的方式。（　　）

A. 正确　　　　　　　　　　B. 错误

48. 可转换公司债券在发行人股票上市的证券交易所上市。分离交易的可转换公司债券中的公司债券和认股权分别符合证券交易所上市条件的，应当分别上市交易。（　　）

A. 正确　　　　　　　　　　B. 错误

49. 可转换公司债券获准上市后，上市公司应当在可转换公司债券上市前10个交易日内，在指定媒体上披露上市公告书。（　　）

A. 正确　　　　　　　　　　B. 错误

50. 上市公司应当在可转换公司债券约定的付息日前3～5个交易日内披露付息公告；在可转换公司债券期满前3～5个交易日内披露本息兑付公告。（　　）

A. 正确　　　　　　　　　　B. 错误

参考答案

一、单项选择题

1. C	2. B	3. B	4. B	5. B
6. D	7. B	8. C	9. C	10. B
11. D	12. B	13. C	14. C	15. B
16. C	17. D	18. B	19. D	20. C
21. D	22. C	23. D	24. B	25. A
26. C	27. D	28. D	29. C	30. A
31. D	32. B	33. A	34. D	35. A
36. A	37. D	38. C	39. D	40. D
41. C	42. A	43. C	44. A	45. D
46. B	47. C	48. D	49. B	50. D

二、多项选择题

1. ABCD	2. ABCD	3. CD	4. ABC	5. BCD
6. ABD	7. AB	8. AD	9. ABCD	10. AC
11. ABCD	12. ACD	13. BCD	14. ABD	15. AB
16. BC	17. ABC	18. ABCD	19. ACD	20. ABCD
21. ABCD	22. AC	23. ACD	24. ABCD	25. ABCD
26. ABCD	27. ACD	28. AC	29. ABCD	30. ACD
31. ABCD	32. ABC	33. ABC	34. ABCD	35. ABCD
36. CD	37. ABC	38. ABD	39. AC	40. ABC
41. AC	42. BCD	43. BC	44. ABCD	

三、判断题

1. B	2. A	3. B	4. B	5. A

6. A	7. A	8. B	9. B	10. A
11. B	12. B	13. B	14. B	15. A
16. B	17. A	18. B	19. B	20. A
21. A	22. B	23. A	24. A	25. A
26. B	27. A	28. B	29. B	30. A
31. B	32. A	33. A	34. B	35. B
36. A	37. A	38. A	39. A	40. B
41. B	42. A	43. B	44. A	45. B
46. A	47. B	48. A	49. B	50. A

第九章 债券的发行与承销

一、本章考纲

掌握我国国债的发行方式。熟悉记账式国债和凭证式国债的承销程序。熟悉国债销售的价格和影响国债销售价格的因素。

熟悉我国金融债券的发行条件、申报文件、操作要求、登记、托管与兑付、信息披露。了解次级债务的概念、募集方式以及次级债务计入商业银行附属资本和次级债务计入保险公司认可负债的条件和比例。了解混合资本债券的概念、募集方式、信用评级、信息披露及商业银行通过发行混合资本债券所募资金计入附属资本的方式。

熟悉我国企业债券和公司债券发行的基本条件、募集资金投向和不得再次发行的情形。了解企业债券和公司债券发行的条款设计要求及有关安排。熟悉企业债券和公司债券发行的额度申请、发行申报、发行申请文件的内容。了解中国证监会对证券公司类承销商的资格审查和风险评估。熟悉企业债券和公司债券申请上市的条件、上市申请与上市核准。了解企业债券和公司债券上市的信息披露和发行人的持续性披露义务。

熟悉企业短期融资券和中期票据的注册规则、承销的组织、信用评级安排、发行利率或发行价格的确定方式及其相关的信息披露要求。

熟悉中小非金融企业集合票据的特点、发行规模要求、偿债保障措施、评级要求、投资者保护机制和信息披露要求。

熟悉证券公司债券的发行条件、条款设计及相关安排。了解证券公司债券发行的申报程序、申请文件的内容。熟悉证券公司债券的上市与交易。了解公开发行证券公司债券时募集说明书等信息的披露以及公开发行证券公司债券的持续信息披露。了解证券公司定向发行债券的信息披露。

熟悉资产证券化的各方参与者的角色。了解资产证券化发行的申报程序、申请文件的内容。熟悉资产证券化的具体操作。了解公开发行证券化产品的信息披露。了解资产证券化的会计处理和税收政策。

了解国际开发机构人民币债券的发行与承销。

二、本章知识体系

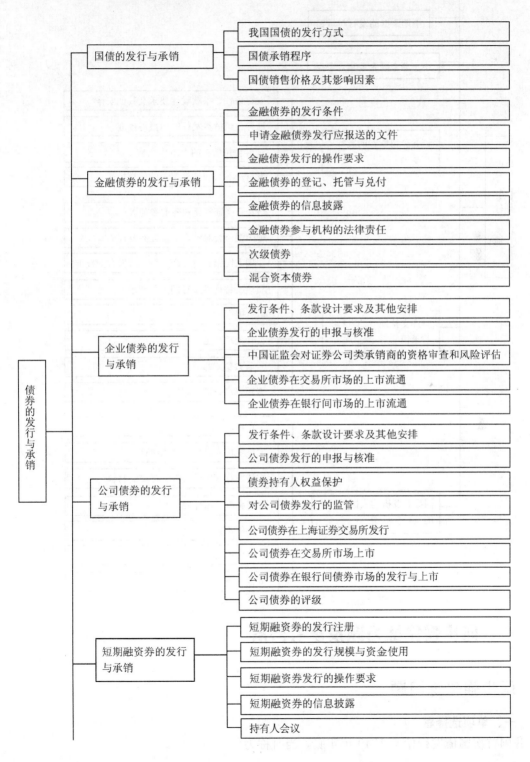

（续图）

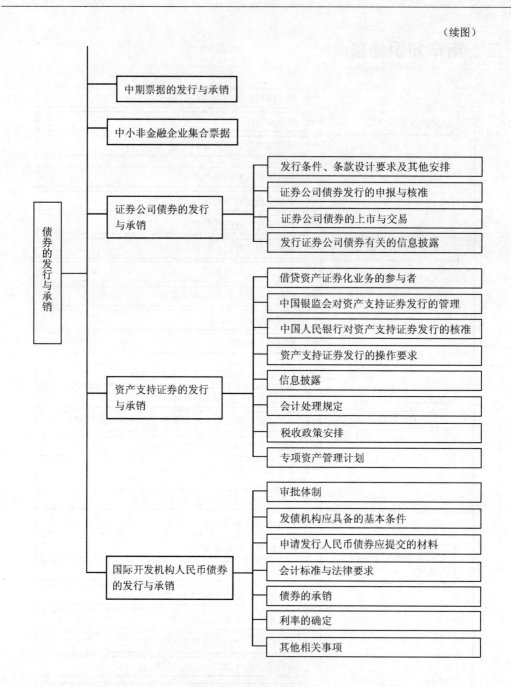

三、同步强化练习题及参考答案

同步强化练习题

一、单项选择题

1. 我国首次国债发行始于 1949 年年底，当时称为（　　）。

A. 人民胜利折实公债   B. 人民公债

C. 人民折实公债   D. 人民胜利公债

2. 储蓄国债以（　　）记录债权，通过投资者在试点商业银行开设的人民币结算账户进行资金清算。

A. 记名方式   B. 不记名方式

C. 电子方式   D. 账号方式

3. 财务公司已发行、尚未兑付的金融债券总额不得超过其净资产总额的（　　）。

A. 50%   B. 60%

C. 80%   D. 100%

4. 目前，记账式国债发行完全采用（　　）方式。

A. 承购包销   B. 代销

C. 配售   D. 公开招标

5. 企业集团财务公司申请发行金融债券前1年，注册资本金不低于（　　）亿元人民币，净资产不低于行业平均水平。

A. 1   B. 2

C. 3   D. 5

6. 目前，凭证式国债发行完全采用（　　）方式。

A. 承购包销   B. 代销

C. 配售   D. 公开招标

7. 1996年起，公开（　　）被广泛采用。

A. 行政分配   B. 市场定价

C. 承购包销   D. 公开招标

8. 所谓（　　），是指财政部在中华人民共和国境内发行，通过试点商业银行面向个人投资者销售的、以电子方式记录债权的不可流通人民币债券。

A. 记账式国债   B. 无记名国债

C. 凭证式国债   D. 储蓄国债

9. 储蓄国债以电子方式记录债权，通过投资者在试点（　　）开设的人民币结算账户进行资金清算。

A. 保险公司   B. 证券公司

C. 商业银行   D. 邮政储蓄银行

10. 标的为利率或利差时，全场最高中标利率或利差为当期国债票面利率或基本利差，各中标机构均按面值承销；标的为价格时，全场最低中标价格为当期国债发行价格，各中标机构均按发行价格承销。这种招标方式为（　　）。

A. "荷兰式"招标   B. "美国式"招标

C. "英国式"招标   D. "混合式"招标

11. 利率或利差招标时，标位变动幅度为（　　）；价格招标时，标位变动幅度在当期国债发行文件中另行规定。

A. 0.01%   B. 0.02%

C. 0.03%   D. 0.04%

12. 对于事先已确定发行条款的国债，我国仍采取（   ）方式，目前主要运用于不可上市流通的凭证式国债的发行。
    A. 行政分配   B. 市场定价
    C. 承购包销   D. 公开招标

13. 财政部一般委托（   ）分配国债承销数额。
    A. 具备国债承销团资格的机构   B. 国务院
    C. 中国人民银行   D. 中国证监会

14. 财政部和中国人民银行一般每年确定（   ）次凭证式国债承销团资格。
    A. 1   B. 2
    C. 3   D. 4

15. 全场有效投标总额（   ）当期国债招标额时，所有有效投标全额募入。
    A. 大于   B. 大于或等于
    C. 小于   D. 小于或等于

16. 从 2002 年第 2 期开始，凭证式国债的发行期限改为（   ）个月，发行款的上划采取一次缴款办法，国债发行手续费也由财政部一次拨付。
    A. 1   B. 2
    C. 3   D. 4

17. 1994 年我国政策性银行成立后，发行主体从商业银行转向政策性银行，首次发行人为（   ）。
    A. 国家开发银行   B. 中国进出口银行
    C. 中国农业发展银行   D. 中国农业银行

18. 商业银行发行金融债券，其核心资本充足率不低于（   ）。
    A. 2%   B. 3%
    C. 4%   D. 5%

19. 边际中标标位的投标额大于剩余招标额，以该标位投标额为权数平均分配，最小中标单位为（   ）亿元，分配后仍有尾数时，按投标时间优先原则分配。
    A. 0.05   B. 0.1
    C. 0.2   D. 0.3

20. 对于允许追加承销的记账式国债，在竞争性招标结束后，记账式国债承销团甲类成员有权通过投标追加承销当期国债；甲类机构最大追加承销额为该机构当期国债竞争性中标额的（   ）。
    A. 20%   B. 25%
    C. 30%   D. 35%

21. 商业银行发行金融债券需要满足最近（   ）年连续盈利。
    A. 1   B. 2
    C. 3   D. 4

22. 发行人应在每期金融债券发行前（   ）个工作日将相关的发行申请文件报中国人民

银行备案，并按中国人民银行的要求披露有关信息。

    A. 1　　　　　　　　　　　　B. 2

    C. 3　　　　　　　　　　　　D. 5

23. 对于商业银行设立的金融租赁公司，资质良好但成立不满（　　）年的，应由具有担保能力的担保人提供担保。

    A. 1　　　　　　　　　　　　B. 2

    C. 3　　　　　　　　　　　　D. 5

24. 发行人应在中国人民银行核准金融债券发行之日起（　　）个工作日内开始发行金融债券，并在规定期限内完成发行。

    A. 20　　　　　　　　　　　B. 30

    C. 50　　　　　　　　　　　D. 60

25. 企业集团财务公司发行金融债券后，资本充足率不低于（　　）。

    A. 5%　　　　　　　　　　　B. 10%

    C. 15%　　　　　　　　　　D. 20%

26. 金融租赁公司和汽车金融公司发行金融债券后，资本充足率均应不低于（　　）。

    A. 5%　　　　　　　　　　　B. 10%

    C. 8%　　　　　　　　　　　D. 20%

27. 对影响金融债券发行人履行债务的重大事件，发行人应在第一时间向（　　）报告。

    A. 财政部　　　　　　　　　　B. 国务院

    C. 中国人民银行　　　　　　　D. 中国银监会

28. 金融债券存续期间，发行人应于每年（　　）前披露债券跟踪信用评级报告。

    A. 4月30日　　　　　　　　B. 5月31日

    C. 6月30日　　　　　　　　D. 7月31日

29. 由次级债务所形成的商业银行附属资本不得超过商业银行核心资本的（　　）。

    A. 10%　　　　　　　　　　B. 20%

    C. 30%　　　　　　　　　　D. 50%

30. （　　）是指具有法人资格的非金融企业在银行间债券市场按照计划分期发行的，约定在一定期限还本付息的债务融资工具。

    A. 企业债券　　　　　　　　　B. 短期融资券

    C. 中期票据　　　　　　　　　D. 混合资本债券

31. 根据中国银监会于2004年3月1日施行的《商业银行资本充足率管理办法》，经中国银监会认可，商业银行发行的普通的、无担保的、不以银行资产为抵押或质押的长期次级债务工具可列入附属资本，在距到期日前最后5年，其可计入附属资本的数量每年累计折扣（　　）。

    A. 5%　　　　　　　　　　　B. 10%

    C. 15%　　　　　　　　　　D. 20%

32. 经中国人民银行核准发行金融债券的，发行人应于每期金融债券发行前（　　）个工作日披露募集说明书和发行公告。

A. 1   B. 2

C. 3   D. 5

33. 发行人应于金融债券每次付息日前两个工作日公布付息公告,最后一次付息及兑付日前(　　)个工作日公布兑付公告。

A. 1   B. 2

C. 3   D. 5

34. 与商业银行次级债务不同的是,按照《保险公司次级定期债务管理暂行办法》,保险公司次级债务的偿还只有在确保偿还次级债务本息后偿付能力充足率不低于(　　)的前提下,募集人才能偿付本息。

A. 20%   B. 30%

C. 50%   D. 100%

35. 我国的混合资本债券是指商业银行为补充附属资本发行的、清偿顺序位于股权资本之前但列在一般债务和次级债务之后、期限在(　　)年以上、发行之日起(　　)年内不可赎回的债券。

A. 15　10   B. 10　10

C. 20　15   D. 15　15

36. (　　)是指企业依照本办法规定的条件和程序在银行间债券市场发行和交易,约定在一定期限内还本付息,最长期限不超过365天的有价证券。

A. 企业债券   B. 短期融资券

C. 次级债券   D. 混合资本债券

37. 根据《证券法》第十六条和《国家发展改革委关于推进企业债券市场发展、简化发行核准程序有关事项的通知》规定,公开发行企业债券,发行人累计债券余额不超过企业净资产(不包括少数股东权益)的(　　)。

A. 20%   B. 30%

C. 40%   D. 100%

38. 金融债券存续期间,发行人应于每年(　　)前向投资者披露年度报告。

A. 1月31日   B. 2月28日

C. 3月31日   D. 4月30日

39. 《企业债券管理条例》第十八条规定,企业债券的利率不得高于银行相同期限居民储蓄定期存款利率的(　　)。

A. 20%   B. 30%

C. 40%   D. 50%

40. 国家发改委自受理企业债发行申请之日起(　　)个月内(发行人及主承销商根据反馈意见补充和修改申报材料的时间除外)作出核准或者不予核准的决定,不予核准的,应说明理由。

A. 1   B. 2

C. 3   D. 5

41. 国债登记结算公司应在安排公司债券交易流通后的(　　)个工作日内,向中国人民银行书面报告公司债券交易流通审核情况。

A. 1　　　　　　　　　　　B. 2

C. 3　　　　　　　　　　　D. 5

42. 自 2000 年国务院特批企业债券以来，已经承担过企业债券发行主承销商或累计承担过（　　）次以上副主承销商的金融机构方可担任主承销商，已经承担过副主承销商或累计承担过（　　）次以上分销商的金融机构方可担任副主承销商。

A. 1　1　　　　　　　　　　B. 2　2

C. 3　3　　　　　　　　　　D. 5　5

43. 债券到期前（　　）周，发行人应按规定在中国证监会指定的信息披露报刊或/及证券交易所网站上公告债券兑付等有关事宜。

A. 1　　　　　　　　　　　B. 2

C. 3　　　　　　　　　　　D. 5

44. 招标日前（　　）个工作日，公司债券发行人通过中国债券信息网、中国货币网披露公司债券发行公告。

A. 1　　　　　　　　　　　B. 2

C. 3　　　　　　　　　　　D. 5

45. 证券公司如属于《公司法》界定的股份有限公司和有限责任公司，则根据《证券法》的规定，其累计发行的债券总额不得超过公司净资产额的（　　）。

A. 20%　　　　　　　　　　B. 30%

C. 40%　　　　　　　　　　D. 50%

46. 2005 年 3 月，（　　）制定并发布了《国际开发机构人民币债券发行管理暂行办法》，对国际开发机构发行人民币债券的相关事项进行了规定。

A. 财政部　　　　　　　　　B. 国务院

C. 中国人民银行　　　　　　D. 中国证监会

47. 发行人应在人民币债券发行日前（　　）个月内，为发债募集的资金开立非居民人民币专用账户。

A. 1　　　　　　　　　　　B. 2

C. 3　　　　　　　　　　　D. 5

48. 定向发行证券公司债券的担保金额原则上应不少于债券本息总额的（　　）。

A. 20%　　　　　　　　　　B. 30%

C. 40%　　　　　　　　　　D. 50%

49. （　　）是指由银行业金融机构作为发起机构，将信贷资产信托给受托机构，由受托机构发行的、以该财产所产生的现金支付其收益的受益证券。

A. 资产支持证券　　　　　　B. 短期融资券

C. 中期票据　　　　　　　　D. 混合资本债券

50. 发行人须在（　　）向国家外汇管理局报送运用人民币债券资金发放及回收人民币贷款、投资的明细表。

A. 每年末　　　　　　　　　B. 每季度末

C. 每月末   D. 每周末

二、多项选择题

1. 根据中华人民共和国财政部财库〔2009〕12号文件《财政部关于印发2009年记账式国债招投标规则的通知》，目前记账式国债的招标方式如下：（　　　）。

   A. "荷兰式"招标   B. "美国式"招标
   C. "英国式"招标   D. "混合式"招标

2. 记账式国债采取（　　　）的方式分销。

   A. 场内挂牌   B. 场外签订分销合同
   C. 试点商业银行柜台销售   D. 混合分销

3. 根据中国人民银行和中国银监会于2009年8月18日发布的公告（〔2009〕第14号），金融租赁公司和汽车金融公司发行金融债券，应具备的条件下列说法错误的是：（　　　）。

   A. 具有良好的公司治理结构和完善的内部控制体系

   B. 金融租赁公司注册资本金不低于10亿元人民币或等值的自由兑换货币，汽车金融公司注册资本金不低于8亿元人民币或等值的自由兑换货币

   C. 经营状况良好，最近2年连续盈利，最近1年利润率不低于行业平均水平，且有稳定的盈利预期

   D. 最近3年平均可分配利润足以支付所发行金融债券1年的利息

4. 目前，我国国债包括：（　　　）。

   A. 记账式国债   B. 无记名国债
   C. 凭证式国债   D. 储蓄国债

5. 商业银行发行金融债券应具备以下条件：（　　　）。

   A. 具有良好的公司治理机制；核心资本充足率不低于4%

   B. 最近3年连续盈利；贷款损失准备计提充足

   C. 风险监管指标符合监管机构的有关规定；最近3年没有重大违法、违规行为

   D. 中国人民银行要求的其他条件

6. 储蓄国债不可流通转让，但可以办理（　　　）。

   A. 提前兑取   B. 质押贷款
   C. 抵押贷款   D. 非交易过户

7. 一次足额发行或限额内分期发行金融债券，如果发生下列情况之一的，应在向中国人民银行报送备案文件时进行书面报告并说明原因：（　　　）。

   A. 发行人业务、财务等经营状况发生重大变化

   B. 高级管理人员变更；控制人变更

   C. 发行人作出新的债券融资决定

   D. 发行人变更承销商、会计师事务所、律师事务所或信用评级机构等专业机构

8. 金融债券承销人有下列行为之一的，由中国人民银行按照《中华人民共和国中国人民银行法》第四十六条的规定予以处罚：（　　　）。

   A. 以不正当竞争手段招揽承销业务

B. 发布虚假信息或泄露非公开信息

C. 超规模发行金融债券

D. 未经中国人民银行核准擅自发行金融债券

9. 按照现行规定，我国的混合资本债券具有的基本特征是：（ ）。

A. 期限在 15 年以上，发行之日起 10 年内不得赎回

B. 混合资本债券到期前，如果发行人核心资本充足率低于 4%，发行人可以延期支付利息

C. 当发行人清算时，混合资本债券本金和利息的清偿顺序列于一般债务和次级债务之前、股权资本之后

D. 混合资本债券到期时，如果发行人无力支付清偿顺序在该债券之前的债务，或支付该债券将导致无力支付清偿顺序在混合资本债券之前的债务，发行人可以延期支付该债券的本金和利息

10. 金融债券发行人有下列行为之一的，由中国人民银行按照《中华人民共和国中国人民银行法》第四十六条的规定予以处罚：（ ）。

A. 未经中国人民银行核准擅自发行金融债券

B. 超规模发行金融债券

C. 以不正当手段操纵市场价格、误导投资者

D. 未按规定报送文件或披露信息

11. 金融债券托管机构有下列行为之一的，由中国人民银行按照《中华人民共和国中国人民银行法》第四十六条的规定予以处罚：（ ）。

A. 挪用托管客户金融债券

B. 债券登记错误或遗失

C. 发布虚假信息或泄露非公开信息

D. 其他违反上述办法的行为

12. 根据《企业债券管理条例》第十二条和第十六条规定，企业发行企业债券必须符合下列条件：（ ）。

A. 企业规模达到国家规定的要求；企业财务会计制度符合国家规定

B. 具有偿债能力；企业经济效益良好，发行企业债券前连续 3 年盈利

C. 企业发行企业债券的总面额不得大于该企业的自有资产净值

D. 所筹资金用途符合国家产业政策

13. 次级债券的承销可采用（ ）等方式。

A. 包销　　　　　　　　　　B. 代销

C. 招标承销　　　　　　　　D. 配售

14. 根据《证券法》第十六条和 2008 年 1 月 4 日发布的《国家发展改革委关于推进企业债券市场发展、简化发行核准程序有关事项的通知》规定，公开发行企业债券必须符合的条件，下列错误的是：（ ）。

A. 股份有限公司的净资产额不低于人民币 5000 万元，有限责任公司和其他类型企业的净资产额不低于人民币 8000 万元

B. 累计债券余额不超过发行人净资产（不包括少数股东权益）的 50%

C. 最近 3 年平均可分配利润（净利润）足以支付债券 1 年的利息

D. 筹集的资金投向符合国家产业政策，所需相关手续齐全；用于固定资产投资项目的，应符合固定资产投资项目资本金制度的要求，原则上累计发行额不得超过该项目总投资的 60%；用于收购产权（股权）的，比照该比例执行；用于调整债务结构的，不受该比例限制，但企业应提供银行同意以债还贷的证明；用于补充营运资金的，不超过发债总额的 20%

15. 企业债券担保函的内容包括（　　）。

A. 被担保的债券种类、数额；债券的到期日

B. 保证的方式；保证责任的承担；保证范围；保证的期间

C. 财务信息披露

D. 债券的转让或出质；主债权的变更；加速到期；担保函的生效

16. 符合以下条件的公司债券可以进入银行间债券市场交易流通，但公司债券募集办法或发行章程约定不交易流通的债券除外：（　　）。

A. 债权债务关系确立并登记完毕

B. 发行人具有较完善的治理结构和机制，近两年没有违法和重大违规行为

C. 实际发行额不少于人民币 10 亿元

D. 单个投资人持有量不超过该期公司债券发行量的 40%

17. 根据《证券法》第十八条规定，凡有下列情形之一的，公司不得再次公开发行公司债券：（　　）。

A. 前一次公开发行的公司债券尚未募足的

B. 前一次公开发行的公司债券已经募足的

C. 对已公开发行的公司债券或者其他债务有违约或者延迟支付本息的事实，且仍处于继续状态的

D. 违反《证券法》规定，改变公开发行公司债券所募资金用途的

18. 发行人要求安排其发行的公司债券进入银行间债券市场交易流通的，应在国债登记结算公司和同业拆借中心安排其发行的债券交易流通时，向国债登记结算公司提交以下材料中说法正确的是：（　　）。

A. 公司债券持有量排名前 20 位的持有人名册

B. 发行人近两年经审计的财务报告和涉及发行人的重大诉讼事项说明

C. 公司债券信用评级报告及其跟踪评级安排的说明、担保人资信情况说明及担保协议（如属担保发行）

D. 近五年是否有违法和重大违规行为的说明

19. 根据《公司债券发行试点办法》第二十七条规定，存在下列情况的，应当召开债券持有人会议：（　　）。

A. 拟变更债券募集说明书的约定；拟变更债券受托管理人

B. 公司不能按期支付本息

C. 公司减资、合并、分立、解散或者申请破产

D. 保证人或者担保物发生重大变化；发生对债券持有人权益有重大影响的事项

20. 根据《上海证券交易所公司债券上市规则》，公司债券申请上市，应当符合下列条件：（　　）。
    A. 债券的期限为 2 年以上
    B. 债券的实际发行额不少于人民币 5000 万元
    C. 债券须经资信评级机构评级，且债券的信用级别良好
    D. 申请债券上市时仍符合法定的公司债券发行条件

21. 要通过证券交易所集中竞价系统、大宗交易系统和固定收益证券综合电子平台进行交易，必须符合的条件下列说法正确的是：（　　）。
    A. 发行人的债项评级不低于 AA
    B. 债券上市前，发行人最近 1 期末的净资产不低于 15 亿元人民币
    C. 债券上市前，发行人最近两个会计年度实现的年均可分配利润不少于债券 1 年利息的 1.5 倍
    D. 证券交易所规定的其他条件

22. 证券交易所对债券上市实行上市推荐人制度，债券在证券交易所申请上市，必须由 1～2 个证券交易所认可的机构推荐并出具上市推荐书。上市推荐人应当符合下列条件：（　　）。
    A. 证券交易所会员或证券交易所认可的其他机构
    B. 最近 3 年内无重大违法违规行为
    C. 负责推荐工作的主要业务人员应当熟悉证券交易所章程及相关业务规则
    D. 证券交易所认为应当具备的其他条件

23. 上市推荐人应履行下列义务：（　　）。
    A. 确认债券发行人符合上市条件；确保债券发行人的董事、高级管理人员了解其所担负责任的性质，并承担证券交易所上市规则及上市协议所列明的责任
    B. 协助债券发行人进行债券上市申请工作；向证券交易所提交上市推荐书
    C. 确保上市文件真实、准确、完整，符合规定要求，文件所载的资料经过核实；协助债券发行人与证券交易所安排债券上市
    D. 证券交易所规定的上市推荐人应当履行的其他义务

24. 公司债券上市交易后，发行人有下列情形之一的，证券交易所对该债券停牌，并在 7 个交易日内决定是否暂停其上市交易：（　　）。
    A. 公司出现重大违法行为；公司情况发生重大变化，不符合债券上市条件
    B. 发行公司债券所募集的资金不按照核准的用途使用
    C. 未按照债券募集办法履行义务
    D. 公司最近两年连续亏损

25. 根据《公司债券发行试点办法》第八条，存在下列情形之一的，不得发行公司债券：（　　）。
    A. 最近 48 个月内公司财务会计文件存在虚假记载，或公司存在其他重大违法行为
    B. 本次发行申请文件存在虚假记载、误导性陈述或者重大遗漏

    C. 对已发行的公司债券或者其他债务有违约或者迟延支付本息的事实，仍处于继续状态

    D. 严重损害投资者合法权益和社会公共利益的其他情形

26. 若为公司债券提供担保，则应当符合下列规定：（　　）。

    A. 担保范围包括债券的本金及利息、违约金、损害赔偿金和实现债权的费用

    B. 以保证方式提供担保的，应当为连带责任保证，且保证人资产质量良好

    C. 设定担保的，担保财产权属应当清晰，尚未被设定担保或者采取保全措施，且担保财产的价值经有资格的资产评估机构评估不低于担保金额

    D. 符合《银行法》、《证券法》和其他有关法律、法规的规定

27. 债券上市期间，凡发生下列可能导致债券信用评级发生重大变化、对债券按期偿付产生任何影响等事件或者存在相关的市场传言，发行人应当在第一时间向证券交易所提交一临时报告，并予以公告澄清。下列说法正确的是：（　　）。

    A. 公司发生重大亏损或者重大损失，或公司发生重大债务和未能清偿到期重大债务的违约情况

    B. 发行公司债券所募集的资金不按照核准的用途使用

    C. 公司涉及或可能涉及的重大诉讼

    D. 公司债券担保人主体发生变更或担保人经营、财务状况发生重大变化的情况（如属担保发行）

28. 申请证券评级业务许可的资信评级机构，应当具备下列条件：（　　）。

    A. 具有中国法人资格，实收资本与净资产均不少于人民币1000万元

    B. 具有符合《证券市场资信评级业务管理暂行办法》规定的高级管理人员不少于2人；具有证券从业资格的评级从业人员不少于10人，其中包括具有3年以上资信评级业务经验的评级从业人员不少于5人，具有中国注册会计师资格的评级从业人员不少于3人

    C. 最近5年未受到刑事处罚，最近3年未因违法经营受到行政处罚，不存在因涉嫌违法经营、犯罪正在被调查的情形

    D. 最近3年在税务、工商、金融等行政管理机关以及自律组织、商业银行等机构无不良诚信记录

29. 证券评级机构与评级对象存在下列利害关系的，不得受托开展证券评级业务：（　　）。

    A. 证券评级机构与受评级机构或者受评级证券发行人为同一实际控制人所控制

    B. 同一股东持有证券评级机构、受评级机构或者受评级证券发行人的股份均达到10％以上；受评级机构或者受评级证券发行人及其实际控制人直接或者间接持有证券评级机构股份达到10％以上

    C. 证券评级机构及其实际控制人直接或者间接持有受评级证券发行人或者受评级机构股份达到10％以上

    D. 证券评级机构及其实际控制人在开展证券评级业务之前6个月内买卖受评级证券；中国证监会基于保护投资者、维护社会公共利益认定的其他情形

30. 证券评级机构应当建立回避制度。证券评级机构评级委员会委员及评级从业人员在开展证券评级业务期间有下列情形之一的，应当回避：（　　）。

    A. 本人、直系亲属持有受评级机构或者受评级证券发行人的股份达到 5% 以上，或者是受评级机构、受评级证券发行人的实际控制人

    B. 本人、直系亲属担任受评级机构或者受评级证券发行人的董事、监事和高级管理人员

    C. 本人、直系亲属担任受评级机构或者受评级证券发行人聘任的会计师事务所、律师事务所、财务顾问等证券服务机构的负责人或者项目签字人

    D. 本人、直系亲属持有受评级证券发行人或者受评级机构发行的证券金额超过 50 万元，或者与受评级机构、受评级证券发行人发生累计超过 50 万元的交易；中国证监会认定的足以影响独立、客观、公正原则的其他情形

31. 发行人首次在国债登记结算公司办理债券登记托管手续的，应与国债登记结算公司签订《债券发行、登记及代理兑付服务协议》，并向国债登记结算公司提交以下书面文件，下列不正确的是：（　　）。

    A. 发行人账户开立申请书

    B. 发行人盖章的营业执照副本原件

    C. 发行人组织机构代码证副本原件

    D. 债券发行与兑付业务印鉴卡一式五份

32. 符合以下条件的公司债券，可在全国银行间债券市场交易流通：（　　）。

    A. 依法公开发行；债权、债务关系确立并登记完毕

    B. 发行人具有较完善的治理结构和机制，近两年没有违法和重大违规行为

    C. 实际发行额不少于人民币 3 亿元

    D. 单个投资人持有量不超过该期公司债券发行量的 40%

33. 证券评级机构应当在下列事项发生变更之日起 5 个工作日内，报注册地中国证监会派出机构备案：（　　）。

    A. 机构名称、住所；董事、监事、高级管理人员

    B. 实际控制人、持股 10% 以上股权的股东

    C. 内部控制机制与管理制度、业务制度

    D. 中国证监会规定的其他事项

34. 在短期融资券存续期内，企业应按以下要求持续披露信息：（　　）。

    A. 每年 4 月 30 日以前，披露上一年度的年度报告和审计报告

    B. 每年 8 月 31 日以前，披露本年度上半年的资产负债表、利润表和现金流量表

    C. 每年 4 月 30 日和 10 月 31 日以前，披露本年度第一季度和第三季度的资产负债表、利润表及现金流量表

    D. 第一季度信息披露时间不得早于上一年度信息披露时间

35. 证券公司公开发行债券，除应当符合《证券法》规定的条件外，还应当符合下列要求：（　　）。

    A. 发行人最近 1 期末经审计的净资产不低于 15 亿元

B. 各项风险监控指标符合中国证监会的有关规定；最近三年内未发生重大违法违规行为

C. 具有健全的股东会、董事会运作机制及有效的内部管理制度，具备适当的业务隔离和内部控制技术支持系统

D. 资产未被具有实际控制权的自然人、法人或其他组织及其关联人占用

36. 发行人出现下列情形之一的，应当及时予以公告或以有效的方式告知债券持有人：（ ）。

A. 预计到期难以偿付利息或本金；专项偿债账户出现异常

B. 订立可能对还本付息产生重大影响的担保合同及其他重要合同；发生重大亏损或者遭受超过净资产10％以上的重大损失

C. 发生重大仲裁、诉讼；减资、合并、分立、解散及申请破产；拟进行重大债务重组；未能履行募集说明书的约定

D. 担保人或担保物发生重大变化；债券被证券交易所暂停交易、终止上市

37. 2005年12月8日，（ ）在银行间市场发行了首批资产支持证券，总量为71.94亿元。

A. 国家开发银行   B. 中国人民银行

C. 中国农业发展银行   D. 中国建设银行

38. 信托投资公司担任特定目的信托受托机构，应当具备以下条件：（ ）。

A. 根据国家有关规定完成重新登记5年以上

B. 注册资本不低于3亿元人民币，并且最近3年年末的净资产不低于5亿元人民币

C. 原有存款性负债业务全部清理完毕，没有发生新的存款性负债或者以信托等业务名义办理的变相负债业务

D. 具有良好的社会信誉和经营业绩，到期信托项目全部按合同约定顺利完成，没有挪用信托财产的不良记录，并且最近3年内没有重大违法、违规行为

39. 合格投资者是指自行判断具备投资债券的独立分析能力和风险承受能力，且符合下列条件的投资者：（ ）。

A. 依法设立的法人或投资组织

B. 按照规定和章程可从事债券投资

C. 注册资本在1000万元以上或者经审计的净资产在2000万元以上

D. 最近5年未受到刑事处罚，最近3年未因违法经营受到行政处罚

40. 债券申请上市应当符合下列条件：（ ）。

A. 债券发行申请已获批准并发行完毕

B. 实际发行债券的面值总额不少于5000万元

C. 申请上市时仍符合公开发行的条件

D. 中国证监会规定的其他条件

41. 银行业金融机构作为发起机构，将信贷资产信托给受托机构，由受托机构以资产支持证券的形式向投资机构发行受益证券，应当由符合条件的银行业金融机构与获得

特定目的信托受托机构资格的金融机构向中国银监会联合提出申请，并且报送下列文件和资料一式三份：（　　）。

A. 由发起机构和受托机构联合签署的申请报告；可行性研究报告

B. 信贷资产证券化业务计划书；信托合同、贷款服务合同、资金保管合同及其他相关法律文件草案

C. 执业律师出具的法律意见书草案、注册会计师出具的会计意见书草案、资信评级机构出具的信用评级报告草案及有关持续跟踪评级安排的说明

D. 受托机构对贷款服务机构、资金保管机构、信贷资产证券化交易中其他有关机构的选任标准及程序

42. 下列关于印花税政策说法正确的是：（　　）。

A. 发起机构、受托机构因开展信贷资产证券化业务而专门设立的资金账簿，暂免征收印花税

B. 受托机构委托贷款服务机构管理信贷资产时，双方签订的委托管理合同征收印花税

C. 发起机构、受托机构在信贷资产证券化过程中，与资金保管机构、证券登记托管机构（指国债登记结算公司）以及其他为证券化交易提供服务的机构签订的其他应税合同，暂免征收发起机构、受托机构应缴纳的印花税

D. 受托机构发售信贷资产支持证券以及投资者买卖信贷资产支持证券，征收印花税

43. 受托机构在全国银行间债券市场发行资产支持证券，应当向中国人民银行提交下列文件：（　　）。

A. 发起机构章程或章程性文件规定的权力机构的书面同意文件

B. 信托合同、贷款服务合同和资金保管合同及其他相关法律文件草案

C. 发行说明书草案；承销协议；中国银监会的有关批准文件

D. 执业律师出具的法律意见书；注册会计师出具的会计意见书；资信评级机构出具的信用评级报告草案及有关持续跟踪评级安排的说明

44. 国际开发机构申请在中国境内发行人民币债券应提交以下材料：（　　）。

A. 人民币债券发行申请报告；募集说明书

B. 近3年经审计的财务报表及附注；人民币债券信用评级报告及跟踪评级安排的说明

C. 为中国境内项目或企业提供贷款和投资情况；拟提供贷款和股本资金的项目清单及相关证明文件和法律文件

D. 按照《中华人民共和国律师法》执业的律师出具的法律意见书；与本期债券相关的其他重要事项

三、判断题

1. 储蓄国债个人债权托管账户实行实名制，具体办法比照《个人存款账户实名制规定》（中华人民共和国国务院令第285号）执行。（　　）

A. 正确　　　　　　　　　　　B. 错误

2. 记账式国债可以通过证券交易所的交易系统向具备交易所国债承购包销团资格的证券公司、保险公司和信托投资公司及其他投资者发行。（　　）

    A. 正确   B. 错误

3. 我国首次国债发行始于 1949 年年底，当时称为人民胜利折实公债，至 1958 年，总共发行了 6 次。（　　）

    A. 正确   B. 错误

4. 储蓄国债发行对象为个人投资者，企事业单位、行政机关和社会团体等机构投资者不得购买。（　　）

    A. 正确   B. 错误

5. 在实际运作中，国债承销商可以选择场内挂牌分销或场外分销两种方法。（　　）

    A. 正确   B. 错误

6. 我国国债发行招标规则的制定借鉴了国际资本市场中的美国式、荷兰式规则，并发展出混合式招标方式。（　　）

    A. 正确   B. 错误

7. 国债承销团成员单期国债最低承销额（含追加承销部分）按各期国债竞争性招标额的一定比例计算，甲类成员为 1％，乙类成员为 0.3％。（　　）

    A. 正确   B. 错误

8. 公开招标方式的中标原则是，全场有效投标总额大于或等于当期国债招标额时，所有有效投标全额募入；全场有效投标总额小于当期国债招标额时，按照低利率（利差）或高价格优先的原则对有效投标逐笔募入，直到募满招标额为止。（　　）

    A. 正确   B. 错误

9. 凭证式国债是一种无纸化国债，由具备凭证式国债承销团资格的机构承销。（　　）

    A. 正确   B. 错误

10. 发售采取向购买人开具凭证式国债收款凭证的方式，发售数量不能突破所承销的国债量。（　　）

    A. 正确   B. 错误

11. 国债销售的价格一般不应高于承销商与发行人的结算价格；反之，就有可能发生亏损。（　　）

    A. 正确   B. 错误

12. 降低销售价格，承销商的分销过程会延长，资金的回收速度会减慢。（　　）

    A. 正确   B. 错误

13. 1994 年我国政策性银行成立后，金融债发行主体从商业银行转向政策性银行，首次发行人为国家开发银行；随后，中国进出口银行、中国农业银行也加入到这一行列。（　　）

    A. 正确   B. 错误

14. 以协议承销方式发行金融债券的，发行人应聘请主承销商。承销人应为金融机构，其注册资本不低于 3 亿元人民币。（　　）

    A. 正确   B. 错误

15. 商业银行发行金融债券应满足核心资本充足率不低于 3% 的条件。（ ）
    A. 正确　　　　　　　　　B. 错误

16. 采用担保方式发行金融债券的，还应提供担保协议及担保人资信情况说明。（ ）
    A. 正确　　　　　　　　　B. 错误

17. 从 2002 年第 2 期开始，凭证式国债的发行期限改为 2 个月，发行款的上划采取分次缴款办法，国债发行手续费由财政部一次拨付。（ ）
    A. 正确　　　　　　　　　B. 错误

18. 市场利率的高低及其变化对国债销售价格起着显著的导向作用。市场利率趋于上升，就为承销商确定销售价格拓宽了空间；市场利率趋于下降，就限制了承销商确定销售价格的空间。（ ）
    A. 正确　　　　　　　　　B. 错误

19. 财务公司发行金融债券没有强制担保要求；而商业银行发行金融债券，则需要由财务公司的母公司或其他有担保能力的成员单位提供相应担保。（ ）
    A. 正确　　　　　　　　　B. 错误

20. 发行人可以认购自己发行的金融债券。（ ）
    A. 正确　　　　　　　　　B. 错误

21. 发行人应在中国人民银行核准金融债券发行之日起 90 个工作日内开始发行金融债券，并在规定期限内完成发行。（ ）
    A. 正确　　　　　　　　　B. 错误

22. 金融债券存续期间，发行人应于每年 3 月 31 日前向投资者披露年度报告，年度报告应包括发行人上一年度的经营情况说明、经注册会计师审计的财务报告以及涉及的重大诉讼事项等内容。（ ）
    A. 正确　　　　　　　　　B. 错误

23. 信息披露涉及的财务报告，应经注册会计师审计，并出具审计报告；信息披露涉及的法律意见书和信用评级报告，应分别由执业律师和具有债券评级能力的信用评级机构出具。（ ）
    A. 正确　　　　　　　　　B. 错误

24. 发行人及有关中介机构应按要求在所提供的有关文件上发表声明或签字，对申请文件的真实性、准确性和完整性作出承诺。（ ）
    A. 正确　　　　　　　　　B. 错误

25. 在债券交易流通期间，发行人应在每年 6 月 30 日前向市场投资者披露上一年度的年度报告和信用跟踪评级报告。（ ）
    A. 正确　　　　　　　　　B. 错误

26. 根据中国银监会于 2003 年发布的《关于将次级定期债务计入附属资本的通知》，次级债务是指由银行发行的，固定期限不低于 3 年（含 3 年）。（ ）
    A. 正确　　　　　　　　　B. 错误

27. 商业银行不得向次级定期债务目标债权人指派，可以在对外营销中使用"储蓄"字样。（ ）

A. 正确　　　　　　　　　　　　B. 错误

28. 定向发行的金融债券只能在认购人之间进行转让。（　　）

　　A. 正确　　　　　　　　　　　　B. 错误

29. 金融债券付息或兑付日前（含当日），发行人应将相应资金划入债券持有人指定的资金账户。（　　）

　　A. 正确　　　　　　　　　　　　B. 错误

30. 经中国人民银行核准发行金融债券的，发行人应于每期金融债券发行前5个工作日披露募集说明书和发行公告。（　　）

　　A. 正确　　　　　　　　　　　　B. 错误

31. 次级定期债务可以与其他债权相抵消；原则上不得转让、提前赎回。（　　）

　　A. 正确　　　　　　　　　　　　B. 错误

32. 商业银行发行次级债券应聘请证券信用评级机构进行信用评级。其发行可采取一次足额发行或限额内分期发行的方式。（　　）

　　A. 正确　　　　　　　　　　　　B. 错误

33. 在商业银行最多可以发行占核心资本50%的次级债务计入附属资本的情况下，商业银行可以通过发行一定额度的混合资本债券，填补现有次级债务和一般准备等附属资本之和不足核心资本100%的差额部分，提高附属资本在监管资本中的比重。（　　）

　　A. 正确　　　　　　　　　　　　B. 错误

34. 企业债券每份面值为500元，以500元人民币为1个认购单位。（　　）

　　A. 正确　　　　　　　　　　　　B. 错误

35. 公司债券申请上市，债券的实际发行额不少于人民币3000万元。（　　）

　　A. 正确　　　　　　　　　　　　B. 错误

36. 证券交易所对债券上市实行上市推荐人制度，债券在证券交易所申请上市，必须由1～2个证券交易所认可的机构推荐并出具上市推荐书。（　　）

　　A. 正确　　　　　　　　　　　　B. 错误

37. 企业可发行无担保信用债券、资产抵押债券、第三方担保债券。为债券的发行提供保证的，保证人应当具有代为清偿债务的能力，保证应当是连带责任保证。（　　）

　　A. 正确　　　　　　　　　　　　B. 错误

38. 保险公司次级债务募集人在无法按时支付利息或偿还本金时，债权人无权向法院申请对募集人实施破产清偿。（　　）

　　A. 正确　　　　　　　　　　　　B. 错误

39. 混合资本债券是一种混合资本工具，它同时兼有一定的股本性质和债务性质，但比普通股票和债券更加复杂。（　　）

　　A. 正确　　　　　　　　　　　　B. 错误

40. 若混合资本债券采取公开发行方式发行，发行人应在债券付息时公开披露资本充足率信息和其他债务本息偿付情况。（　　）

　　A. 正确　　　　　　　　　　　　B. 错误

41. 公司债券每张面值 100 元，发行价格由发行人与保荐人通过市场询价确定。（　　）
    A. 正确　　　　　　　　　　　　B. 错误

42. 公司与资信评级机构应当约定，在债券有效存续期间，资信评级机构每年至少公告两次跟踪评级报告。（　　）
    A. 正确　　　　　　　　　　　　B. 错误

43. 2005 年 5 月 23 日，中国人民银行发布了《短期融资券承销规程》以及根据该办法制定的《短期融资券管理办法》和《短期融资券信息披露规程》。（　　）
    A. 正确　　　　　　　　　　　　B. 错误

44. 中期票据投资者可就特定投资需求向证监会进行逆向询价，主承销商可与企业协商发行符合特定需求的中期票据。（　　）
    A. 正确　　　　　　　　　　　　B. 错误

45. 定向发行的证券公司债券应当采用记账方式向合格投资者发行，每份面值为 50 万元，每一合格投资者认购的债券不得低于面值 100 万元。（　　）
    A. 正确　　　　　　　　　　　　B. 错误

46. 信贷资产证券化的发起机构将实施资产证券化的信贷资产信托予受托机构时，双方签订的信托合同暂不征收印花税。（　　）
    A. 正确　　　　　　　　　　　　B. 错误

47. 人民币债券发行利率由发行人参照同期金融债券收益率水平确定，并由中国人民银行核定。（　　）
    A. 正确　　　　　　　　　　　　B. 错误

48. 发行人发行人民币债券所筹集的资金应用于中国境内项目，不得换成外汇转移至境外。（　　）
    A. 正确　　　　　　　　　　　　B. 错误

49. 特定目的信托受托机构是指在信贷资产证券化过程中，因承诺信托而负责管理特定目的信托财产并发行资产支持证券的机构。（　　）
    A. 正确　　　　　　　　　　　　B. 错误

50. 信用增级机构根据在相关法律文件中所承诺的义务和责任，向信贷资产证券化交易的其他参与机构提供一定程度的信用保护，不承担信贷资产证券化业务活动中的相应风险。（　　）
    A. 正确　　　　　　　　　　　　B. 错误

参考答案

一、单项选择题

1. A	2. C	3. D	4. D	5. C
6. A	7. D	8. D	9. C	10. A
11. A	12. C	13. C	14. A	15. D
16. A	17. A	18. C	19. B	20. B

21. C	22. D	23. C	24. D	25. B
26. C	27. C	28. D	29. D	30. C
31. D	32. C	33. D	34. D	35. A
36. B	37. C	38. D	39. C	40. C
41. D	42. C	43. A	44. C	45. C
46. C	47. A	48. D	49. A	50. B

二、多项选择题

1. ABD	2. ABC	3. BC	4. ACD	5. ABCD
6. ABD	7. ABCD	8. CD	9. ABD	10. ABCD
11. ABCD	12. ABCD	13. ABC	14. AB	15. ABCD
16. AB	17. ACD	18. BC	19. ABCD	20. BCD
21. ABD	22. ACD	23. ABCD	24. ABCD	25. BCD
26. ABC	27. ACD	28. CD	29. AD	30. ABCD
31. BCD	32. AB	33. ACD	34. ABCD	35. CD
36. ABCD	37. AD	38. CD	39. ABC	40. ABCD
41. ABCD	42. AC	43. ABCD	44. ABCD	

三、判断题

1. A	2. A	3. A	4. A	5. A
6. A	7. B	8. B	9. B	10. A
11. B	12. B	13. B	14. B	15. B
16. A	17. B	18. B	19. B	20. B
21. B	22. B	23. A	24. A	25. A
26. B	27. B	28. A	29. A	30. B
31. B	32. A	33. A	34. B	35. B
36. A	37. A	38. A	39. A	40. A
41. A	42. B	43. B	44. B	45. A
46. A	47. B	48. A	49. A	50. B

第十章 外资股的发行

一、本章考纲

了解境内上市外资股投资主体的条件。熟悉增资发行境内上市外资股的条件。熟悉境内上市外资股的发行方式。

熟悉 H 股的发行方式与上市条件。熟悉企业申请境外上市的要求。了解 H 股发行的工作步骤以及发行核准程序。

熟悉内地企业在香港创业板发行与上市的条件。熟悉境内上市公司所属企业境外上市的具体规定。了解外资股招股说明书的形式、内容、编制方法。熟悉国际推介与询价、国际分销与配售的基本知识。

二、本章知识体系

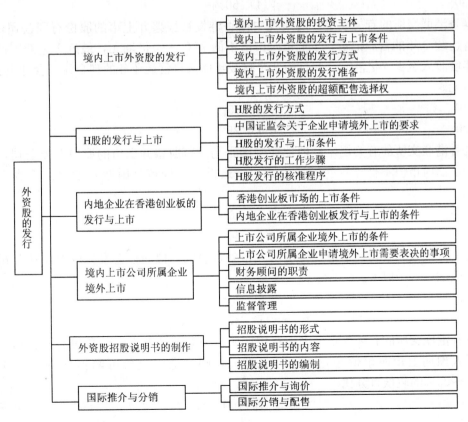

三、同步强化练习题及参考答案

同步强化练习题

一、单项选择题

1. 境内上市外资股又称 B 股，是指在中国（　　）注册的股份有限公司向（　　）投资者发行并在中国境内证券交易所上市交易的股票。
   - A. 境内　境内外
   - B. 境内　境外
   - C. 境外　境内
   - D. 境内　境内

2. 根据香港联交所的有关规定，内地在中国香港发行股票并上市的股份有限公司，若发行人拥有超过一种类别的证券，其上市时由公众人士持有的证券总数必须占发行人已发行股本总额至少（　　）。
   - A. 15%
   - B. 20%
   - C. 25%
   - D. 30%

3. 根据香港联交所的有关规定，内地在中国香港发行股票并上市的股份有限公司，持股量最高的 3 名公众股东，合计持股量不得超过证券上市时公众持股量的（　　）。
   - A. 15%
   - B. 20%
   - C. 30%
   - D. 50%

4. 根据香港联交所的有关规定，内地在中国香港发行股票并上市的股份有限公司，公司有连续 3 年的营业记录，于上市时市值不低于（　　）亿港元，最近 1 个经审计财政年度收入至少 5 亿港元，并且前 3 个财政年度来自营运业务的现金流入合计至少 1 亿港元。
   - A. 10
   - B. 15
   - C. 20
   - D. 25

5. 根据香港联交所的有关规定，内地在中国香港发行股票并上市的股份有限公司，公司于上市时市值不低于（　　）亿港元，且最近 1 个经审计财政年度收入至少 5 亿港元。
   - A. 10
   - B. 20
   - C. 30
   - D. 40

6. 以募集方式设立公司，申请发行境内上市外资股的，拟向社会发行的股份达公司股份总数的（　　）以上。
   - A. 20%
   - B. 25%
   - C. 30%
   - D. 35%

7. 根据香港联交所的有关规定，内地在中国香港发行股票并上市的股份有限公司，如发行人预期上市时市值超过（　　）亿港元，则香港联交所可酌情接纳一个介乎 15%～25% 的较低百分比。
   - A. 50
   - B. 100

C. 150   D. 200

8. 以募集方式设立公司，申请发行境内上市外资股的，拟发行的股本总额超过 4 亿元人民币的，其拟向社会发行股份的比例达（   ）以上。
   A. 15%   B. 20%
   C. 25%   D. 30%

9. 我国股份有限公司发行境内上市外资股一般采取（   ）方式。
   A. 摊销   B. 摇号
   C. 上网竞价   D. 配售

10. 根据香港联交所的有关规定，内地在中国香港发行股票并上市的股份有限公司，新申请人预期 H 股上市时的市值须至少为（   ）亿港元。
    A. 1   B. 2
    C. 3   D. 4

11. 根据香港联交所的有关规定，内地在中国香港发行股票并上市的股份有限公司，无论任何时候，公众人士持有的 H 股股份须占发行人已发行股本至少（   ）。
    A. 15%   B. 20%
    C. 25%   D. 30%

12. 根据香港联交所的有关规定，内地在中国香港发行股票并上市的股份有限公司，需指定至少（   ）名独立非执行董事，其中 1 名独立非执行董事必须具备适当的专业资格，或具备适当的会计或相关财务管理专长。
    A. 1   B. 2
    C. 3   D. 4

13. 资产评估的主要方法不包括（   ）。
    A. 加权平均法   B. 重置成本法
    C. 现行市价法   D. 收益现值法

14. 根据《股份有限公司境内上市外资股规定的实施细则》等法规，经批准，我国股份有限公司在发行 B 股时，可以与承销商在（   ）协议中约定超额配售选择权。
    A. 分销   B. 承销
    C. 包销   D. 代销

15. H 股的发行方式是（   ）。
    A. 公开发行   B. 国际配售
    C. 公开发行加国际配售   D. 定向发行

16. 向境外投资者募集股份的股份有限公司通常以（   ）设立。
    A. 发起方式   B. 公募方式
    C. 私募方式   D. 募集方式

17. 1999 年 7 月 14 日，中国证监会发布《关于企业申请境外上市有关问题的通知》，明确提出国有企业、集体企业及其他所有制形式的企业经重组改制为股份有限公司后，凡符合境外上市条件的，均可向中国证监会提出境外上市申请。在其申请条件中净资产不少于（   ）亿元人民币。

A. 1   B. 2

C. 3   D. 4

18. 境内上市外资股采取记名股票形式，（   ）。

    A. 以人民币标明面值、认购、买卖

    B. 以人民币标明面值，以外币认购、买卖

    C. 以外币标明面值、认购、买卖

    D. 以外币标明面值，以人民币认购、买卖

19. 以募集方式设立公司，申请发行境内上市外资股的，发起人的出资总额不少于（   ）亿元人民币。

    A. 1   B. 1.5

    C. 2   D. 3

20. 符合境外上市条件的，向中国证监会提出境外上市申请，在其申请条件中过去 1 年税后利润不少于（   ）万元人民币，并有增长潜力。

    A. 3000   B. 4000

    C. 5000   D. 6000

21. 符合境外上市条件的，向中国证监会提出境外上市申请，在其申请条件中按合理预期市盈率计算，筹资额不少于（   ）万美元。

    A. 3000   B. 4000

    C. 5000   D. 6000

22. 根据香港联交所的有关规定，内地在中国香港发行股票并上市的股份有限公司，审核委员会成员须有至少（   ）名成员，并必须全部是非执行董事，其中至少 1 名是独立非执行董事且具有适当的专业资格，或具备适当的会计或相关财务管理专长。

    A. 1   B. 2

    C. 3   D. 4

23. 以募集方式设立公司，申请发行境内上市外资股的，发起人认购的股本总额不少于公司拟发行股本总额的（   ）。

    A. 20%   B. 25%

    C. 30%   D. 35%

24. 内地在中国香港创业板上市发行股票并上市的股份有限公司，如属新的申请人，其申报会计师最近期报告的财政期间不得早于上市文件刊发日期前（   ）个月。

    A. 2   B. 3

    C. 5   D. 6

25. 内地在中国香港创业板上市发行股票并上市的股份有限公司，上市时的管理层股东及高持股量股东于上市时必须最少共持有新申请人已发行股本的（   ）。

    A. 15%   B. 20%

    C. 30%   D. 35%

26. 国际推介的对象主要是（   ）。

    A. 机构投资者   B. 个人投资者

C. 监管部门 D. 政府机构

27. 内地企业在香港创业板发行，新申请人必须证明在其呈交上市申请的日期之前，在大致相同的拥有权及管理层管理下，具备至少（ ）个月的活跃业务记录。

A. 6 B. 12

C. 24 D. 36

28. 内地企业在香港创业板发行，新申请人预期上市时的市值须至少为：如新申请人具备 24 个月活跃业务记录，则实际上不得少于（ ）万港元。

A. 3000 B. 4000

C. 4600 D. 5000

29. 上市公司所属企业申请境外上市，应当符合上市公司及所属企业董事、高级管理人员及其关联人员持有所属企业的股份，不得超过所属企业到境外上市前总股本的（ ）。

A. 10% B. 15%

C. 20% D. 25%

30. 上市公司所属企业申请境外上市，应当符合的条件下列不正确的是：（ ）。

A. 上市公司与所属企业不存在同业竞争，且资产、财务独立，经理人员不存在交叉任职

B. 上市公司及所属企业董事、高级管理人员及其关联人员持有所属企业的股份，不得超过所属企业到境外上市前总股本的 20%

C. 上市公司不存在资金、资产被具有实际控制权的个人、法人或其他组织及其关联人占用的情形或其他损害公司利益的重大关联交易

D. 上市公司最近 3 年无重大违法违规行为

31. 外资股发行的招股说明书可以采取严格的招股章程形式，也可以采取信息备忘录的形式。二者在（ ）上具有相同的法律意义，它们均是发行人向投资者发出的募股要约邀请。

A.《合同法》 B.《证券法》

C.《公司法》 D.《银行法》

32. 外资股发行的招股说明书可以采取严格的招股章程形式，也可以采取信息备忘录的形式。二者在（ ）上有不尽相同的法律意义。

A.《合同法》 B.《证券法》

C.《公司法》 D.《银行法》

33. 采用（ ）发行外资股的发行人，需要准备信息备忘录，它是发行人向特定的投资者发售股份的募股要约文件，仅供要约人认股之用，在法律上不视为招股章程，亦无须履行招股书注册手续。

A. 发起方式 B. 公募方式

C. 私募方式 D. 配售方式

34. 在发行境内上市外资股时，信息备忘录的编写还应当考虑符合我国关于（ ）发行招股说明书内容和信息披露规则的要求。

A. A 股   B. B 股

C. H 股   D. N 股

35. 如果发行人拟在公开发行股票的同时还准备向一定的机构投资者或专业投资者进行配售，则应当准备符合外资股上市地要求的招股章程，同时准备适合（　　　）的信息备忘录。

     A. 摇号   B. 公募

     C. 网上竞价   D. 配售或私募

36. 外资股的招股说明书中应说明招股章程披露前（　　　）周内某一日期时公司的负债情况。

     A. 3～7   B. 5～9

     C. 8～12   D. 9～13

37. 外资股的招股说明书中会计师报告应披露公司过去（　　　）年经审计的财务记录，并应披露公司的主要会计方针与有关附注。

     A. 1   B. 2

     C. 3   D. 4

38. 在外资招股说明书草案初步确定的基础上，参与发行准备工作的（　　　）应当开始验证工作，包括核查与验证招股说明书的各项资料依据。

     A. 律师   B. 资产评估师

     C. 注册会计师   D. 主承销商

39. （　　　）是指由主承销商的销售人员和分析员去拜访一些特定的投资者，通常为大型的专业机构投资者，对他们进行广泛的市场调查，听取投资者对于发行价格的意见及看法，了解市场的整体需求，并据此确定一个价格区间的过程。

     A. 预路演   B. 路演

     C. 网上竞价   D. 簿记定价

40. 内地企业在香港创业板发行，新申请人预期上市时的市值须至少为：如新申请人具备 12 个月活跃业务记录，则不得少于（　　　）亿港元。

     A. 2   B. 3

     C. 5   D. 6

41. 内地企业在香港创业板发行与上市，如发行人具备 24 个月活跃业务记录，至少有（　　　）名股东。

     A. 50   B. 100

     C. 200   D. 300

42. 内地企业在香港创业板发行与上市，若新申请人上市时市值不超过 40 亿港元，则无论在任何时候公众人士持有的股份须占发行人已发行股本总额至少（　　　）（但最低限度要达 3000 万港元）。

     A. 15%   B. 25%

     C. 35%   D. 50%

43. 若新申请人上市时市值超过 40 亿港元，则公众持股量必须为下述两个百分比中的较高者：由公众持有的证券达到市值 10 亿港元（在上市时决定）所需的百分比或发行人已发行股本的（　　）。

A. 15%   B. 20%

C. 30%   D. 50%

44. （　　）是在主承销商的安排和协助下，主要由发行人面对投资者公开进行的、旨在让投资者通过与发行人面对面的接触更好地了解发行人，进而决定是否进行认购的过程。

A. 预路演   B. 路演

C. 网上竞价   D. 簿记定价

45. （　　）主要是统计投资者在不同价格区间的订单需求量，以把握投资者需求对价格的敏感性，从而为主承销商的市场研究人员对定价区间、承销结果、上市后的基本表现等进行研究和分析提供依据。

A. 预路演   B. 路演

C. 网上竞价   D. 簿记定价

46. 内地企业在香港创业板发行与上市，如发行人具备 12 个月活跃业务记录，至少有（　　）名股东。

A. 50   B. 100

C. 200   D. 300

二、多项选择题

1. 境内上市公司所属企业到境外上市，其董事会应当就以下事项作出决议并提请股东大会批准：（　　）。

A. 上市公司资产评估

B. 境外上市是否符合中国证监会的规定

C. 境外上市方案

D. 上市公司维持独立上市地位承诺及持续盈利能力的说明与前景

2. 为了实现境外募股与上市目标，企业股份制改组方案一般应当遵循以下基本原则：（　　）。

A. 突出主营业务；避免同业竞争，减少关联交易

B. 保持较高的利润总额与资产利润率

C. 避免出现可能影响境外募股与上市的法律障碍

D. 明确股份有限公司与各关联企业的经济关系

3. 境内上市外资股的审计机构包括（　　）。

A. 中国境内具有证券相关业务资格的会计师事务所

B. 国际会计师事务所

C. 境内的律师事务所

D. 境内的资产评估机构

4. 尽职调查的主要内容有（　　）。

A. 有关拟募股企业的发展历史与背景；公司发展战略；拟募股企业与关联企业的关

系和结构

    B. 产品类别及市场占有率分析；产品的技术特点及发展方向；同业竞争与关联交易；生产程序、企业管理与质量控制；原材料的购进渠道、采购政策、订货程序

    C. 与供应商的合作情况；国家补贴情况；技术产品的开发、销售、市场推广及售后服务

    D. 财务资料及业绩；董事、管理阶层及员工；外汇风险；中国加入世界贸易组织对企业的影响；企业知识产权、物业和各类财产权利的详细情况；企业未来的发展和募集资金的用途，等等

5. 境内上市外资股的投资主体限于以下几类：（　　）。

    A. 外国的自然人、法人和其他组织

    B. 中国香港、中国澳门、中国台湾的自然人、法人和其他组织

    C. 定居在国外的中国公民

    D. 拥有外汇的境内居民

6. 根据《关于股份有限公司境内上市外资股的规定》第八条的规定，以募集方式设立公司，申请发行境内上市外资股的，应当符合以下条件：（　　）。

    A. 所筹资金用途符合国家产业政策；符合国家有关固定资产投资立项的规定；符合国家有关利用外资的规定

    B. 发起人认购的股本总额不少于公司拟发行股本总额的 35%；发起人的出资总额不少于 3 亿元人民币

    C. 拟向社会发行的股份达公司股份总数的 25% 以上；拟发行的股本总额超过 4 亿元人民币的，其拟向社会发行股份的比例达 20% 以上

    D. 改组设立公司的原有企业或者作为公司主要发起人的国有企业，在最近 3 年内没有重大违法行为；改组设立公司的原有企业或者作为公司主要发起人的国有企业，在最近 3 年内连续盈利

7. 主承销商和国际协调人共同负责向外资股拟上市的证券交易所（　　）等。

    A. 推荐、提供咨询、协调联络   B. 制作文件

    C. 向投资者推介   D. 承销股票以及上市后持续服务

8. 境内上市外资股一般发行新股至少需聘请的法律顾问有：（　　）。

    A. 中国境内的企业的法律顾问   B. 中国境外的企业的法律顾问

    C. 中国境内的承销商的法律顾问   D. 中国境外的承销商的法律顾问

9. 根据《关于股份有限公司境内上市外资股的规定》第九条的规定，已设立的股份有限公司增加资本，申请发行境内上市外资股时，除应具备募集设立公司申请发行境内上市外资股前三项条件外，还应当符合下列条件：（　　）。

    A. 公司前一次发行的股份已经募足，所得资金的用途与募股时确定的用途相符，并且资金使用效益良好

    B. 公司净资产总值不低于 2 亿元人民币

    C. 公司从前一次发行股票到本次申请期间没有重大违法行为

    D. 公司在最近 3 年内连续盈利；原有企业改组或者国有企业作为主要发起人设立的

公司，可以连续计算

10. 尽职调查的主要作用在于：（　　）。

  A. 使中介机构增强对企业的了解，以便发现问题。中介机构可以在重组工作中更好地开展工作，提出好的意见和建议

  B. 中介机构可以在日后的发行和上市工作中更好地向投资者推介企业

  C. 使中介机构掌握有关企业的第一手资料，真实地写出招股说明书和其他相关材料

  D. 尽职调查要求中介机构必须真正尽到自己的责任，充分核实企业提供的材料，减少工作中的失误，同时免除因调查不充分而可能导致的责任追究

11. 法律顾问的主要职责是：（　　）。

  A. 向公司提供有关企业重组、外资股发行等方面的法律咨询

  B. 协助企业完成股份制改组、起草与发行有关的重大合同

  C. 向投资者推介、承销股票

  D. 调查、收集企业的各方面资料

12. 关于内地在中国香港发行股票并上市的股份有限公司的治理要求，下列说法错误的是：（　　）。

  A. 公司上市后须至少有一名执行董事常驻香港

  B. 需指定至少两名独立非执行董事，其中1名独立非执行董事必须具备适当的专业资格，或具备适当的会计或相关财务管理专长

  C. 发行人董事会下须设有审核委员会、薪酬委员会和提名委员会

  D. 审核委员会成员须有至少3名成员，并必须全部是非执行董事，其中至少1名是独立非执行董事且具有适当的专业资格，或具备适当的会计或相关财务管理专长；审核委员会的成员必须以独立非执行董事占大多数，出任主席者也必须是独立非执行董事

13. 下列关于资产评估的说法正确的是：（　　）。

  A. 资产评估的目的在于提供企业真实的资产价值，向境外投资者反映企业的实际资产价值，同时也是为了防止国有资产的流失

  B. 根据要求，在设立股份有限公司时，境内评估机构应当对投入股份有限公司的全部资产进行资产评估

  C. 评估的方法主要有重置成本法、现行市价法和收益现值法

  D. 对股份有限公司占用的土地进行评估时，要向国家土地管理部门申请办理土地评估立项与确认

14. 香港联交所最新修订的《上市规则》对盈利和市值要求作出了较大修订，股份有限公司满足以下条件之一即可：（　　）。

  A. 公司必须在相同的管理层人员的管理下有连续3年的营业记录，以往3年盈利合计5000万港元（最近1年的利润不低于2000万港元，再之前两年的利润之和不少于3000万港元），并且市值（包括该公司所有上市和非上市证券）不低于2亿港元

B. 公司有连续 3 年的营业记录，于上市时市值不低于 20 亿港元，最近 1 个经审计财政年度收入至少 5 亿港元，并且前 3 个财政年度来自营运业务的现金流入合计至少 1 亿港元

C. 公司于上市时市值不低于 40 亿港元，且最近 1 个经审计财政年度收入至少 5 亿港元

D. 在该项条件下，如果新申请人能证明公司管理层至少有 3 年所属业务和行业的经验，并且管理层及拥有权最近 1 年持续不变，则可以豁免连续 3 年营业记录的规定

15. 外资股招股说明书中应分别介绍公司的( )情况，包括姓名、年龄、学历、简历、职务、住址、兼职情况等。
    A. 监事
    B. 董事
    C. 保荐人
    D. 高级管理人员

16. 外资股招股说明书中应当披露发行人章程中的重要条款，其中至少包括：( )。
    A. 公司设立及据以经营业务的法律依据
    B. 发行人的回购能力
    C. 派息规定、股东会议规则、保障小股东的利益
    D. 可导致公司清盘的情况

17. 香港联交所发布的《创业板上市规则》第十一章对在香港创业板上市的条件作出了规定。下列属于适用于所有发行人的一般条件的是：( )。
    A. 发行人必须依据中国内地及香港地区、百慕大或开曼群岛的法律正式注册成立，并须遵守该类地区的法律（包括有关配发及发行证券的法律）及其公司组织章程大纲及细则或同等文件的规定
    B. 发行人及其业务必须属于香港联交所认可的适合上市公司
    C. 发行人须委任有关人士担任董事、公司秘书、资格会计师、监察主任和授权代表等职责。发行人必须确保这些人士于被聘任前符合《创业板上市规则》的有关规定条件。发行人须有经核准的股票过户登记处，或须聘有经核准的股票过户登记处，以便在中国香港特区设置其股东名册
    D. 新申请人在任何上市申请之前，须根据合约在一段固定期间内委聘保荐人。该期间至少涵盖上市财政年度的余下时间及其以后两个财政年度。此后，上市发行人须按照《创业板上市规则》的有关规定委聘保荐人。新申请人及上市发行人不必拥有按《创业板上市规则》所编制的会计师报告

18. 如果发行人计划招募的股份数额较大，既在中国香港和美国进行公开发售，同时又在其他国家和地区进行全球配售，则在发行准备阶段需要准备的招股书有：( )。
    A. 中国香港配售信息备忘录
    B. 中国香港的招股章程
    C. 美国的招股章程
    D. 国际配售信息备忘录

19. 根据《创业板上市规则》第 11、20 条的规定，只有满足以下条件，新申请人的附属公司通常才能获准更改其财政年度期间：( )。

A. 该项更改旨在使附属公司的财政年度与新申请人的财政年度相配合

B. 业绩已作适当调整，而有关调整必须在向交易所提供的报表中作出详细解释

C. 在上市文件及会计师报告中作出充分披露，说明更改的理由

D. 在上市文件及会计师报告中说明有关更改对新申请人的集团业绩及盈利预测的影响

20. B股发行申请材料主要包括下列哪些文件：（　　）。

A. 省级人民政府或国务院有关部门出具的推荐文件；批准设立股份有限公司的文件；发行授权文件

B. 公司章程；招股说明书

C. 资金运用的可行性分析；发行方案；公司改制方案及原企业的有关财务资料

D. 定向募集公司申请发行B股还须提交的文件；发行申请材料的附件

21. 内地企业在香港发行，若新申请人符合下列条件之一，具备至少24个月的活跃业务记录的规定可减至12个月：（　　）。

A. 会计师报告显示过去12个月营业额不少于3亿港元

B. 上一个财政年度会计师报告内的资产负债表显示上一个财政期间的资产总值不少于5亿港元

C. 上一个财政年度会计师报告内的资产负债表显示上一个财政期间的资产总值不少于10亿港元

D. 上市时预计市值不少于5亿港元

22. 内地企业在香港创业板发行，对公众持股市值与持股量要求下列说法错误的是：（　　）。

A. 新申请人预期证券上市时由公众人士持有的股份的市值须至少为：如新申请人具备24个月活跃业务记录，则不得少于4600万港元

B. 新申请人预期证券上市时由公众人士持有的股份的市值须至少为：如新申请人具备12个月活跃业务记录，则不得少于5亿港元

C. 若新申请人上市时市值不超过40亿港元，则无论在任何时候公众人士持有的股份须占发行人已发行股本总额至少25%（但最低限度要达3000万港元）

D. 若新申请人上市时市值超过40亿港元，则公众持股量必须为下述两个百分比中的较高者：由公众持有的证券达到市值10亿港元（在上市时决定）所需的百分比或发行人已发行股本的20%

23. 境内上市公司所属企业到境外上市，其股东大会应当逐项进行表决的事项有：（　　）。

A. 董事会提案中有关所属企业境外上市方案

B. 境外上市是否符合中国证监会的规定

C. 董事会提案中上市公司维持独立上市地位

D. 董事会提案中上市公司持续盈利能力的说明与前景

24. 财务顾问应当在上市公司所属企业到境外上市当年剩余时间及其后1个完整会计年度，持续督导上市公司维持独立上市地位，并承担下列工作：（　　）。

A. 持续关注上市公司核心资产与业务的独立经营状况、持续经营能力等情况

B. 督导上市公司依法披露所属企业发生的对上市公司权益有重要影响的资产、财务状况变化，以及其他影响上市公司股票价格的重要信息

C. 在每季度末对上市公司进行资产评估

D. 财务顾问应当自持续督导工作结束后 10 个工作日内向中国证监会、证券交易所报送"持续上市总结报告书"

25. 外资股招股说明书的编制一般需要经过以下几个过程：（   ）。

    A. 资料准备   B. 招股说明书草案的起草

    C. 验证指引或验证备忘录的编制   D. "责任声明书"的签署

26. 上市公司所属企业申请境外上市，应当符合以下条件：（   ）。

    A. 上市公司在最近 3 年连续盈利

    B. 上市公司最近 3 个会计年度内发行股份及募集资金投向的业务和资产不得作为对所属企业的出资申请境外上市

    C. 上市公司最近 1 个会计年度合并报表中按权益享有的所属企业的净利润不得超过上市公司合并报表净利润的 30%

    D. 上市公司最近 1 个会计年度合并报表中按权益享有的所属企业净资产不得超过上市公司合并报表净资产的 20%

27. 外资股国际推介和询价包括下列哪几个环节：（   ）。

    A. 预路演   B. 路演推介

    C. 网上竞价   D. 簿记定价

28. 所属企业到境外上市，上市公司应当在下列哪些事件发生后次日履行信息披露义务：（   ）。

    A. 所属企业高级管理人员变动

    B. 所属企业到境外上市的董事会、股东大会决议

    C. 所属企业向中国证监会提交的境外上市申请获得受理

    D. 所属企业获准境外发行上市

29. 外资股的招股说明书应当根据不同国家和地区有关信息披露规则和具体发行形式的要求编写，其主旨在于向投资者披露公司的：（   ）。

    A. 经营状况、财务状况   B. 盈利能力

    C. 风险情况   D. 其他一切可能影响投资者购股的信息

30. 下列关于财务顾问的尽职调查说法正确的是：（   ）。

    A. 财务顾问应当按照中国证监会的规定，对上市公司所属企业到境外上市申请文件进行尽职调查、审慎核查，出具财务顾问报告

    B. 承诺有充分理由确信上市公司申请文件不存在虚假记载、误导性陈述或者重大遗漏

    C. 确信上市公司在所属企业到境外上市后仍然具备独立的持续上市地位

    D. 保留的核心资产与业务具有持续经营能力

31. 外资股招股章程的封面应当标明下列哪几项：（   ）。

    A. 标明拟招股的公司名称与招股性质   B. 列明发行股份、每股发行价

C. 列名保荐人及主承销商的名称　　　D. 还应注明发行股份的数量

32. 外资股在招股章程的开头，通常有一段以大纲形式列出的关于招股章程详细资料的概要，其内容应当如实列出本次招股最重要的特点，包括下列哪几项：（　　）。
    A. 公司主要业务　　　　　　　　B. 公司重组情况
    C. 营业记录　　　　　　　　　　D. 盈利预测

33. 外资股招股说明书中绪言应列明下列哪几项：（　　）。
    A. 说明编制招股章程所依据的法规与规则
    B. 介绍发行人所属行业及其在行业内的地位
    C. 发行人董事须声明其对招股章程内容的准确性与完整性所负的责任
    D. 发行人董事须承诺并保证招股章程的内容中不存在虚假记载、误导性陈述和重大遗漏

34. 国际推介的主要目的是：（　　）。
    A. 查明长期投资者的需求情况，保证重点销售
    B. 使投资者了解发行人的情况，作出价格判断
    C. 利用销售计划，形成投资者之间的竞争，最大限度地提高价格评估
    D. 为发行人与投资者保持关系打下基础

35. 国际推介的内容大致包括（　　）。
    A. 散发或送达配售信息备忘录和招股文件
    B. 发行人及相关专业机构的宣讲推介；传播有关的声像及文字资料
    C. 向机构投资者发送预订邀请文件，并询查定价区间
    D. 发布法律允许的其他信息等

36. 国际推介活动中应当注意（　　）。
    A. 防止推销违例
    B. 宣传的内容一定要真实
    C. 推销时间应尽量缩短和集中、把握推销发行的时机
    D. 把握推销发行的价格

37. 如果是已经发行了境内上市外资股的公司申请再次募集境内上市外资股的（公司向现有股东配股除外），也应当按照《境内上市外资股（B股）公司增资发行 B 股申报材料的标准格式》，将有关文件报中国证监会审核。主要有：（　　）。
    A. 地方政府或中央企业主管部门关于公司增资发行 B 股申请出具的文件；本次增资发行 B 股的授权文件及附件，如股东大会决议等
    B. 关于前一次股票发行（包括配股或增资）的有关情况及其他材料
    C. 资金运用的可行性说明材料；简要招股说明材料
    D. 其他附件，如国有股权持有单位关于本次增资发行 B 股出具的意见（如有）、公司章程、承销协议等

38. 1999 年 7 月 14 日，中国证监会发布《关于企业申请境外上市有关问题的通知》，明确提出国有企业、集体企业及其他所有制形式的企业经重组改制为股份有限公司后，凡符合境外上市条件的，均可向中国证监会提出境外上市申请。具体申请条件

包括：（　　）。

A. 符合我国有关境外上市的法律法规和规则；筹资用途符合国家产业政策、利用外资政策及国家有关固定资产投资立项的规定

B. 净资产不少于 5 亿元人民币，过去 1 年税后利润不少于 6000 万元人民币，并有增长潜力，按合理预期市盈率计算，筹资额不少于 5000 万美元

C. 具有规范的法人治理结构及较完善的内部管理制度，有较稳定的高级管理层及较高的管理水平

D. 上市后分红派息有可靠的外汇来源，符合国家外汇管理的有关规定

三、判断题

1. 上市公司所属企业申请到境外上市，应当按照国务院的要求编制并报送申请文件及相关材料。（　　）

   A. 正确　　　　　　　　　　B. 错误

2. 外资股发行的招股说明书可以采取严格的招股章程形式，也可以采取信息备忘录的形式。（　　）

   A. 正确　　　　　　　　　　B. 错误

3. 招股章程形式和信息备忘录的形式均是发行人向发出的证券公司募股要约邀请。（　　）

   A. 正确　　　　　　　　　　B. 错误

4. 以募集方式设立公司，申请发行境内上市外资股的，改组设立公司的原有企业或者作为公司主要发起人的国有企业，在最近两年内连续盈利。（　　）

   A. 正确　　　　　　　　　　B. 错误

5. 以发起方式设立的股份有限公司首次增加资本，申请发行境内上市外资股时，还必须符合募集设立公司申请发行 B 股时关于向社会公开发行股份比例的要求。（　　）

   A. 正确　　　　　　　　　　B. 错误

6. 企业聘请的中介机构按照《关于股份有限公司境内上市外资股的规定》等国家有关法规、政策制作发行申报材料后，提交财政部。（　　）

   A. 正确　　　　　　　　　　B. 错误

7. 初次发行 H 股时须进行国际路演，这对于新股认购和 H 股上市后在二级市场的表现都有积极的意义。（　　）

   A. 正确　　　　　　　　　　B. 错误

8. 按照国际金融市场的通常做法，采取配售方式，承销商可以将所承销的股份以议购方式向特定的投资者配售。（　　）

   A. 正确　　　　　　　　　　B. 错误

9. 外资股招股说明书中应当说明综合售股的具体情况，包括发行地区、比例分配、发行价格、认购方式等。（　　）

   A. 正确　　　　　　　　　　B. 错误

10. 按照《国务院关于股份有限公司境内上市外资股的规定》，公司发行境内上市外资股，应当委托经证券业协会认可的境内证券经营机构作为主承销商或者主承销商之

一。（　　　）
　　A. 正确　　　　　　　　　　B. 错误

11. 境内的资产评估机构应当是具有从事银行相关业务资格的机构。（　　　）
　　A. 正确　　　　　　　　　　B. 错误

12. 聘请的国际估值人员通常是在外资股上市地具有一定声誉，特别是具有国际资产估
　　值标准委员会（TIAVSC）会籍资格或者英国皇家特许测量师学会（ARICS）会籍
　　资格的估值机构的人员。（　　　）
　　A. 正确　　　　　　　　　　B. 错误

13. 1995 年 12 月 25 日国务院发布的《关于股份有限公司境内上市外资股的规定》和
　　1996 年 5 月国务院证券委发布的《股份有限公司境内上市外资股规定的实施细
　　则》，专门就境内上市外资股的有关问题作了规范。（　　　）
　　A. 正确　　　　　　　　　　B. 错误

14. 以募集方式设立公司，申请发行境内上市外资股的，改组设立公司的原有企业或者
　　作为公司主要发起人的国有企业，在最近 5 年内没有重大违法行为。（　　　）
　　A. 正确　　　　　　　　　　B. 错误

15. 主承销商的法律顾问须协助其编制招股说明书（或信息备忘录），并准备有关的附
　　录文件。（　　　）
　　A. 正确　　　　　　　　　　B. 错误

16. 会计师事务所的任务主要有两项：一是对公司的财务状况进行审计，并出具会计师
　　报告（审计报告）；二是对公司的盈利预测进行审核。（　　　）
　　A. 正确　　　　　　　　　　B. 错误

17. 正在申请上市的证券类别占发行人已发行股本总额的百分比不得少于 25％，上市时
　　的预期市值也不得少于 5000 万港元。（　　　）
　　A. 正确　　　　　　　　　　B. 错误

18. 根据香港联交所的有关规定，内地在中国香港发行股票并上市的股份有限公司，控
　　股股东必须承诺上市后 6 个月内不得出售公司的股份，并且在随后的 6 个月内控股
　　股东可以减持，但必须维持控股股东地位，即 20％的持股比例。（　　　）
　　A. 正确　　　　　　　　　　B. 错误

19. 在发行准备工作已经基本完成，并且发行审查通过之前，主承销商（或全球协调
　　人）将安排承销前的国际推介与询价。（　　　）
　　A. 正确　　　　　　　　　　B. 错误

20. 国际推介的对象主要是机构投资者。（　　　）
　　A. 正确　　　　　　　　　　B. 错误

21. 内地在中国香港发行股票并上市的股份有限公司，公司上市后须至少有两名执行董
　　事常驻香港。（　　　）
　　A. 正确　　　　　　　　　　B. 错误

22. 除《创业板上市规则》第 11、21 条另有规定外，新申请人在任何盈利预测期间或
　　在现有财政年度（以较长期间为准）可以更改其财政年度期间。（　　　）

A. 正确 　　　　　　　　　　　B. 错误

23. 在香港联交所接纳的任何条件的规定下，上市文件所述发售期间及公开接受认购期间的截止日期不可更改或延长，而发行人、包销商或任何其他人士均不可单方面更改或延长该日期或期间。（　　）

    A. 正确 　　　　　　　　　　　B. 错误

24. 香港联交所就任何拟采用的包销商（如有）在财政上是否适合做咨询发行人保留权利，如果交易所不信任包销商有所承诺的包销能力，则可以拒绝其上市申请。（　　）

    A. 正确 　　　　　　　　　　　B. 错误

25. 除《创业板上市规则》第 11、21 条另有规定外，新申请人不得出现在紧接上市文件刊发前最后一个完整的财政年度期内更改其财政年度期间的情况。（　　）

    A. 正确 　　　　　　　　　　　B. 错误

26. 新申请人预期上市时的市值须至少为：如新申请人具备 24 个月活跃业务记录，则实际上不得少于 5000 万港元；如新申请人具备 12 个月活跃业务记录，则不得少于 5 亿港元。（　　）

    A. 正确 　　　　　　　　　　　B. 错误

27. 公司不得聘请国外证券公司担任国际协调人。（　　）

    A. 正确 　　　　　　　　　　　B. 错误

28. 境内上市外资股的评估机构主要由境内的评估机构担任。（　　）

    A. 正确 　　　　　　　　　　　B. 错误

29. 内地企业在香港创业板发行与上市，如发行人具备 12 个月活跃业务记录，至少有 300 名股东，其中持股量最高的 5 名及 25 名股东合计的持股量分别不得超过公众持有的股本证券的 15％及 50％。（　　）

    A. 正确 　　　　　　　　　　　B. 错误

30. 境内上市外资股一般发行新股至少需聘请两类法律顾问：一类是企业的法律顾问；另一类是承销商的法律顾问。（　　）

    A. 正确 　　　　　　　　　　　B. 错误

31. 境内上市公司所属企业到境外上市，是指境内上市公司有控制权的所属企业到境外证券市场公开发行股票并上市的行为。（　　）

    A. 正确 　　　　　　　　　　　B. 错误

32. 外资股在招股说明书中应当说明发行人的法定股本、已发行的股份、本次招股后的股本，市值表的注释中应说明股份面值、股份种类与权益、职工认股计划等。（　　）

    A. 正确 　　　　　　　　　　　B. 错误

33. 上市公司所属企业申请境外上市，应当符合上市公司与所属企业不存在同业竞争，且资产、财务独立，经理人员不存在交叉任职。（　　）

    A. 正确 　　　　　　　　　　　B. 错误

34. 在外资招股说明书草案初步确定的基础上，参与发行准备工作的资产评估师应当开

始验证工作，包括核查与验证招股说明书的各项资料依据。（　　）

A. 正确 B. 错误

35. 在通常情况下，国际推介基本完成后，主承销商可初步了解投资者对拟发行股票的态度，通过已反馈的投资者的预订股份订单进行统计，就可以大体确定承销的结果和基本的超额认购率。（　　）

A. 正确 B. 错误

36. 所属企业申请到境外上市，上市公司应当聘请经中国证监会注册登记并列入保荐人名单的证券经营机构担任其维持持续上市地位的财务顾问。（　　）

A. 正确 B. 错误

37. 财务顾问应当参照《证券发行上市保荐制度暂行办法》的规定，遵守法律、行政法规、中国证券业协会的规定和行业规范，诚实守信，勤勉尽责，尽职出具相关财务顾问报告，持续督导上市公司维持独立上市地位。（　　）

A. 正确 B. 错误

38. 美国的招股说明书必须符合美国证券交易委员会（SEC）F1 表格中规定的必要内容和信息披露规则的要求。（　　）

A. 正确 B. 错误

39. 中国香港的招股章程必须符合中国公司条例、联交所上市规则及公司登记规则的要求。（　　）

A. 正确 B. 错误

40. 在发行境内上市外资股时，信息备忘录的编写还应当考虑符合我国关于 H 股发行招股说明书内容和信息披露规则的要求。（　　）

A. 正确 B. 错误

41. 如果发行人拟在公开发行股票的同时还准备向一定的机构投资者或专业投资者进行配售，则应当准备符合外资股上市地要求的招股章程，同时准备适合配售或私募的信息备忘录。（　　）

A. 正确 B. 错误

42. 如果发行人计划招募的股份数额较大，既在中国香港和美国进行公开发售，同时又在其他国家和地区进行全球配售，则在发行准备阶段需要准备三种招股书，即中国香港的招股章程、美国的招股章程和国际配售信息备忘录。（　　）

A. 正确 B. 错误

43. 根据外资股发行对象的不同，发行人和承销商往往需要准备不同的招股说明书。（　　）

A. 正确 B. 错误

44. 采用公募方式发行外资股的发行人，需要准备信息备忘录。它是发行人向特定的投资者发售股份的募股要约文件，仅供要约人认股之用，在法律上不视为招股章程，亦无须履行招股书注册手续。（　　）

A. 正确 B. 错误

45. 公司发行 B 股或者同时发行内资股和外资股时，除募集地法律另有规定外，应按照

国外有关法律法规要求的内容制作和提供。（　　）

　　A. 正确　　　　　　　　　　　B. 错误

46. 外资股招股说明书的封面应当标明拟招股的公司主要业务、公司重组情况、营业记录、盈利预测等。（　　）

　　A. 正确　　　　　　　　　　　B. 错误

47. 外资股在招股说明书中会计师报告应披露公司过去3年（甚至5年）经审计的财务记录，并应披露公司的主要会计方针与有关附注。（　　）

　　A. 正确　　　　　　　　　　　B. 错误

48. 外资股招股说明书中不必对中国的地区及人口情况、政治制度、经济制度、经济发展情况、外国投资政策等进行介绍。（　　）

　　A. 正确　　　　　　　　　　　B. 错误

49. 主承销商和全球协调人在拟订发行与上市方案时，通常应明确拟采取的发行方式、上市地的选择、国际配售与公开募股的比例、拟进行国际分销与配售的地区、不同地区国际分销或配售的基本份额相同等内容。（　　）

　　A. 正确　　　　　　　　　　　B. 错误

50. 外资股通常倾向于选择与发行人和股票上市地有密切投资关系、经贸关系和信息交换关系的地区为国际配售地。（　　）

　　A. 正确　　　　　　　　　　　B. 错误

参考答案

一、单项选择题

1. A	2. C	3. D	4. C	5. D
6. B	7. B	8. A	9. D	10. B
11. C	12. C	13. A	14. C	15. C
16. A	17. D	18. B	19. B	20. D
21. C	22. C	23. D	24. D	25. D
26. A	27. C	28. C	29. A	30. B
31. B	32. B	33. D	34. B	35. D
36. C	37. C	38. A	39. A	40. C
41. B	42. B	43. B	44. B	45. D
46. D				

二、多项选择题

1. BCD	2. ABCD	3. AB	4. ABCD	5. ABCD
6. AD	7. ABCD	8. ABCD	9. ACD	10. ABCD
11. ABD	12. AB	13. ABCD	14. ABCD	15. ABD
16. ABCD	17. ABC	18. BCD	19. ABCD	20. ABCD
21. BD	22. AB	23. ACD	24. ABD	25. ABCD

26. AB　　27. ABD　　28. BCD　　29. ABCD　　30. ABCD
31. ABC　　32. ABCD　　33. ACD　　34. ABCD　　35. ABCD
36. ABC　　37. ABCD　　38. ACD

三、判断题

1. B　　2. A　　3. B　　4. B　　5. A
6. B　　7. A　　8. A　　9. A　　10. B
11. B　　12. A　　13. A　　14. B　　15. A
16. A　　17. B　　18. B　　19. B　　20. A
21. A　　22. B　　23. A　　24. A　　25. A
26. B　　27. B　　28. A　　29. B　　30. A
31. A　　32. A　　33. A　　34. B　　35. A
36. A　　37. B　　38. A　　39. B　　40. B
41. A　　42. A　　43. A　　44. B　　45. B
46. B　　47. A　　48. B　　49. B　　50. A

第十一章　公司收购

一、本章考纲

熟悉公司收购的形式、业务流程、反收购策略。

掌握上市公司收购的有关概念。熟悉上市公司收购的权益披露。熟悉要约收购规则、协议收购规则以及间接收购规则。了解收购人及相关当事人可申请豁免要约收购的情形和申请豁免的事项。熟悉上市公司并购中财务顾问的有关规定。熟悉上市公司收购的监管。熟悉上市公司收购共性问题审核意见关注要点。

熟悉外国投资者并购境内企业规定的基本制度、适用范围、并购方式、要求及涉及的政府职能部门。了解外国投资者并购境内企业的审批与登记。掌握外国投资者以股权作为支付手段并购境内公司的有关规定。熟悉外国投资者并购境内企业的反垄断审查。熟悉外国投资者并购境内企业安全审查制度。了解外国投资者并购境内企业的其他有关规定。

了解外国投资者对上市公司进行战略投资应遵循的原则。熟悉外国投资者对上市公司进行战略投资的要求。熟悉对上市公司进行战略投资的外国投资者的资格要求。熟悉外国投资者进行战略投资的程序。熟悉投资者进行战略投资后的变更及处置。

二、本章知识体系

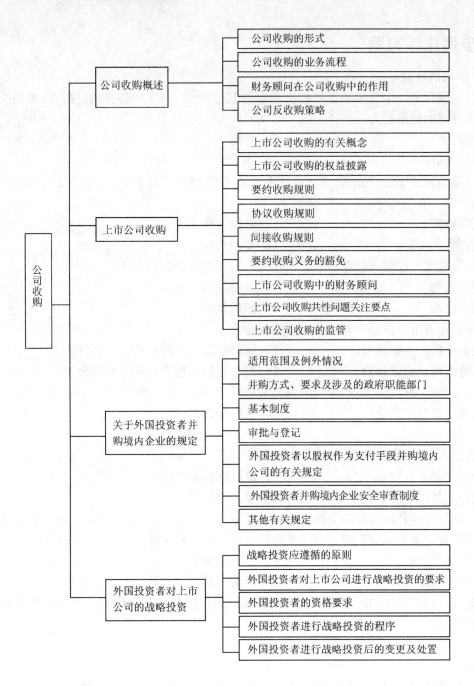

三、同步强化练习题及参考答案

同步强化练习题

一、单项选择题

1. ( )一般是指一个公司通过产权交易取得其他公司一定程度的控制权,以实现一定经济目标的经济行为。
   A. 收购   B. 并购
   C. 资产重组   D. 兼并

2. ( )是指同属于一个产业或行业,生产或销售同类产品的企业之间发生的收购行为。
   A. 横向收购   B. 纵向收购
   C. 混合收购   D. 要约收购

3. ( )是指生产过程或经营环节紧密相关的公司之间的收购行为。
   A. 横向收购   B. 纵向收购
   C. 混合收购   D. 要约收购

4. 按目标公司董事会是否抵制,公司收购划分为:( )。
   A. 敌意收购、善意收购   B. 横向收购、纵向收购、混合收购
   C. 要约收购、协议收购   D. 现金收购、股票收购、资产收购

5. ( )是公司最稳妥、最有保障的资金来源。
   A. 公司内部自有资金   B. 银行贷款
   C. 发行债券   D. 向其他公司借款筹资

6. 为收购公司进行融资时,一般应首先选用( )。
   A. 公司内部自有资金   B. 银行贷款筹资股票
   C. 债券与其他有价证券筹资   D. 发行普通股

7. ( )是指目标公司的董事会提前作出如下决议:"一旦目标公司被收购,而且董事、高层管理者都被解职时,这些被解职者可领到巨额退休金,以提高收购成本。"
   A. 事先预防策略   B. 金降落伞策略
   C. 银降落伞策略   D. 积极向其股东宣传反收购的思想

8. 如果更改公司章程中的反收购条款时,须经过超级多数股东的同意。超级多数一般应达到股东的( )以上。
   A. 60%   B. 70%
   C. 80%   D. 90%

9. ( )是指目标公司在收购威胁下大量增加自身负债,降低企业被收购的吸引力。
   A. 负债毒丸计划   B. 人员毒丸计划
   C. 白衣骑士策略   D. 保持公司控制权策略

10. ( )指目标公司管理层利用杠杆收购这一金融工具,通过负债融资,以少量资金

投入收购自己经营的公司。

    A. 管理层防卫策略   B. 保持公司控制权策略

    C. 股票回购   D. 管理层收购

11. 通过证券交易所的证券交易，投资者及其一致行动人拥有权益的股份达到一个上市公司已发行股份的5％时，应当在该事实发生之日起（　　）日内编制权益变动报告书，向中国证监会、证券交易所提交书面报告。

    A. 1   B. 1

    C. 3   D. 4

12. 关于信息披露义务人涉及计算其持股比例，下列说法正确的是：（　　）。

    A. 将其所持有的上市公司已发行的可转换为公司股票的证券中有权转换部分与其所持有的同一上市公司的股份合并计算，并将其持股比例与合并计算非股权类证券转为股份后的比例相比，以二者中的较高者为准

    B. 将其所持有的上市公司已发行的可转换为公司股票的证券中有权转换部分与其所持有的同一上市公司的股份合并计算，并将其持股比例与合并计算非股权类证券转为股份后的比例相比，以二者中的较低者为准

    C. 行权期限届满未行权的，或者行权条件不再具备的，仍合并计算

    D. 按投资者持有的股份数量/上市公司已发行股份总数计算

13. 投资者及其一致行动人不是上市公司的第一大股东或者实际控制人，其拥有权益的股份达到或者超过该公司已发行股份的5％但未达到（　　）的，应当编制简式权益变动报告书。

    A. 10％   B. 15％

    C. 20％   D. 25％

14. 收购人通过证券交易所的证券交易，持有一个上市公司的股份达到该公司已发行股份的（　　）时，继续增持股份的，应当采取要约方式进行，发出全面要约或者部分要约。

    A. 10％   B. 15％

    C. 20％   D. 30％

15. 要约收购报告书所披露的基本事实发生重大变化的，收购人应当在该重大变化发生之日起（　　）个工作日内向中国证监会作出书面报告，同时抄报派出机构，抄送证券交易所，通知被收购公司，并予公告。

    A. 1   B. 2

    C. 5   D. 10

16. 以现金支付收购价款的，应当在作出要约收购提示性公告的同时，将不少于收购价款总额的（　　）作为履约保证金，存入证券登记结算机构指定的银行。

    A. 20％   B. 15％

    C. 30％   D. 25％

17. 关于收购要约有效期的规定，下列错误的是：（　　）。

    A. 收购要约约定的收购期限不得少于30日，并不得超过60日；但是出现竞争要

约的除外

  B. 在收购要约约定的收购期限内，收购人不得撤销其收购要约

  C. 采取要约收购方式的，收购人发出公告后至收购要约期届满前，不得卖出被收购公司的股票，也不得采取要约规定以外的形式和超出要约的条件买入被收购公司的股票

  D. 收购要约期届满前 10 日内，收购人不得更改收购要约条件；但是出现竞争要约的除外

18. ( )是指以协议方式进行上市公司收购，自签订收购协议起至相关股份完成过户的期间。

  A. 上市公司收购准备期   B. 上市公司收购计划期

  C. 上市公司收购过渡期   D. 上市公司收购实施期

19. 收购人在收购报告书公告后( )日内仍未完成相关股份过户手续的，应当立即作出公告，说明理由；在未完成相关股份过户期间，应当每隔( )日公告相关股份过户办理进展情况。

  A. 30 15   B. 30 30

  C. 15 15   D. 15 30

20. 上市公司收购的监管主体与服务机构不包括：( )。

  A. 中国证监会   B. 中国银监会

  C. 证券交易所   D. 证券登记结算机构及财务顾问

21. 在上市公司收购行为完成后( )个月内，收购人聘请的财务顾问应当在每季度前 3 日内就上一季度对上市公司影响较大的投资、购买或者出售资产、关联交易、主营业务调整以及董事、监事、高级管理人员的更换、职工安置、收购人履行承诺等情况向派出机构报告。

  A. 6   B. 12

  C. 24   D. 36

22. 在上市公司收购中，收购人持有的被收购公司的股份，在收购完成后( )个月内不得转让。

  A. 6   B. 12

  C. 24   D. 36

23. 投资者未能在规定时间内按战略投资方案完成战略投资的，审批机关的原则批复自动失效。投资者应在原则批复失效之日起( )内，经国家外汇局核准后，将结汇所得人民币资金购汇并汇出境外。

  A. 15 日   B. 30 日

  C. 35 日   D. 45 日

24. 外国投资者在并购后所设外商投资企业注册资本中的出资比例高于( )的，该企业享受外商投资企业待遇。

  A. 20%   B. 25%

  C. 30%   D. 35%

25. 外国投资者并购境内企业设立外商投资企业，外国投资者应自外商投资企业营业执照颁发之日起（　　）个月内向转让股权的股东或出售资产的境内企业支付全部对价。
    A. 1　　　　　　　　　　　　　B. 2
    C. 3　　　　　　　　　　　　　D. 5

26. 外国投资者并购境内企业设立外商投资企业，如果外国投资者出资比例低于企业注册资本25％的，投资者以现金出资的，应自外商投资企业营业执照颁发之日起（　　）个月内缴清。投资者以实物、工业产权等出资的，应自外商投资企业营业执照颁发之日起（　　）个月内缴清。
    A. 1　3　　　　　　　　　　　　B. 2　6
    C. 3　6　　　　　　　　　　　　D. 6　9

27. 境内公司及自然人从特殊目的公司获得的利润、红利及资本变动所得外汇收入，应自获得之日起（　　）个月内调回境内。
    A. 3　　　　　　　　　　　　　B. 6
    C. 9　　　　　　　　　　　　　D. 12

28. 上市公司的收购及相关股份权益变动活动中的信息披露义务人采取一致行动的，可以书面形式约定由其中（　　）人作为指定代表负责统一编制信息披露文件，并同意授权指定代表在信息披露文件上签字、盖章。
    A. 1　　　　　　　　　　　　　B. 2
    C. 3　　　　　　　　　　　　　D. 5

29. 收购人对收购要约条件作出重大变更的，被收购公司董事会应当在（　　）个工作日内提交董事会及独立财务顾问就要约条件的变更情况所出具的补充意见，并予以报告、公告。
    A. 1　　　　　　　　　　　　　B. 2
    C. 3　　　　　　　　　　　　　D. 5

30. 依据我国（　　）的规定，外国投资者并购境内企业达到《国务院关于经营者集中申报标准的规定》规定的申报标准的，应当事先向商务部申报，未申报不得实施交易。
    A.《公司法》　　　　　　　　　B.《反垄断法》
    C.《证券法》　　　　　　　　　D.《关于外国投资者并购境内企业的规定》

31. 上市公司应自外商投资企业营业执照签发之日起（　　）日内，到税务、海关、外汇管理等有关部门办理相关手续。外汇管理部门在所颁发的外汇登记证上加注"外商投资股份公司（A股并购)"。
    A. 10　　　　　　　　　　　　　B. 20
    C. 30　　　　　　　　　　　　　D. 60

32. 如投资者进行战略投资取得单一上市公司25％或以上股份并承诺在（　　）年内持续持股不低于25％的，外汇管理部门在外汇登记证上加注"外商投资股份公司（A股并购25％或以上)"。

A. 10
B. 20
C. 30
D. 60

33. 投资者减持股份使上市公司外资股比例低于（　　），且该投资者非单一最大股东，上市公司应在 10 日内向审批机关备案并办理注销外商投资企业批准证书的相关手续。

A. 5%
B. 10%
C. 20%
D. 30%

34. 投资者减持股份使上市公司外资股比例低于 25%，上市公司应在（　　）日内向商务部备案并办理变更外商投资企业批准证书的相关手续。上市公司应自外商投资企业批准证书变更之日起 30 日内到工商行政管理机关办理变更登记，工商行政管理机关在营业执照上把企业类型调整为"外商投资股份公司（A 股并购）"。

A. 10
B. 20
C. 30
D. 60

35. 收购人按照《上市公司收购管理办法》规定进行要约收购的，对同一种类股票的要约价格，不得低于要约收购提示性公告日前（　　）个月内收购人取得该种股票所支付的最高价格。

A. 1
B. 2
C. 3
D. 6

36. 发出竞争要约的收购人最迟不得晚于初始要约收购期限届满前（　　）日发出要约收购的提示性公告，并应当根据上述"（二）要约收购报告书"中的有关规定进行报告、公告。

A. 10
B. 15
C. 30
D. 45

37. （　　）发现收购报告书不符合法律、行政法规及相关规定的，应当及时告知收购人，收购人未纠正的，不得公告收购报告书，在公告前不得履行收购协议。

A. 中国证监会
B. 中国银监会
C. 证券交易所
D. 商务部

38. 拟进行管理层收购的上市公司应当具备健全且运行良好的组织机构以及有效的内部控制制度，公司董事会成员中独立董事的比例应当达到或者超过（　　）。

A. 1/2
B. 1/3
C. 2/3
D. 3/4

39. 公司应当聘请具有证券、期货从业资格的资产评估机构提供公司资产评估报告，本次收购应当经董事会非关联董事作出决议，且取得（　　）以上的独立董事同意后，提交公司股东大会审议，经出席股东大会的非关联股东所持表决权过半数通过。

A. 1/2
B. 1/3
C. 2/3
D. 3/4

40. 收购人报送的豁免申请文件符合规定，并且已经按照（　　）的规定履行报告、公告义务的，中国证监会予以受理；不符合规定或者未履行报告、公告义务的，中国证监会不予受理。

A.《公司法》   B.《反垄断法》

C.《上市公司收购管理办法》 D.《关于外国投资者并购境内企业的规定》

41. ( )依法制定业务规则,为上市公司的收购及相关股份权益变动活动组织交易和提供服务,对相关证券交易活动进行实时监控,监督上市公司的收购及相关股份权益变动活动的信息披露义务人切实履行信息披露义务。

A. 中国证监会   B. 证券登记结算机构

C. 证券交易所   D. 收购人聘请的专业机构

42. 外国投资者认购境内公司增资,有限责任公司和以发起方式设立的境内股份有限公司的股东应当在公司申请外商投资企业营业执照时缴付不低于( )的新增注册资本,其余部分的出资时间应符合《公司法》、有关外商投资的法律和《公司登记管理条例》的规定。

A. 5%   B. 10%

C. 20%   D. 30%

43. 自营业执照颁发之日起( )个月内,如果境内外公司没有完成其股权变更手续,则加注的批准证书和中国企业境外投资批准证书自动失效。

A. 1   B. 2

C. 3   D. 6

44. 外国投资者并购境内企业行为对国家安全已经造成或可能造成重大影响的,联席会议应要求( )会同有关部门终止当事人的交易,或采取转让相关股权、产权或其他有效措施,消除该并购行为对国家安全的影响。

A. 中国证监会   B. 中国银监会

C. 证券交易所   D. 商务部

45. 投资者对上市公司进行战略投资,应按( )和中国证监会的相关规定履行报告、公告及其他法定义务。

A.《公司法》   B.《反垄断法》

C.《证券法》   D.《关于外国投资者并购境内企业的规定》

二、多项选择题

1. 按购并双方的行业关联性划分,收购可以分为:( )。

A. 横向收购   B. 纵向收购

C. 混合收购   D. 要约收购

2. 按目标公司董事会是否抵制划分,收购可以分为:( )。

A. 善意收购   B. 敌意收购

C. 协议收购   D. 要约收购

3. 按支付方式划分,收购可以分为:( )。

A. 用现金购买资产   B. 用现金购买股票

C. 用股票购买资产   D. 用资产收购股份或资产

4. 在收购过程中,收购公司主要面临的风险有:( )。

A. 市场风险、营运风险　　　　B. 反收购风险

C. 融资风险　　　　　　　　　D. 法律风险、整合风险

5. 收购后整合的内容包括收购后（　　）。

　　A. 公司经营战略的整合　　　　B. 管理制度的整合

　　C. 经营上的整合　　　　　　　D. 人事安排与调整

6. 为保护投资者和目标公司合法权益，维护证券市场正常秩序，收购公司应当按照
（　　）及其他法律和相关行政法规的规定，及时披露有关信息。

　　A.《公司法》　　　　　　　　B.《企业国有资产监督管理暂行条例》

　　C.《证券法》　　　　　　　　D.《上市公司收购管理办法》

7. 财务顾问为收购公司提供的服务包括：（　　）。

　　A. 寻找目标公司

　　B. 提出收购建议

　　C. 商议收购条款

　　D. 帮助准备要约文件、股东通知和收购公告等其他服务

8. 反收购策略中经常采用的管理层防卫策略手段主要有：（　　）。

　　A. 事先预防策略　　　　　　　B. 金降落伞策略

　　C. 银降落伞策略　　　　　　　D. 积极向其股东宣传反收购的思想

9. 在上市公司的收购及相关股份权益变动活动中有一致行动情形的投资者互为一致行
动人。如无相反证据，投资者有下列情形之一的，为一致行动人：（　　）。

　　A. 投资者之间有股权控制关系或者投资者受同一主体控制

　　B. 投资者的董事、监事或者高级管理人员中的主要成员，同时在另一个投资者担任
董事、监事或者高级管理人员

　　C. 银行以外的其他法人、其他组织和自然人为投资者取得相关股份提供融资安排

　　D. 持有投资者 20％以上股份的自然人，与投资者持有同一上市公司股份

10. 有下列哪些情形之一的，为拥有上市公司控制权：（　　）。

　　A. 投资者为上市公司持股 50％以上的控股股东

　　B. 投资者可以实际支配上市公司股份表决权超过 50％

　　C. 投资者通过实际支配上市公司股份表决权能够决定公司董事会 2/3 以上成员
选任

　　D. 投资者依其可实际支配的上市公司股份表决权足以对公司股东大会的决议产生
重大影响

11. 上市公司的收购及相关股份权益变动活动中的信息披露义务人，应当：（　　）。

　　A. 充分披露其在上市公司中的权益及变动情况

　　B. 依法严格履行报告、公告

　　C. 在相关信息披露前负有保密义务

　　D. 上市公司的收购及相关股份权益变动活动，必须遵循公开、公平、公正的原则

12. 投资者及其一致行动人不是上市公司的第一大股东或者实际控制人，其拥有权益的
股份达到或者超过该公司已发行股份的 5％但未达到 20％的，应当编制包括下列哪

些内容的简式权益变动报告书：（　　）。

    A. 投资者及其一致行动人的姓名、住所；投资者及其一致行动人为法人的，其名称、注册地及法定代表人

    B. 持股目的，是否有意在未来 12 个月内继续增加其在上市公司中拥有的权益

    C. 在上市公司中拥有权益的股份达到或者超过上市公司已发行股份的 5％或者拥有权益的股份增减变化达到 5％的时间及方式

    D. 权益变动事实发生之日前 12 个月内通过证券交易所的证券交易买卖该公司股票的简要情况

13. 投资者及其一致行动人拥有权益的股份达到或者超过一个上市公司已发行股份的 20％但未超过 30％的，应当编制详式权益变动报告书，除须披露简式权益变动报告规定的信息外，还应当披露以下哪些内容：（　　）。

    A. 投资者及其一致行动人的控股股东、实际控制人及其股权控制关系结构图

    B. 取得相关股份的价格、所需资金额、资金来源，或者其他支付安排

    C. 前 24 个月内投资者及其一致行动人与上市公司之间的重大交易

    D. 能够按照《上市公司收购管理办法》第五十条的规定提供相关文件

14. 拥有权益的股份达到或者超过一个上市公司已发行股份的 20％但未超过 30％的投资者及其一致行动人为上市公司第一大股东或者实际控制人的，还应当聘请财务顾问对上述权益变动报告书所披露的内容出具核查意见，但（　　）除外。

    A. 国有股行政划转或者变更

    B. 股份转让在同一实际控制人控制的不同主体之间进行

    C. 因继承取得股份

    D. 投资者及其一致行动人承诺至少 3 年放弃行使相关股份表决权的

15. 在以下哪些情况下，收购人以要约方式收购一个上市公司股份的，其预定收购的股份比例均不得低于该上市公司已发行股份的 5％：（　　）。

    A. 投资者自愿选择以要约方式收购上市公司股份

    B. 收购人通过证券交易所的证券交易，持有一个上市公司的股份达到该公司已发行股份的 20％时，继续增持股份

    C. 收购人通过协议方式在一个上市公司中拥有权益的股份达到该公司已发行股份的 5％，但未超过 30％

    D. 收购人虽不是上市公司的股东，通过投资关系、协议或者其他安排导致其拥有权益的股份达到或超过该公司已发行股份的 5％，但未超过 40％

16. 关于要约收购报告书应当载明的事项，下列选项正确的有：（　　）。

    A. 上市公司的名称、收购股份的种类

    B. 收购要约约定的条件

    C. 前 12 个月内通过证券交易所的证券交易买卖被收购公司股票的情况

    D. 前 24 个月内收购人及其关联方与上市公司之间的重大交易

17. 关于收购公司的支付方式，下列说法错误的有：（　　）。

    A. 收购人可以采用现金、证券、现金与证券相结合等合法方式支付收购上市公司

的价款

B. 收购人为终止上市公司的上市地位而发出全面要约的，或者向中国证监会提出申请但未取得豁免而发出全面要约的，应当以现金支付收购价款；以依法可以转让的证券（以下简称"证券"）支付收购价款的，应当同时提供现金方式供被收购公司股东选择

C. 收购人以证券支付收购价款的，应当提供该证券的发行人最近 5 年经审计的财务会计报告、证券估值报告，并配合被收购公司聘请的独立财务顾问的尽职调查工作

D. 收购人以在证券交易所上市的债券支付收购价款的，该债券的可上市交易时间应当不少于 3 个月

18. 下列关于收购人通过协议方式取得上市公司不同比例股份的处理正确的有：（　　）。

A. 收购人通过协议方式在一个上市公司中拥有权益的股份达到或超过该公司已发行股份的 5% 但未超过 30% 的，按照上市公司收购权益披露的有关规定办理

B. 收购人拥有权益的股份达到该公司已发行股份的 30% 时继续进行收购的，应当依法向该上市公司的股东发出全面要约或者部分要约；但符合有关豁免规定情形的，收购人可以向中国证监会申请免于发出要约

C. 收购人拟通过协议方式收购一个上市公司的股份超过 30% 的，超过 30% 的部分，应当改以要约方式进行；但符合有关豁免规定情形的，收购人可以向中国证监会申请免除发出要约。收购人在取得中国证监会豁免后，履行其收购协议；未取得中国证监会豁免且拟继续履行其收购协议的，或者不申请豁免的，在履行其收购协议前，应当发出全面要约

D. 投资者因行政划转、执行法院裁决、继承、赠与等方式取得上市公司控制权的，应当按照协议收购的有关规定履行报告、公告义务

19. 境外法人或者境外其他组织进行上市公司收购的，除应当提交对境内企业收购规定的文件外，还应当提交以下文件：（　　）。

A. 财务顾问出具的收购人符合对上市公司进行战略投资的条件

B. 具有收购上市公司的能力的核查意见

C. 收购人接受中国司法、仲裁管辖的声明

D. 境外法人控股股东、实际控制人最近 3 年未变更的说明

20. 有下列（　　）情形之一的，收购人可以向中国证监会提出免于以要约方式增持股份的申请。

A. 收购人与出让人能够证明本次转让未导致上市公司的实际控制人发生变化

B. 上市公司面临严重财务困难，收购人提出的挽救公司的重组方案取得该公司股东大会批准，且收购人承诺 3 年内不转让其在该公司中所拥有的权益

C. 经上市公司股东大会非关联股东批准，收购人取得上市公司向其发行的新股，导致其在该公司拥有权益的股份超过该公司已发行股份的 20%，收购人承诺 3 年内不转让其拥有权益的股份，且公司股东大会同意收购人免于发出要约

    D. 中国证监会为适应证券市场发展变化和保护投资者合法权益的需要而认定的其他情形

21. 独立财务顾问报告应当对以下哪些问题进行说明和分析，发表明确意见：（　　）。

    A. 收购人是否具备主体资格；收购人的实力及本次收购对被收购公司经营独立性和持续发展可能产生的影响分析

    B. 收购人是否存在利用被收购公司的资产或者由被收购公司为本次收购提供财务资助的情形

    C. 涉及要约收购的，分析被收购公司的财务状况，说明收购价格是否充分反映被收购公司价值，收购要约是否公平、合理，对被收购公司社会公众股股东接受要约提出的建议

    D. 涉及管理层收购的，应当对上市公司进行估值分析，就本次收购的定价依据、支付方式、收购资金来源、融资安排、还款计划及其可行性、上市公司内部控制制度的执行情况及其有效性、上述人员及其直系亲属在最近 36 个月内与上市公司业务往来情况以及收购报告书披露的其他内容等进行全面核查，发表明确意见

22. 任何人不得利用上市公司的收购损害被收购公司及其股东的合法权益。有下列哪些情形之一的，不得收购上市公司：（　　）。

    A. 收购人负有数额较大债务，到期未清偿，且处于持续状态

    B. 收购人最近 3 年有重大违法行为或者涉嫌有重大违法行为

    C. 收购人最近 5 年有严重的证券市场失信行为

    D. 收购人为自然人的，存在《公司法》第一百四十七条规定的情形

23. 外国投资者对上市公司进行战略投资应符合：（　　）。

    A. 以协议转让、上市公司定向发行新股方式以及国家法律法规规定的其他方式取得上市公司 A 股股份

    B. 投资可分期进行，首次投资完成后取得的股份比例不低于该公司已发行股份的 10%，但特殊行业有特别规定或经相关主管部门批准的除外；取得的上市公司 A 股股份 3 年内不得转让

    C. 法律法规对外商投资持股比例有明确规定的行业，投资者持有上述行业股份比例应符合相关规定；属法律法规禁止外商投资的领域，投资者不得对上述领域的上市公司进行投资

    D. 涉及上市公司国有股股东的，应符合国有资产管理的相关规定

24. 进行战略投资的外国投资者必须具有以下条件：（　　）。

    A. 依法设立、经营的外国法人或其他组织，财务稳健、资信良好且具有成熟的管理经验

    B. 境外实有资产总额不低于 5000 万美元或管理的境外实有资产总额不低于 5 亿美元

    C. 或其母公司境外实有资产总额不低于 1 亿美元或管理的境外实有资产总额不低于 5 亿美元

D. 近 3 年内未受到境内外监管机构的重大处罚（包括其母公司）

25. 除以下（　　）情形外，投资者不得进行证券买卖（B 股除外）。

    A. 投资者进行战略投资所持上市公司 A 股股份，在其承诺的持股期限届满后可以出售

    B. 投资者根据《证券法》相关规定须以要约方式进行收购的，在要约期间可以收购上市公司 A 股股东出售的股份

    C. 投资者在上市公司股权分置改革前持有的非流通股份，在股权分置改革完成且限售期满后可以出售；投资者在上市公司首次公开发行前持有的股份，在限售期满后可以出售

    D. 投资者承诺的持股期限届满前，因其破产、清算、抵押等特殊原因须转让其股份的，经商务部批准可以转让

26. 《关于外国投资者并购境内企业的规定》，自 2006 年 9 月 8 日起施行。该规定适用于如下哪种情形的股权并购和资产并购：（　　）。

    A. 外国投资者购买境内非外商投资企业股东的股权

    B. 外国投资者认购境内公司增资使该境内公司变更设立为外商投资企业

    C. 外国投资者先在中国境内设立外商投资企业，并通过该企业协议购买境内企业资产且运营该资产

    D. 外国投资者协议购买境内企业资产，并以该资产投资设立外商投资企业运营该资产

27. 财务顾问为目标公司提供的服务包括：（　　）。

    A. 预警服务。监视目标公司的股票价格，追踪潜在的收购公司，对一个可能性收购目标提供早期的警告

    B. 评价服务。评价目标公司和它的组成业务，以便在谈判中达到一个较高的要价；提供对要约价格是否公平的建议

    C. 编制文件和公告。编制有关的文件和公告，包括新闻公告，说明董事会对收购建议的初步反应和他们对股东的建议

    D. 帮助准备要约文件、股东通知和收购公告，确保准确无误

28. 收购人进行上市公司的收购，应当向中国证监会提交以下文件：（　　）。

    A. 基于收购人的实力和从业经验对上市公司后续发展计划可行性的说明；收购人拟修改公司章程、改选公司董事会、改变或者调整公司主营业务的，还应当补充其具备规范运作上市公司管理能力的说明

    B. 收购人及其关联方与被收购公司存在同业竞争、关联交易的，应提供避免同业竞争等利益冲突、保持被收购公司经营独立性的说明

    C. 收购人及其控股股东或实际控制人的核心企业和核心业务、关联企业及主营业务的说明；收购人或其实际控制人为两个或两个以上的上市公司控股股东或实际控制人的，还应当提供其持股 10% 以上的上市公司以及银行、信托公司、证券公司、保险公司等其他金融机构的情况说明

    D. 财务顾问关于收购人最近 1 年的诚信记录、收购资金来源合法性、收购人具备

履行相关承诺的能力以及相关信息披露内容真实性、准确性、完整性的核查意见

29. 收购人聘请的财务顾问应当履行以下职责：（　　）。

A. 应收购人的要求向收购人提供专业化服务，全面评估被收购公司的财务和经营状况，帮助收购人分析收购所涉及的法律、财务、经营风险，就收购方案所涉及的收购价格、收购方式、支付安排等事项提出对策建议，并指导收购人按照规定的内容与格式制作申报文件

B. 对收购人进行证券市场规范化运作的辅导，使收购人的董事、监事和高级管理人员熟悉有关法律、行政法规和中国证监会的规定，充分了解其应当承担的义务和责任，督促其依法履行报告、公告和其他法定义务

C. 对收购人是否符合《上市公司收购管理办法》的规定及申报文件内容的真实性、准确性、完整性进行充分核查和验证，对收购事项客观、公正地发表专业意见

D. 与收购人签订协议，在收购完成后 6 个月内，持续督导收购人遵守法律、行政法规、中国证监会的规定、证券交易所规则、上市公司章程，依法行使股东权利，切实履行承诺或者相关约定

30. 自收购人公告上市公司收购报告书至收购完成后 12 个月内，财务顾问应当通过日常沟通、定期回访等方式，关注上市公司的经营情况，结合被收购公司定期报告和临时公告的披露事宜，对收购人及被收购公司履行持续督导职责：（　　）。

A. 督促收购人及时办理股权过户手续，并依法履行报告和公告义务

B. 结合被收购公司定期报告，核查收购人落实后续计划的情况，是否达到预期目标，实施效果是否与此前的披露内容存在较大差异，是否实现相关盈利预测或者管理层预计达到的目标

C. 督促和检查履行收购中约定的其他义务的情况。在持续督导期间，财务顾问应当结合上市公司披露的季度报告、半年度报告和年度报告出具持续督导意见，并在前述定期报告披露后的 15 日内向派出机构报告

D. 涉及管理层收购的，核查被收购公司定期报告中披露的相关还款计划的落实情况与事实是否一致

31. 收购资金来源于融资安排的关注点包括：（　　）。

A. 关注上市公司的分红政策与高管人员的薪酬待遇；上市公司及其关联方在过去两年内是否与管理层及其近亲属以及其所任职的企业存在资金、业务往来，是否存在资金占用、担保行为及其他上市公司向管理层利益输送行为

B. 收购人是否提供借贷协议，是否充分披露借贷协议的主要内容，包括借贷方、借贷数额、利息、借贷期限、担保及其他重要条款、偿付本息的计划及还款资金来源

C. 除借贷协议外，是否就上市公司股份的取得、处分、质押及表决权的行使等与借款人或其他第三方存在特殊安排，是否披露该安排的具体内容

D. 结合收购人过往的财务资料及业务、资产、收入、现金流的最新情况，关注收购人是否具备偿还能力以及偿还借款的资金来源，收购人是否具备收购实力，

相关借贷协议是否真实、合法

32. 上市公司收购活动中的违法违规行为主要有：（　　）。

A. 报告、公告不及时；未履行报告、公告义务

B. 报告、公告存在虚假记载、误导性陈述或者重大遗漏

C. 存在违规担保等损害上市公司和股东合法权益的情形

D. 内幕交易和操纵市场行为

33. 外国投资者并购境内企业应符合如下基本要求：（　　）。

A. 应符合中国法律、行政法规和规章对投资者资格的要求

B. 应符合中国法律、行政法规和规章对涉及的产业、土地、环保等方面的政策要求

C. 被并购境内企业原有所投资企业的经营范围应符合有关外商投资产业政策的要求；不符合要求的，应先进行调整

D. 不得扰乱社会经济秩序和损害社会公共利益

34. 外国投资者股权并购的，投资者应根据并购后所设外商投资企业的投资总额、企业类型及所从事的行业，依照设立外商投资企业的法律、行政法规和规章的规定，向具有相应审批权限的审批机关报送下列文件：（　　）。

A. 被并购境内有限责任公司股东一致同意外国投资者股权并购的决议，或被并购境内股份有限公司同意外国投资者股权并购的股东大会决议

B. 外国投资者购买境内公司股东股权或认购境内公司增资的协议

C. 经公证和依法认证的投资者的身份证明文件或注册登记证明及资信证明文件

D. 被并购境内公司及其所投资企业的营业执照（副本）

35. 外国投资者以股权并购境内公司所涉及的境内外公司的股权，应符合以下条件：（　　）。

A. 股东合法持有并依法可以转让

B. 无所有权争议且没有设定质押及任何其他权利限制

C. 境外公司的股权应在境外公开合法证券交易市场（柜台交易市场除外）挂牌交易

D. 境外公司的股权最近两年交易价格稳定

36. 并购顾问的条件。外国投资者以股权并购境内公司，境内公司或其股东应当聘请在中国注册登记的中介机构担任顾问（即"并购顾问"）。并购顾问应符合以下条件：（　　）。

A. 信誉良好且有相关从业经验

B. 无重大违法违规记录

C. 未负有数额较大未到期债务

D. 应有调查并分析境外公司注册地和上市所在地法律制度与境外公司财务状况的能力

37. 权益在境外上市的境内公司应符合下列条件：（　　）。

A. 公司及其主要股东近1年无重大违法违规记录

B. 产权明晰，不存在产权争议或潜在产权争议

C. 有完整的业务体系和良好的持续经营能力

D. 有健全的公司治理结构和内部管理制度

38. 特殊目的公司以股权并购境内公司的，境内公司除向商务部报送规定的前述所要求的文件外，另需报送以下文件：（　　　）。

A. 设立特殊目的公司时的境外投资开办企业批准文件和证书

B. 特殊目的公司实际控制人的身份证明文件或开业证明、章程

C. 特殊目的公司境外上市商业计划书

D. 并购顾问就特殊目的公司未来境外上市的股票发行价格所作的评估报告

39. 外国投资者并购境内企业安全审查的范围为：（　　　）。

A. 外国投资者并购境内军工及军工配套企业，重点、敏感军事设施周边企业，以及关系国防安全的其他单位

B. 外国投资者并购境内关系国家安全的重要农产品、重要能源和资源等企业，且实际控制权可能被外国投资者取得

C. 外国投资者并购境内关系国家安全的重要基础设施、重要运输服务等企业，且实际控制权可能被外国投资者取得

D. 外国投资者并购境内关系国家安全的关键技术、重大装备制造等企业，且实际控制权可能被外国投资者取得

40. 根据《〈上市公司收购管理办法〉第六十二条有关上市公司严重财务困难的适用意见——证券期货法律适用意见第7号》的规定，上市公司存在以下情形之一的，可以认定其面临严重财务困难：（　　　）。

A. 最近两年连续亏损

B. 因3年连续亏损，股票被暂停上市

C. 最近半年期末股东权益为负值

D. 最近1年亏损且其主营业务已停顿半年以上

三、判断题

1. 混合收购又称复合收购，是指生产和经营彼此没有关联的产品或服务的公司之间的收购行为。（　　　）

A. 正确　　　　　　　　　　B. 错误

2. 纵向收购是两个或两个以上生产或销售相同、相似产品的公司间的收购，其目的在于消除竞争，扩大市场份额，增加收购公司的垄断实力或形成规模效应。（　　　）

A. 正确　　　　　　　　　　B. 错误

3. 目标公司定价一般采用现金流量法和可比公司价值定价法。（　　　）

A. 正确　　　　　　　　　　B. 错误

4. 现金流量法是先找出若干家在产品、市场、目前盈利能力、未来成长方面与目标公司类似的上市公司，以这些公司的经营效果指标为参考，来评估目标公司的价值。（　　　）

A. 正确　　　　　　　　　　B. 错误

5. 一家财务顾问既可以为收购公司服务，也可以为目标公司服务，也能同时为收购公司和目标公司服务。（　　）

A. 正确　　　　　　　　　　B. 错误

6. 防御性收购的最大受益者是股东，而不是公司经营者。（　　）

A. 正确　　　　　　　　　　B. 错误

7. 所谓杠杆收购，是利用借债所融资本购买目标公司的股份，从而改变公司出资人结构、相应的控制权格局以及公司资产结构的金融工具。（　　）

A. 正确　　　　　　　　　　B. 错误

8. 一致行动是指投资者通过协议、其他安排，与其他投资者共同扩大其所能够支配的一个上市公司股份表决权数量的行为或者事实。（　　）

A. 正确　　　　　　　　　　B. 错误

9. 通过协议转让方式，投资者及其一致行动人在一个上市公司中拥有权益的股份拟达到或者超过一个上市公司已发行股份的3％时，应当在该事实发生之日起3日内编制权益变动报告书，向中国证监会、证券交易所提交书面报告，抄报派出机构，通知该上市公司，并予公告。（　　）

A. 正确　　　　　　　　　　B. 错误

10. 因上市公司减少股本导致投资者及其一致行动人取得被收购公司的股份达到3％及之后变动3％的，投资者及其一致行动人免于履行报告和公告义务。（　　）

A. 正确　　　　　　　　　　B. 错误

11. 投资者自愿选择以要约方式收购上市公司股份，可以采取全面要约或部分要约的方式。（　　）

A. 正确　　　　　　　　　　B. 错误

12. 收购人通过协议方式在一个上市公司中拥有权益的股份达到或超过该公司已发行股份的5％但未超过40％的，按照上市公司收购权益披露的有关规定办理。（　　）

A. 正确　　　　　　　　　　B. 错误

13. 收购人拟通过协议方式收购一个上市公司的股份超过30％的，超过30％的部分，应当改以要约方式进行。（　　）

A. 正确　　　　　　　　　　B. 错误

14. 在一个上市公司中拥有权益的股份达到或者超过该公司已发行股份的20％的，自上述事实发生之日起1年后，每12个月内增加其在该公司中拥有权益的股份不超过该公司已发行股份的5％。这种情形下当事人可以向中国证监会申请以简易程序免除以要约方式增持股份。（　　）

A. 正确　　　　　　　　　　B. 错误

15. 上市公司董事会或者独立董事聘请的独立财务顾问，可以同时担任收购人的财务顾问。（　　）

A. 正确　　　　　　　　　　B. 错误

16. 证券登记结算机构依法制定业务规则，为上市公司的收购及相关股份权益变动活动所涉及的证券登记、存管、结算等事宜提供服务。（　　）

A. 正确   B. 错误

17. 外国投资者进行上市公司的收购及相关股份权益变动活动的，应当取得国家相关部门的批准，适用境外法律，不服从中国的司法、仲裁管辖。（   ）

    A. 正确   B. 错误

18. 出售资产的境内企业应当在投资者向审批机关报送申请文件之前至少 20 日，向债权人发出通知书，并在全国发行的省级以上报纸上发布公告。（   ）

    A. 正确   B. 错误

19. 外国投资者认购境内有限责任公司增资的，并购后所设外商投资企业的注册资本为原境内公司注册资本与增资额之和。（   ）

    A. 正确   B. 错误

20. 外国投资者股权并购的，并购后外商投资企业注册资本在 500 万美元以上至 1200 万美元的，投资总额不得超过注册资本的 2 倍。（   ）

    A. 正确   B. 错误

21. 外国投资者并购境内企业设立外商投资企业，除另有规定外，审批机关应自收到规定报送的全部文件之日起 50 日内，依法决定批准或不批准。（   ）

    A. 正确   B. 错误

22. 外国投资者资产并购的，投资者应自收到批准证书之日起 30 日内，向登记管理机关申请办理设立登记，领取外商投资企业营业执照。（   ）

    A. 正确   B. 错误

23. 要约收购是指由收购人与上市公司特定的股票持有人就收购该公司股票的条件、价格、期限等有关事项达成协议，由公司股票的持有人向收购者转让股票，收购人支付资金，达到收购的目的。（   ）

    A. 正确   B. 错误

24. 事先预防策略是主动阻止本公司被收购的最积极的方法。最佳的预防策略就是通过加强和改善经营管理，提高本公司的经济效益，提高公司的竞争力。（   ）

    A. 正确   B. 错误

25. 投资者虽不是上市公司的股东，但通过投资关系取得对上市公司股东的控制权，而受其支配的上市公司股东所持股份达到前条规定比例、且对该股东的资产和利润构成重大影响的，应当按照前条规定履行报告、公告义务。（   ）

    A. 正确   B. 错误

26. 根据中国证监会上市部常见问题解答，《上市公司收购管理办法》第六十三条第一款第（一）项有关"国有资产无偿划转、变更、合并"中的"无偿"的具体理解中，"无偿划转、变更、合并"是指没有相应的对价，不得存在任何附加安排。（   ）

    A. 正确   B. 错误

27. 按《证券法》第八十六条规定，投资者持有或者通过协议、其他安排与他人共同持有上市公司的股份达到 5% 或达到 5% 后，无论增加或者减少 5% 时，均应当履行报告和公告义务。（   ）

    A. 正确   B. 错误

28. 《反垄断法》第三十一条规定："对外资并购境内企业或者以其他方式参与经营者集中，涉及国家安全的，除依照本法规定进行经营者集中审查外，还应当按照国家有关规定进行国家安全审查。"（　　）

    A. 正确　　　　　　　　　　B. 错误

29. 收购人通过集中竞价交易方式增持上市公司股份的，当收购人最后一笔增持股份登记过户后，视为其收购行为完成。自此，收购人持有的被收购公司的股份，在 24 个月内不得转让。（　　）

    A. 正确　　　　　　　　　　B. 错误

30. 外国投资者购买境内已设立的外商投资企业股东的股权或认购境内外商投资企业增资的，适用于现行外商投资企业法律、行政法规和外商投资企业投资者股权变更的有关规定。其中没有规定的，再参照《关于外国投资者并购境内企业的规定》办理。（　　）

    A. 正确　　　　　　　　　　B. 错误

31. 外国投资者并购境内有限责任公司并将其改制为股份有限公司的，或者境内公司为股份有限公司的，适用关于设立外商股份有限公司的相关规定。其中没有规定的，再参照《关于外国投资者并购境内企业的规定》办理。（　　）

    A. 正确　　　　　　　　　　B. 错误

32. 在完成外资并购后，境外公司或其股东凭商务部和登记管理机关颁发的无加注批准证书和营业执照，到相应的税务机关办理税务变更登记。（　　）

    A. 正确　　　　　　　　　　B. 错误

33. 外国投资者、被并购境内企业、债权人及其他当事人可以对被并购境内企业的债权、债务的处置另行达成协议，但是该协议不得损害第三人利益和社会公共利益。债权、债务的处置协议应报送审批机关。（　　）

    A. 正确　　　　　　　　　　B. 错误

34. 外国投资者以股权并购境内公司，境内公司或其股东应当聘请在中国注册登记的中介机构担任顾问（即"并购顾问"）。并购顾问应就并购申请文件的真实性、境外公司的财务状况以及并购是否符合规定的要求作尽职调查，并出具并购顾问报告，就尽职调查的事项逐项发表明确的专业意见。（　　）

    A. 正确　　　　　　　　　　B. 错误

35. 特殊目的公司是指中国境内公司或自然人为实现以其实际拥有的境内公司权益在境外上市而直接或间接控制的境外公司。（　　）

    A. 正确　　　　　　　　　　B. 错误

36. 并购境内公司增发股份而未实现的，在登记管理机关根据前款予以核准变更登记之前，境内公司还应当按照《证券法》的规定，减少相应的注册资本并在报纸上公告。（　　）

    A. 正确　　　　　　　　　　B. 错误

37. 外国投资者取得实际控制权，是指外国投资者通过并购成为境内企业的控股股东或实际控制人，包括数个外国投资者在并购后持有的股份总额合计在 50% 以上的情

形。（　　）

A. 正确　　　　　　　　　　B. 错误

38. 外国投资者并购境内企业，应按照《国务院办公厅关于建立外国投资者并购境内企业安全审查制度的通知》规定，由投资者向商务部提出申请。（　　）

A. 正确　　　　　　　　　　B. 错误

39. 财务顾问为履行职责，可以聘请其他专业机构协助其对收购人进行核查，但应当对收购人提供的资料和披露的信息进行独立判断。（　　）

A. 正确　　　　　　　　　　B. 错误

40. 财务顾问认为收购人利用上市公司的收购损害被收购公司及其股东合法权益的，应当拒绝为收购人提供财务顾问服务。（　　）

A. 正确　　　　　　　　　　B. 错误

41. 外国投资者在并购后所设外商投资企业注册资本中的出资比例低于25％的，除法律和行政法规另有规定外，该企业享受外商投资企业待遇，其举借外债按照境内非外商投资企业举借外债的有关规定办理。（　　）

A. 正确　　　　　　　　　　B. 错误

42. 银行贷款筹资是公司收购较常采用的一种筹资方式。但是，向银行申请贷款一般有比较严格的审批手续，对贷款的期限及用途也有一定的限制。但是速度快，筹资成本低。（　　）

A. 正确　　　　　　　　　　B. 错误

43. 毒丸策略是指目标公司为避免被其他公司收购，采取了一些在特定情况下，如公司一旦被收购，就会对本身造成严重损害的手段，以降低本身的吸引力，收购方一旦收购，就好像吞食了毒丸一样不好处理。（　　）

A. 正确　　　　　　　　　　B. 错误

44. 收购人包括投资者及与其一致行动的他人。收购人可以通过取得股份的方式成为一个上市公司的控股股东，可以通过投资关系、协议、其他安排的途径成为一个上市公司的实际控制人，但不得同时采取上述方式和途径取得上市公司控制权。（　　）

A. 正确　　　　　　　　　　B. 错误

45. 投资者及其一致行动人拥有权益的股份达到或者超过一个上市公司已发行股份的5％但未超过20％的，应当编制详式权益变动报告书。（　　）

A. 正确　　　　　　　　　　B. 错误

参考答案

一、单项选择题

1. A	2. A	3. B	4. A	5. A
6. A	7. B	8. C	9. A	10. D
11. C	12. A	13. C	14. D	15. B
16. A	17. D	18. C	19. B	20. B

21. B	22. B	23. D	24. B	25. C
26. C	27. B	28. A	29. C	30. B
31. C	32. A	33. B	34. A	35. D
36. B	37. A	38. A	39. C	40. C
41. C	42. C	43. D	44. D	45. C

二、多项选择题

1. ABC	2. AB	3. ABCD	4. ABCD	5. ABCD
6. ACD	7. ABCD	8. BCD	9. ABC	10. ABD
11. ABCD	12. AC	13. ABCD	14. ABCD	15. AC
16. ABD	17. CD	18. ABCD	19. ABC	20. ABD
21. ABC	22. ABD	23. ABCD	24. ACD	25. ABCD
26. ABCD	27. ABC	28. AB	29. ABC	30. ABCD
31. BCD	32. ABCD	33. ABCD	34. ABCD	35. ABC
36. ABD	37. BCD	38. ABCD	39. ABCD	40. ABD

三、判断题

1. A	2. B	3. A	4. B	5. B
6. B	7. A	8. A	9. B	10. B
11. A	12. B	13. A	14. B	15. B
16. A	17. B	18. B	19. A	20. B
21. B	22. A	23. B	24. A	25. A
26. A	27. A	28. A	29. B	30. A
31. A	32. B	33. A	34. A	35. A
36. B	37. A	38. A	39. A	40. A
41. B	42. A	43. A	44. B	45. B

第十二章 公司重组与财务顾问业务

一、本章考纲

熟悉重大资产重组的原则。了解《上市公司重大资产重组管理办法》的适用范围。掌握重大资产重组行为的界定。熟悉重大资产重组的程序。熟悉重大资产重组的信息管理和内幕交易的法律责任。掌握上市公司发行股份购买资产的特别规定。掌握上市公司重大资产重组后再融资的有关规定。熟悉上市公司重大资产重组的监督管理和法律责任。熟悉上市公司重大资产重组共性问题审核意见关注要点。

掌握并购重组审核委员会工作规程适用事项。熟悉并购重组审核委员会委员的构成、任期、任职资格和解聘情形。熟悉并购重组审核委员会的职责。熟悉并购重组审核委员会委员的工作规定、权利与义务以及回避制度。熟悉并购重组审核委员会会议的相关规定。了解对并购重组审核委员会审核工作监督的有关规定。

掌握上市公司并购重组财务顾问的业务许可和业务规则。熟悉上市公司并购重组财务顾问的监督管理与法律责任。了解上市公司并购重组财务顾问专业意见附表的填报要求。

二、本章知识体系

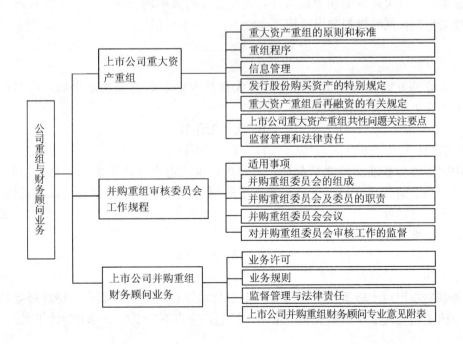

三、同步强化练习题及参考答案

同步强化练习题

一、单项选择题

1. 购买或出售的资产为非股权资产的，在计算判断是否属重大资产重组相关比例时，下列做法错误的是：（　　）。
   A. 购买的资产为非股权资产，其资产总额以该资产的账面值和成交金额二者中的较高者为准
   B. 购买的资产为非股权资产，其资产净额以相关资产与负债的账面值差额和成交金额二者中的较高者为准
   C. 购买的资产为非股权资产的，其资产总额、资产净额分别以该资产的账面值、相关资产与负债账面值的差额为准
   D. 该非股权资产不涉及负债的，不适用"（三）重大资产重组行为的界定"中"购买、出售的资产净额占上市公司最近1个会计年度经审计的合并财务会计报告期末净资产额的比例达到50％以上，且超过5000万元人民币"的规定

2. 上市公司股东大会就重大资产重组事项作出决议，必须经出席会议的股东所持表决权的（　　）以上通过。
   A. 1/4　　　　　　　　　　B. 1/3
   C. 2/3　　　　　　　　　　D. 1/2

3. 上市公司应当在股东大会作出重大资产重组决议后的次一工作日公告该决议，并按照中国证监会的有关规定编制申请文件，委托独立财务顾问在（　　）个工作日内向中国证监会申报，同时抄报派出机构。
   A. 1　　　　　　　　　　　B. 2
   C. 3　　　　　　　　　　　D. 4

4. 上市公司在收到并购重组委员会关于其重大资产重组申请的表决结果后，应当在（　　）公告表决结果并申请复牌。
   A. 当日　　　　　　　　　B. 次一工作日
   C. 次两工作日　　　　　　D. 次三工作日

5. 自收到中国证监会核准文件之日起（　　）日内，本次重大资产重组未实施完毕的，上市公司应当于期满后次一工作日将实施进展情况报告中国证监会及其派出机构，并予以公告。此后每（　　）日应当公告一次，直至实施完毕。超过（　　）个月未实施完毕的，核准文件失效。
   A. 15　30　12　　　　　　B. 60　30　12
   C. 15　30　6　　　　　　　D. 15　30　6

6. 独立财务顾问应当对实施重大资产重组的上市公司履行持续督导职责。持续督导的期限自中国证监会核准本次重大资产重组之日起，应当不少于（　　）个会计年度。

A. 1   B. 2

C. 3   D. 4

7. 独立财务顾问应当结合上市公司重大资产重组当年和实施完毕后的第 1 个会计年度的年报, 自年报披露之日起 ( ) 日内, 对重大资产重组实施的下列事项出具持续督导意见, 向派出机构报告, 并予以公告。

    A. 15   B. 30

    C. 50   D. 60

8. 上市公司重大资产重组发行股份的价格不得低于本次发行股份购买资产的董事会决议公告日前 ( ) 个交易日公司股票交易均价。

    A. 5   B. 10

    C. 15   D. 20

9. 发行股份购买资产的首次董事会决议公告后, 董事会在 ( ) 个月内未发布召开股东大会通知的, 上市公司应当重新召开董事会审议发行股份购买资产事项, 并以该次董事会决议公告日作为发行股份的定价基准日。

    A. 6   B. 12

    C. 24   D. 36

10. 特定对象以资产认购而取得的重大资产重组上市公司股份, 自股份发行结束之日起 ( ) 个月内不得转让。

    A. 6   B. 12

    C. 24   D. 36

11. 上市公司申请发行股份购买资产, 应当提交 ( ) 审核。

    A. 证券交易所   B. 并购重组委员会

    C. 中国证监会   D. 财政部

12. 上市公司重大资产重组应当在相关资产过户完成后 ( ) 个工作日内就过户情况作出公告, 并向中国证监会及其派出机构提交书面报告。

    A. 1   B. 2

    C. 3   D. 5

13. 上市公司并购重组委员会委员每届任期 1 年, 可以连任, 但连续任期最长不超过 ( ) 届。

    A. 1   B. 2

    C. 3   D. 4

14. 上市公司并购重组委员会审核工作所需费用, 由 ( ) 支付。

    A. 证券交易所   B. 上市公司

    C. 中国证监会   D. 财政部

15. 上市公司并购重组委员会会议表决采取 ( ) 方式。

    A. 记名投票   B. 无记名投票

    C. 协商   D. 抽签

16. 上市公司并购重组财务顾问接受上市公司并购重组多方当事人委托的, 不得存在利益冲突或者潜在的利益冲突。接受委托的，财务顾问应当指定（　　）名财务顾问主办人负责，同时，可以安排（　　）名项目协办人参与。

A. 1　1　　　　　　　　　　B. 2　1

C. 3　2　　　　　　　　　　D. 4　2

17. 上市公司并购重组财务顾问不再符合《财务顾问管理办法》规定条件的，应当在（　　）个工作日内向中国证监会报告并依法进行公告，由中国证监会责令改正。

A. 1　　　　　　　　　　　B. 2

C. 3　　　　　　　　　　　D. 5

18. 因国有股行政划转或者变更、在同一实际控制人控制的不同主体之间转让股份、继承取得上市公司股份超过（　　）的，收购人可免于聘请财务顾问。

A. 15%　　　　　　　　　　B. 20%

C. 25%　　　　　　　　　　D. 30%

19. 为了规范上市公司重大资产重组行为，保护上市公司和投资者的合法权益，促进上市公司质量不断提高，维护证券市场秩序和社会公共利益，根据《公司法》、《证券法》等法律、行政法规的规定，2008年3月，中国证监会制定了（　　），自2008年5月18日起施行。

A.《公司法》　　　　　　　　B.《证券法》

C.《上市公司重大资产重组管理办法》　　D.《财务顾问管理办法》

20. 上市公司在（　　）个月内连续对同一或者相关资产进行购买、出售的，以其累计数分别计算相应数额，但已按照《重组管理办法》的规定报经中国证监会核准的资产交易行为无须纳入累计计算的范围。

A. 3　　　　　　　　　　　B. 6

C. 12　　　　　　　　　　D. 18

21. 上市公司拟进行"上市公司出售资产的总额和购买资产的总额占其最近1个会计年度经审计的合并财务会计报告期末资产总额的比例均达到（　　）以上"或"上市公司出售全部经营性资产，同时购买其他资产"等重大资产重组行为以及发行股份购买资产的，还应当提供上市公司的盈利预测报告。

A. 50%　　　　　　　　　　B. 60%

C. 70%　　　　　　　　　　D. 80%

22. 重大资产重组的首次董事会决议经表决通过后，上市公司应当在决议当日或者次一工作日的非交易时间向（　　）申请公告。

A. 证券交易所　　　　　　　B. 并购重组委员会

C. 中国证监会　　　　　　　D. 财政部

23. 中国证监会核准上市公司重大资产重组申请的，上市公司应当及时实施重组方案，并于实施完毕之日起（　　）个工作日内编制实施情况报告书，向中国证监会及其派出机构、证券交易所提交书面报告，并予以公告。

A. 1　　　　　　　　　　　B. 2

C. 3　　　　　　　　　　　D. 5

24. 根据《最高人民检察院公安部关于公安机关管辖的刑事案件追诉标准的规定（二）》，内幕信息知情人利用内幕信息买卖上市公司股票成交额累计在（ ）万元以上，要追究刑事责任。
    A. 10   B. 20
    C. 30   D. 50

25. 上市公司破产重整，涉及公司重大资产重组拟发行股份购买资产的，其发行股份价格由相关各方协商确定后，提交股东大会作出决议，决议须经出席会议的股东所持表决权的（ ）以上通过，且经出席会议的社会公众股东所持表决权的 2/3 以上通过。
    A. 1/4   B. 1/3
    C. 2/3   D. 1/2

26. 在上市公司发生重大资产重组时，如果相关人员有股票买卖记录，但发生在信息披露后，则关注相关人员是否能够清晰说明相关情况，（ ）是否核查并发表明确意见不构成内幕交易。
    A. 证券交易所   B. 并购重组委员会
    C. 中国证监会   D. 中介机构

27. 重大资产重组实施完毕后，凡不属于上市公司管理层事前无法获知且事后无法控制的原因，上市公司或者购买资产实现的利润未达到盈利预测报告或者资产评估报告预测金额的（ ），上市公司的董事长、总经理以及对此承担相应责任的会计师事务所、财务顾问、资产评估机构及其从业人员应当在上市公司披露年度报告的同时，在同一报刊上作出解释，并向投资者公开道歉。
    A. 50%   B. 60%
    C. 70%   D. 80%

28. 重大资产重组实施完毕后，实现利润未达到预测金额（ ）的，可以对上市公司、相关机构及其责任人员采取监管谈话、出具警示函、责令定期报告等监管措施。
    A. 50%   B. 60%
    C. 70%   D. 80%

29. 为了保证上市公司并购重组审核工作的公开、公平和公正，提高并购重组审核工作的质量和透明度，（ ），中国证监会决定在发审委中设立上市公司并购重组审核委员会，并制定了《中国证券监督管理委员会上市公司并购重组审核委员会工作规程》。
    A. 2006 年 7 月   B. 2007 年 7 月
    C. 2008 年 7 月   D. 2009 年 7 月

30. 为了规范证券公司、证券投资咨询机构及其他财务顾问机构从事上市公司并购重组财务顾问业务活动，保护投资者的合法权益，促进上市公司规范运作，维护证券市场秩序，根据《证券法》和其他相关法律、行政法规的规定，（ ），中国证监会制定了《上市公司并购重组财务顾问业务管理办法》，自 2008 年 8 月 4 日起施行。
    A. 2006 年 7 月   B. 2007 年 7 月

C. 2008 年 7 月   D. 2009 年 7 月

31. 财务顾问应当建立并购重组工作档案和工作底稿制度，为每一项目建立独立的工作档案。财务顾问的工作档案和工作底稿应当真实、准确、完整，保存期不少于（　　）年。

 A. 1   B. 3
 C. 5   D. 10

32. 在持续督导期间，财务顾问应当结合上市公司披露的定期报告出具持续督导意见，并在前述定期报告披露后的（　　）日内向上市公司所在地的中国证监会派出机构报告。

 A. 5   B. 10
 C. 15   D. 20

33. 上市公司及其控股或者控制的公司购买、出售资产总额占上市公司最近 1 个会计年度经审计的合并财务会计报告期末资产总额的比例达到（　　）以上，构成重大资产重组。

 A. 50%   B. 60%
 C. 70%   D. 80%

34. 上市公司及其控股或者控制的公司购买、出售的资产净额占上市公司最近 1 个会计年度经审计的合并财务会计报告期末净资产额的比例达到 50% 以上，且超过（　　）万元人民币，构成重大资产重组。

 A. 1000   B. 2000
 C. 3000   D. 5000

35. 上市公司应当在至少（　　）种中国证监会指定的报刊公告董事会决议、独立董事的意见和重大资产重组报告书摘要，并应当在证券交易所网站全文披露重大资产重组报告书及相关证券服务机构的报告或者意见。

 A. 1   B. 2
 C. 3   D. 5

36. 上市公司预计筹划中的重大资产重组事项难以保密或者已经泄露的，应当及时向（　　）申请停牌，直至真实、准确、完整地披露相关信息。

 A. 证券交易所   B. 并购重组委员会
 C. 中国证监会   D. 中介机构

37. 上市公司获悉股价敏感信息的，应当及时向证券交易所申请停牌并披露。停牌期间，上市公司应当至少每周发布（　　）次事件进展情况公告。

 A. 1   B. 2
 C. 3   D. 5

38. 上市公司在本次重大资产重组前不符合中国证监会规定的公开发行证券条件，或者本次重组导致上市公司实际控制人发生变化的，上市公司申请公开发行新股或者公司债券，距本次重组交易完成的时间应当不少于（　　）个完整会计年度。

 A. 1   B. 2

C. 3   D. 5

39. 并购重组委员会会议表决采取记名投票方式。表决票设同意票和反对票，并购重组委员会委员不得弃权。表决投票时同意票数达到（ ）票为通过。

  A. 1   B. 2

  C. 3   D. 5

40. 专业机构唆使、协助或参与干扰并购重组委员会工作的，中国证监会按照有关规定，在（ ）个月内不接受该专业机构报送的专业报告和意见。

  A. 3   B. 6

  C. 12   D. 24

二、多项选择题

1. 上市公司实施重大资产重组，应当符合（ ）。

  A. 符合国家产业政策和有关环境保护、土地管理、反垄断等法律和行政法规的规定

  B. 重大资产重组所涉及的资产定价公允，不存在损害上市公司和股东合法权益的情形

  C. 重大资产重组所涉及的资产权属清晰，资产过户或者转移不存在法律障碍，相关债权、债务处理合法

  D. 有利于上市公司增强持续经营能力，不存在可能导致上市公司重组后主要资产为现金或者无具体经营业务的情形

2. 购买或出售的资产为股权的，在计算是否属于重大资产重组相关比例时，下列做法正确的有：（ ）。

  A. 购买资产为股权，其资产总额以被投资企业的资产总额与该项投资所占股权比例的乘积和成交金额二者中的较高者为准；营业收入以被投资企业的营业收入与该项投资所占股权比例的乘积为准；资产净额以被投资企业的净资产额与该项投资所占股权比例的乘积和成交金额二者中的较高者为准

  B. 出售的资产为股权的，其资产总额、营业收入以及资产净额分别以被投资企业的资产总额、营业收入以及净资产额与该项投资所占股权比例的乘积为准

  C. 购买股权导致上市公司取得被投资企业控股权的，其资产总额以被投资企业的资产总额和成交金额二者中的较高者为准，营业收入以被投资企业的营业收入为准，资产净额以被投资企业的净资产额和成交金额二者中的较高者为准

  D. 出售股权导致上市公司丧失被投资企业控股权的，其资产总额、营业收入以及资产净额分别以被投资企业的资产总额、营业收入以及净资产额为准

3. 对于重大资产重组中相关资产的定价，下列选项正确的有：（ ）。

  A. 重大资产重组中相关资产以资产评估结果作为定价依据的

  B. 资产评估机构原则上应当采取两种以上评估方法进行评估

  C. 上市公司独立董事会应当对评估机构的独立性、评估假设前提的合理性、评估方法与评估目的的相关性以及评估定价的公允性发表明确意见

  D. 上市公司董事应当对评估机构的独立性、评估假设前提的合理性和评估定价的公允性发表独立意见

4. 重大资产重组涉及发行股份购买资产的，交易合同应当载明(   )。

　　A. 特定对象拟认购股份的数量或者数量区间

　　B. 认购价格或者定价原则、限售期

　　C. 目标资产的基本情况、交易价格或者定价原则、资产过户或交付的时间安排

　　D. 违约责任等条款

5. 上市公司股东大会就重大资产重组作出的决议，至少应当包括(   )。

　　A. 本次重大资产重组的方式、交易标的和交易对方

　　B. 交易价格或者价格区间；定价方式或者定价依据；相关资产自定价基准日至交割日期间损益的归属

　　C. 决议的有效期

　　D. 对董事会办理本次重大资产重组事宜的具体授权

6. 上市公司重大资产重组存在下列情形之一的，应当提交并购重组委员会审核：(   )。

　　A. 上市公司出售资产的总额和购买资产的总额占其最近 1 个会计年度经审计的合并财务会计报告期末资产总额的比例均达到 70% 以上

　　B. 上市公司购买、出售的资产净额占上市公司最近 1 个会计年度经审计的合并财务会计报告期末净资产额的比例达到 50% 以上，且超过 5000 万元人民币

　　C. 上市公司出售全部经营性资产，同时购买其他资产

　　D. 中国证监会在审核中认为需要提交并购重组委员会审核的其他情形

7. 上市公司筹划重大资产重组事项，应当详细记载筹划过程中每一具体环节的进展情况，包括：(   )。

　　A. 盈利预测报告的制作与相关资产的定价

　　B. 商议相关方案、形成相关意向

　　C. 签署相关协议或者意向书的具体时间、地点、参与机构和人员、商议和决议内容等

　　D. 制作书面的交易进程备忘录并予以妥当保存

8. 特定对象以资产认购而取得的重大资产重组上市公司股份，属于下列情形之一的，36 个月内不得转让：(   )。

　　A. 特定对象为上市公司控股股东、实际控制人或者其控制的关联人

　　B. 特定对象通过认购本次发行的股份取得上市公司的实际控制权

　　C. 特定对象取得本次发行的股份时，对其用于认购股份的资产持续拥有权益的时间超过 12 个月

　　D. 特定对象取得本次发行的股份时，对其用于认购股份的资产持续拥有权益的时间不足 12 个月

9. 并购重组委员会委员应当符合(   )。

　　A. 坚持原则，公正廉洁，忠于职守，严格遵守国家法律、行政法规和规章

　　B. 熟悉上市公司并购重组业务及有关的法律、行政法规和规章

　　C. 精通所从事行业的专业知识，在所从事的领域内有较高声誉

　　D. 没有违法、违纪记录

10. 并购重组委员会委员有下列情形之一的，中国证监会应当予以解聘：（　　）。
　　A. 违反法律、行政法规、规章和并购重组委员会审核工作纪律的
　　B. 未按照中国证监会的规定勤勉尽责的
　　C. 本人提出辞职申请的
　　D. 一次无故不出席并购重组委员会会议的

11. 并购重组委员会委员应当遵守下列哪些规定：（　　）。
　　A. 按要求出席并购重组委员会会议，并在审核工作中勤勉尽责
　　B. 保守国家秘密和并购重组当事人的商业秘密；不得泄露并购重组委员会会议讨论内容、表决情况以及其他有关情况
　　C. 并购重组申请人有利害关系，不得直接或间接接受并购重组当事人及相关单位或个人提供的资金、物品等馈赠和其他利益，不得持有所审核的上市公司的股票，不得私下与上述单位或者人员进行接触
　　D. 不得利用并购重组委员会委员身份或者在履行职责上所得到的非公开信息，为本人或者他人直接或者间接牟取利益

12. 并购重组委员会委员审核并购重组申请文件时，有下列（　　）情形之一的，应当及时提出回避。
　　A. 委员本人或者其亲属担任并购重组当事人或者其聘请的专业机构的董事（含独立董事，下同）、监事、经理或者其他高级管理人员的
　　B. 委员本人或者其亲属、委员所在工作单位持有并购重组申请公司的股票，可能影响其公正履行职责的
　　C. 委员本人或者其所在工作单位近两年内为并购重组当事人提供保荐、承销、财务顾问、审计、评估、法律、咨询等服务，可能妨碍其公正履行职责的
　　D. 并购重组委员会会议召开前，委员曾与并购重组当事人及其他相关单位或个人进行过接触，可能影响其公正履行职责的

13. 上市公司并购重组财务顾问业务是指为上市公司的（　　）等对上市公司股权结构、资产和负债、收入和利润等具有重大影响的并购重组活动提供交易估值、方案设计、出具专业意见等专业服务。
　　A. 收购　　　　　　　　　　B. 重大资产重组
　　C. 合并、分立　　　　　　　D. 股份回购

14. 证券公司从事上市公司并购重组财务顾问业务，应当具备（　　）。
　　A. 公司控股股东、实际控制人信誉良好且最近3年无重大违法违规记录
　　B. 财务顾问主办人不少于6人
　　C. 具有健全且运行良好的内部控制机制和管理制度，严格执行风险控制和内部隔离制度
　　D. 建立健全尽职调查制度，具备良好的项目风险评估和内核机制

15. 证券投资咨询机构从事上市公司并购重组财务顾问业务，应当具备下列条件，其中不正确的是（　　）。

A. 已经取得中国证监会核准的证券投资咨询业务资格

B. 实缴注册资本和净资产不低于人民币 1000 万元

C. 具有 3 年以上从事公司并购重组财务顾问业务活动的执业经历，且最近 2 年每年财务顾问业务收入不低于 100 万元

D. 有证券从业资格的人员不少于 20 人，其中，具有从事证券业务经验 3 年以上的人员不少于 10 人，财务顾问主办人不少于 5 人

16. 在下列情形之一的，不得担任独立财务顾问：(   )。

A. 持有或者通过协议、其他安排与他人共同持有上市公司股份达到或者超过 5%，或者选派代表担任上市公司董事

B. 上市公司持有或者通过协议、其他安排与他人共同持有财务顾问的股份达到或者超过 5%，或者选派代表担任财务顾问的董事

C. 最近 3 年财务顾问与上市公司存在资产委托管理关系、相互提供担保，或者最近 1 年财务顾问为上市公司提供融资服务

D. 财务顾问的董事、监事、高级管理人员、财务顾问主办人或者其直系亲属有在上市公司任职等影响公正履行职责的情形

17. 上市公司并购重组财务顾问业务的监管主体是(   )。

A. 证券交易所　　　　　　　　B. 中国证券业协会

C. 中国证监会　　　　　　　　D. 财政部

18. 关于上市公司并购重组财务顾问的委托人的法律义务，下列说法正确的是(   )。

A. 财务顾问的委托人应当依法承担相应的责任，配合财务顾问履行职责

B. 向财务顾问提供有关文件及其他必要的信息

C. 不得拒绝、隐匿、谎报。财务顾问履行职责

D. 不能减轻或者免除委托人、其他专业机构及其签名人员的责任

19. 上市公司并购重组财务顾问及其财务顾问主办人出现下列(   )情形之一的，中国证监会对其采取监管谈话、出具警示函、责令改正等监管措施。

A. 内部控制机制和管理制度、尽职调查制度以及相关业务规则存在重大缺陷或者未得到有效执行的

B. 未按照《财务顾问管理办法》规定发表专业意见的，或者在受托报送申报材料过程中，未切实履行组织、协调义务，申报文件制作质量低下的

C. 未按照《财务顾问管理办法》的规定向中国证监会报告或者公告的

D. 违反其就上市公司并购重组相关业务活动所作承诺的；违反保密制度或者未履行保密责任的

20. 《重组管理办法》适用于上市公司及其控股或者控制的公司在日常经营活动之外购买、出售资产或者通过其他方式进行资产交易达到规定的比例，导致上市公司的主营业务、资产、收入发生重大变化的资产交易行为。上述所称的"通过其他方式进行资产交易"包括(   )。

A. 与他人新设企业、对已设立的企业增资或者减资

B. 受托经营、租赁其他企业资产或者将经营性资产委托他人经营、租赁

C. 接受附义务的资产赠与或者对外捐赠资产

D. 中国证监会根据审慎监管原则认定的其他情形

21. 《上市公司信息披露管理办法》第五十九条规定："信息披露义务人及其董事、监事、高级管理人员，上市公司的股东、实际控制人、收购人及其董事、监事、高级管理人员违反本办法的，中国证监会可以采取以下监管措施：（　　）。

A. 责令改正

B. 出具警示函

C. 将其违法违规、不履行公开承诺等情况记入诚信档案并公布

D. 撤销其职务

22. 上市公司发行股份购买资产，应当符合下列规定：（　　）。

A. 有利于提高上市公司资产质量、改善公司财务状况和增强持续盈利能力；有利于上市公司减少关联交易和避免同业竞争，增强独立性

B. 上市公司最近一个季度及1期财务会计报告被注册会计师出具无保留意见审计报告；被出具保留意见、否定意见或者无法表示意见的审计报告的，须经注册会计师专项核查确认，该保留意见、否定意见或者无法表示意见所涉及事项的重大影响已经消除或者将通过本次交易予以消除

C. 上市公司发行股份所购买的资产，应当为权属清晰的经营性资产，并能在约定期限内办理完毕权属转移手续

D. 特定对象以现金或者资产认购上市公司非公开发行的股份后，上市公司用同一次非公开发行所募集的资金向该特定对象购买资产的，视同上市公司发行股份购买资产

23. 2010年9月，中国证监会上市部编制的《关注要点》，在上市公司重大资产重组中，对交易价格以法定评估报告为依据的交易项目的普遍关注点包括：（　　）。

A. 上市公司是否提供标的资产的评估报告和评估技术说明（重点关注"特别事项说明部分"）

B. 评估报告与盈利预测报告、公司管理层讨论与分析之间是否存在重大矛盾，例如对未来销售单价、销售数量、费用种类、费用金额等的测算是否存在重大差异

C. 评估基准日的选择是否合理，基准日后至审核期间是否发生了重大变化，导致评估结果与资产当前公允价值已存在重大偏差，在此情况下，评估机构是否已视情况重新出具评估报告

D. 标的资产在拟注入上市公司之前2年内是否进行过评估，两次评估值之间是否存在较大差异，如存在，是否已详细说明评估差异的合理性关联交易问题

24. 2010年9月，中国证监会上市部编制的《关注要点》，在上市公司重大资产重组中，对利润表关注事项包括（　　）。

A. 是否对标的资产最近三年收入的稳定性作出说明

B. 是否对标的资产最近三年盈利的稳定性作出说明；主营业务税金及所得税项目是否与收入或利润匹配

C. 标的资产最近两年净利润是否主要依赖非经常性损益；如存在非经常性损益的，是否对扣除非经常性损益后净利润的稳定性作出说明，该非经常性损益项目（如财政补贴）是否具备持续性和可实现性

D. 标的资产的产品销售是否严重依赖于重组方或其他关联方；产品销售严重依赖于关联方的，是否对该产品销售价格的合理性作出充分论证和说明

25. 重大资产重组对关联交易状况的原则关注要点包括（　　）。

A. 重组报告书是否充分披露本次重组前后的关联交易变化情况

B. 重组是否有利于上市公司增强经营独立性，减少和规范关联交易

C. 重组方案是否严格限制因重组而新增可能损害上市公司独立性的持续性关联交易

D. 对于重组完成后无法避免或可能新增的关联交易，是否采取切实有效措施加以规范，相关各方是否作出了明确具体的承诺或签订了完备的协议，以提高关联交易的决策透明度和信息披露质量，促进定价公允性

26. 收购人拟以重组面临严重财务困难的上市公司为理由申请豁免要约收购义务时，关注重组方案是否切实可行，包括以下内容：（　　）。

A. 重组方案的合法性　　　　　　　B. 重组方案的授权

C. 重组方案的批准　　　　　　　　D. 重组方案对上市公司的影响

27. 并购重组委员会的职责包括：（　　）。

A. 根据有关法律、行政法规和中国证监会的相关规定，审核上市公司并购重组申请是否符合相关条件

B. 审核财务顾问、会计师事务所、律师事务所、资产评估机构等证券服务机构及相关人员为并购重组申请事项出具的有关材料及意见书

C. 审核中国证监会有关职能部门出具的初审报告

D. 依法对并购重组申请事项提出审核意见

28. 个人申请注册登记为财务顾问主办人的，应当具有证券从业资格、取得执业资格证书，且符合下列条件：（　　）。

A. 具备中国证监会规定的投资银行业务经历

B. 参加中国证监会认可的财务顾问主办人胜任能力考试且成绩合格

C. 最近 24 个月未因执业行为违反行业规范而受到行业自律组织的纪律处分

D. 最近 24 个月未因执业行为违法违规受到处罚

29. 证券投资咨询机构申请从事上市公司并购重组财务顾问业务资格，除向中国证监会提交基本申报材料外，还应当提交下列文件：（　　）。

A. 中国证监会核准的证券投资咨询业务许可证复印件

B. 从事公司并购重组财务顾问业务两年以上执业经历的说明，以及最近两年每年财务顾问业务收入不低于 100 万元的证明文件，包括相关合同和纳税证明

C. 申请资格前一年控股股东、实际控制人未发生变化的说明

D. 从事公司并购重组财务顾问业务 3 年以上执业经历的说明

30. 财务顾问从事上市公司并购重组财务顾问业务，应当履行以下职责：（　　）。

A. 接受并购重组当事人的委托，对上市公司并购重组活动进行尽职调查，全面评估相关活动所涉及的风险

B. 就上市公司并购重组活动向委托人提供专业服务，帮助委托人分析并购重组相关活动所涉及的法律、财务、经营风险，提出对策和建议，设计并购重组方案，并指导委托人按照上市公司并购重组的相关规定制作申报文件

C. 对委托人进行证券市场规范化运作的辅导，使其熟悉有关法律、行政法规和中国证监会的规定，充分了解其应承担的义务和责任，督促其依法履行报告、公告和其他法定义务

D. 在对上市公司并购重组活动及申报文件的真实性、准确性、完整性进行充分核查和验证的基础上，依据中国证监会的规定和监管要求，客观、公正地发表专业意见

31. 财务顾问应当在充分尽职调查和内部核查的基础上，按照中国证监会的相关规定，对并购重组事项出具财务顾问专业意见，并作出以下承诺：（　　）。

A. 已按照规定履行尽职调查义务，有充分理由确信所发表的专业意见与委托人披露的文件内容不存在实质性差异

B. 已对委托人披露的文件进行核查，确信披露文件的内容与格式符合要求

C. 充分理由确信委托人委托财务顾问出具意见的并购重组方案符合法律、法规和中国证监会及证券交易所的相关规定，所披露的信息真实、准确、完整，不存在虚假记载、误导性陈述或者重大遗漏

D. 在与委托人接触后到担任财务顾问期间，已采取严格的保密措施，严格执行风险控制和内部隔离制度，不存在内幕交易、操纵市场和证券欺诈问题

32. 财务顾问代表委托人向中国证监会提交申请文件后，应当配合中国证监会的审核，并承担以下工作：（　　）。

A. 指定财务顾问主办人与中国证券业协会进行专业沟通，并按照中国证券业协会提出的反馈意见作出回复

B. 按照中国证监会的要求对涉及本次并购重组活动的特定事项进行尽职调查或者核查

C. 委托人未能在行政许可的期限内公告相关并购重组报告全文的，财务顾问应当督促委托人及时公开披露中国证监会提出的问题及委托人未能如期公告的原因

D. 自申报至并购重组事项完成前，对于上市公司和其他并购重组当事人发生较大变化对本次并购重组构成较大影响的情况予以高度关注，并及时向中国证监会报告

33. 财务顾问应当通过日常沟通、定期回访等方式，结合上市公司定期报告的披露，做好以下持续督导工作：（　　）。

A. 督促并购重组当事人按照相关程序规范实施并购重组方案，及时办理产权过户手续，并依法履行报告和信息披露的义务

B. 督促上市公司按照《上市公司治理准则》的要求规范运作

C. 督促和检查申报人履行对市场公开作出的相关承诺的情况

D. 结合上市公司定期报告，核查并购重组是否按计划实施、是否达到预期目标；
其实施效果是否与此前公告的专业意见存在较大差异，是否实现相关盈利预测
或者管理层预计达到的业绩目标

34. 财务顾问业务的监管主体是（　　）。
　　A. 证券交易所　　　　　　　　　B. 并购重组委员会
　　C. 中国证监会　　　　　　　　　D. 中国证券业协会

35. 关于收益现值法的说法正确的是（　　）。
　　A. 评估的假设前提是否具有可靠性和合理性
　　B. 对未来收益的预测是否有充分、合理的依据，包括但不限于是否对细分行业、
　　　　细分市场的历史、现状及未来进行严谨分析，所作预测是否符合产品生命周期
　　　　曲线、是否符合超额收益率等通常规律
　　C. 未来收入是否包含非经常性项目；未来收入增长是否与费用增长相匹配等
　　D. 折现率的计算是否在无风险安全利率（通常取无风险长期国债利率）的基础上
　　　　考虑了行业风险（以方差或其他形式求出）及公司个别风险并进行调整

三、判断题

1. 重大资产重组购买的资产为股权的，其资产总额以被投资企业的资产总额与该项投
资所占股权比例的乘积和成交金额二者中的较高者为准。（　　）
　　A. 正确　　　　　　　　　　　　B. 错误

2. 资产净额以被投资企业的净资产额与该项投资所占股权比例的乘积和成交金额二者
中的较低者为准。（　　）
　　A. 正确　　　　　　　　　　　　B. 错误

3. 出售股权导致上市公司丧失被投资企业控股权的，其资产总额、营业收入以及资产
净额分别以被投资企业的资产总额、营业收入以及净资产额为准。（　　）
　　A. 正确　　　　　　　　　　　　B. 错误

4. 购买的资产为非股权资产的，其资产总额以该资产的账面值和成交金额二者中的较
低者为准，资产净额以相关资产与负债的账面值差额和成交金额二者中的较低者为
准。（　　）
　　A. 正确　　　　　　　　　　　　B. 错误

5. 出售的资产为非股权资产的，其资产总额、资产净额分别以该资产的账面值、相关
资产与负债账面值的差额为准。（　　）
　　A. 正确　　　　　　　　　　　　B. 错误

6. 重大资产重组中相关资产以资产评估结果作为定价依据的，资产评估机构原则上应
当采取两种以上评估方法进行评估。（　　）
　　A. 正确　　　　　　　　　　　　B. 错误

7. 上市公司首次召开董事会审议重大资产重组事项的，应当在召开董事会的前一日或
者前两日与相应的交易对方签订附条件生效的交易合同。（　　）
　　A. 正确　　　　　　　　　　　　B. 错误

8. 上市公司重大资产重组事宜与本公司股东或者其关联人存在关联关系的，股东大会

就重大资产重组事项进行表决时，关联股东不必回避表决。（　　）

A. 正确　　　　　　　　　　　　B. 错误

9. 交易对方已经与上市公司控股股东就受让上市公司股权或者向上市公司推荐董事达成协议或者默契，可能导致上市公司的实际控制权发生变化的，上市公司控股股东及其关联人不必回避表决。（　　）

A. 正确　　　　　　　　　　　　B. 错误

10. 中国证监会在审核期间提出反馈意见要求上市公司作出书面解释、说明的，上市公司应当自收到反馈意见之日起 60 日内提供书面回复意见，独立财务顾问应当配合上市公司提供书面回复意见。（　　）

A. 正确　　　　　　　　　　　　B. 错误

11. 上市公司收到中国证监会就其重大资产重组申请作出的予以核准或者不予核准的决定后，应当在次一工作日予以公告。（　　）

A. 正确　　　　　　　　　　　　B. 错误

12. 资产评估机构采取收益现值法、假设开发法等基于未来收益预期的估值方法对拟购买资产进行评估并作为定价参考依据的，上市公司应当在重大资产重组实施完毕后 5 年内的年度报告中单独披露相关资产的实际盈利数与评估报告中利润预测数的差异情况。（　　）

A. 正确　　　　　　　　　　　　B. 错误

13. 中国证监会在发行审核委员会中设立上市公司并购重组审核委员会，以协商方式对提交其审议的重大资产重组申请进行表决，提出审核意见。（　　）

A. 正确　　　　　　　　　　　　B. 错误

14. 并购重组委员会委员由中国证监会的专业人员和中国证监会外的有关专家组成，由中国证监会聘任。（　　）

A. 正确　　　　　　　　　　　　B. 错误

15. 并购重组委员会委员为 25 名。其中，中国证监会的人员 5 名，中国证监会以外的人员 20 名。（　　）

A. 正确　　　　　　　　　　　　B. 错误

16. 并购重组委员会委员以个人身份出席并购重组委员会会议，依法履行职责，独立发表审核意见并行使表决权。（　　）

A. 正确　　　　　　　　　　　　B. 错误

17. 并购重组委员会委员有义务向中国证监会举报任何以不正当手段对其施加影响的并购重组当事人及其他相关单位或者个人。（　　）

A. 正确　　　　　　　　　　　　B. 错误

18. 每次参加并购重组委员会会议的并购重组委员会委员为 6 名，每次会议设召集人 1 名，召集人按照中国证监会的有关规定负责召集并购重组委员会会议，组织参会委员发表意见，进行讨论，总结并购重组委员会会议审核意见，组织投票并宣读表决结果。（　　）

A. 正确　　　　　　　　　　　　B. 错误

19. 并购重组委员会会议表决采取记名投票方式。（　　）
    A. 正确　　　　　　　　　　B. 错误

20. 证券公司、证券投资咨询机构和其他财务顾问机构最近 36 个月内因执业行为违反
    行业规范而受到行业自律组织的纪律处分不得担任财务顾问。（　　）
    A. 正确　　　　　　　　　　B. 错误

21. 内幕交易，是指上市公司高管人员、控股股东、实际控制人和行政审批部门等方面
    的知情人员，利用工作之便，在公司并购、业绩增长等重大信息公布之前，泄露信
    息或者利用内幕信息买卖证券牟取私利的行为。（　　）
    A. 正确　　　　　　　　　　B. 错误

22. 上市公司重大资产重组，是指导致上市公司的资产结构、盈利能力甚至主营业务发
    生重大变化的购买、出售经营性资产的行为。（　　）
    A. 正确　　　　　　　　　　B. 错误

23. 上市公司与交易对方就重大资产重组事宜进行初步磋商时，应当立即采取必要的保
    密措施，制定严格有效的保密制度，限定相关敏感信息的知悉范围。（　　）
    A. 正确　　　　　　　　　　B. 错误

24. 上市公司应当聘请独立财务顾问、律师事务所以及具有相关证券业务资格的会计师
    事务所等证券服务机构就重大资产重组出具意见。上市公司及交易对方与证券服务
    机构签订聘用合同后，非因正当事由不得更换证券服务机构。（　　）
    A. 正确　　　　　　　　　　B. 错误

25. 上市公司拟购买的资产为企业股权的，该企业应当不存在出资不实或者影响其合法
    存续的情况；上市公司在交易完成后成为持股型公司的，作为主要标的资产的企业
    股权应当为控股权。（　　）
    A. 正确　　　　　　　　　　B. 错误

26. 上市公司筹划、实施重大资产重组，相关信息披露义务人应当公平地向所有投资者
    披露可能对上市公司股票交易价格产生较大影响的相关信息，不得有选择性地向特
    定对象提前泄露。（　　）
    A. 正确　　　　　　　　　　B. 错误

27. 上市公司实施重大资产重组，有关各方必须及时、公平地披露或者提供信息，保证
    所披露或者所提供信息的真实、准确、完整，不得有虚假记载、误导性陈述或者重
    大遗漏。（　　）
    A. 正确　　　　　　　　　　B. 错误

28. 并购重组委员会通过召开并购重组委员会会议履行职责并进行审核工作，中国证券
    业协会有关职能部门作为并购重组委员会的办事机构，负责安排并购重组委员会工
    作会议、送达审核材料、会议记录、起草会议纪要及保管档案等具体工作。（　　）
    A. 正确　　　　　　　　　　B. 错误

29. 并购重组委员会会议审核上市公司并购重组申请事项的，中国证监会有关职能部门
    在并购重组委员会会议召开 5 日前，将会议通知、并购重组申请文件及中国证监会
    有关职能部门的初审报告送交参会委员签收，同时将并购重组委员会会议审核的申

请人名单、会议时间、相关当事人承诺函和参会委员名单在中国证监会网站上公布。（ ）

    A. 正确   B. 错误

30. 并购重组委员会会议开始前，委员应当签署与并购重组申请人及其所聘请的专业机构或者相关人员接触事项的有关说明，并交由中国证监会留存。（ ）

    A. 正确   B. 错误

31. 中国证监会负责对并购重组委员会事务的日常管理以及对并购重组委员会委员的考核和监督。（ ）

    A. 正确   B. 错误

32. 证券公司、证券投资咨询机构或者其他符合条件的财务顾问机构从事上市公司并购重组财务顾问业务，需依照《财务顾问管理办法》的规定向中国证监会提出申请并经核准。未经中国证监会核准，任何单位和个人不得从事上市公司并购重组财务顾问业务。（ ）

    A. 正确   B. 错误

33. 财务顾问应当关注上市公司并购重组活动中，相关各方是否存在利用并购重组信息进行内幕交易、市场操纵和证券欺诈等事项。（ ）

    A. 正确   B. 错误

34. 上市公司进行重大资产重组，应当由股东大会依法作出决议。上市公司董事会应当就重大资产重组是否构成关联交易作出明确判断，并作为董事会决议事项予以披露。（ ）

    A. 正确   B. 错误

35. 上市公司就重大资产重组事宜召开股东大会，可不以现场会议形式召开，但应当提供网络投票或者其他合法方式为股东参加股东大会提供便利。（ ）

    A. 正确   B. 错误

36. 上市公司董事会如再次作出发行股份购买资产的决议，应当以该次董事会决议公告日作为发行股份的定价基准日。（ ）

    A. 正确   B. 错误

37. 特定对象因认购上市公司发行股份导致其持有或者控制的股份比例超过30%或者在30%以上继续增加，且上市公司股东大会同意其免于发出要约的，可以在上市公司向中国证监会报送发行股份申请的同时，提出豁免要约义务的申请。（ ）

    A. 正确   B. 错误

38. 对于开发性房地产，土地使用权性质应与土地实际用途相符合，土地使用应符合规划，在确定评估参数时应结合目前房地产行业的政策环境、市场环境和标的公司的实际情况。（ ）

    A. 正确   B. 错误

39. 上市公司必须严格按照《重组管理办法》规定实施重大资产重组，未经核准擅自实施重大资产重组的，可直接处以警告、罚款，并可以对有关责任人员采取市场禁入的措施。（ ）

A. 正确   B. 错误

40. 上市公司董事、监事和高级管理人员在重大资产重组中，未履行诚实守信、勤勉尽责义务，导致重组方案损害上市公司利益的，可直接处以警告、罚款，并可以采取市场禁入的措施；涉嫌犯罪的，依法移送司法机关追究刑事责任。（　　）

A. 正确   B. 错误

参考答案

一、单项选择题

1. C	2. C	3. C	4. B	5. B
6. A	7. A	8. D	9. A	10. B
11. B	12. C	13. C	14. C	15. A
16. B	17. D	18. D	19. C	20. C
21. C	22. A	23. C	24. D	25. C
26. D	27. D	28. A	29. B	30. B
31. D	32. C	33. A	34. D	35. A
36. A	37. A	38. A	39. C	40. B

二、多项选择题

1. ABCD	2. ABCD	3. AB	4. ABCD	5. ABCD
6. ACD	7. BCD	8. ABD	9. ABCD	10. ABC
11. ABCD	12. ABCD	13. ABCD	14. ACD	15. BC
16. ABD	17. BC	18. ABCD	19. ABCD	20. ABCD
21. ABC	22. ACD	23. ABC	24. CD	25. ABCD
26. BCD	27. ABCD	28. ABC	29. ABC	30. ABCD
31. ABCD	32. BCD	33. ABCD	34. CD	35. ABCD

三、判断题

1. A	2. B	3. A	4. B	5. A
6. A	7. B	8. B	9. B	10. B
11. A	12. B	13. B	14. A	15. A
16. A	17. A	18. B	19. A	20. A
21. A	22. A	23. B	24. A	25. A
26. A	27. A	28. B	29. B	30. A
31. A	32. A	33. A	34. B	35. B
36. A	37. A	38. A	39. B	40. B

第三篇 《证券发行与承销》模拟题及参考答案

模拟题及参考答案（一）

模拟题

一、单项选择题（共 60 题，每题 0.5 分，不答或答错不给分）

1. 1864 年美国（ ）禁止商业银行从事证券承销与销售等业务。
   A.《麦克法顿法》
   B.《国民银行法》
   C.《格拉斯·斯蒂格尔法》
   D.《金融服务现代化法案》

2. 1999 年 11 月（ ）先后经美国国会通过和总统批准，意味着 20 世纪影响全球各国金融业的分业经营制度框架的终结，并标志着美国乃至全球金融业真正进入了金融自由化和混业经营的新时代。
   A.《麦克法顿法》
   B.《国民银行法》
   C.《格拉斯·斯蒂格尔法》
   D.《金融服务现代化法案》

3. 2003 年 12 月 28 日，中国证监会颁布了《证券发行上市保荐制度暂行办法》，于（ ）开始实施。
   A. 2003 年 12 月 28 日
   B. 2004 年 1 月 1 日
   C. 2004 年 2 月 1 日
   D. 2004 年 3 月 1 日

4. （ ）试行首次公开发行股票询价制度。按照中国证监会的规定，首次公开发行股票的公司及其保荐机构应通过向询价对象询价的方式确定股票发行价格，这标志着我国首次公开发行股票市场化定价机制的初步建立。
   A. 2003 年 1 月 1 日
   B. 2004 年 1 月 1 日
   C. 2005 年 1 月 1 日
   D. 2006 年 1 月 1 日

5. 1998 年通过的《证券法》对公司债券的发行和上市作了特别规定，规定公司债券的发行仍采用（ ）。
   A. 核准制
   B. 注册制
   C. 审批制
   D. 登记制

6. 股份有限公司的全体发起人的货币出资金额不得低于公司注册资本的(   )。
   A. 8%   B. 20%
   C. 30%   D. 50%

7. 股份有限公司发起人持有的本公司股份,自公司成立之日起(   )年内不得转让;公司公开发行股份前已发行的股份,自公司股票在证券交易所上市交易之日起(   )年内不得转让。
   A. 1 1   B. 2 1
   C. 3 2   D. 1 2

8. 股份有限公司的财务会计报告应当在召开股东大会年会的(   )日前置备于本公司,供股东查阅。
   A. 10   B. 20
   C. 30   D. 50

9. 股份有限公司修改公司章程,必须经出席股东大会会议的股东所持表决权的(   )以上通过。
   A. 1/3   B. 2/3
   C. 1/4   D. 3/4

10. (   )是指股份有限公司在从事经营活动的过程中,应当努力保持与公司资本数额相当的实有资本。
    A. 资本确定原则   B. 资本维持原则
    C. 资本留存原则   D. 资本不变原则

11. 占有、使用国有资产,并已取得公司法人资格或申请取得公司法人资格,包括改组为股份制企业时,应当在向工商行政管理部门办理有关工商登记事宜前,依法向(   )申请产权登记,并由其依法审核,并颁发《国有资产授权占用证书》。
    A. 国资委   B. 证监会
    C. 国有资产管理部门   D. 财政部

12. (   )是指具有法人资格的国有企业、事业及其他单位,以其依法占用的法人资产,向独立于自己的股份公司出资形成或依法定程序取得的股份。
    A. 国家股   B. 国有法人股
    C. 独立董事股   D. 个人股

13. 关于国有企业改组为股份公司时的股权界定,下列不正确的一项是:(   )。
    A. 有权代表国家投资的机构或部门直接设立的国有企业以其全部资产改建为股份有限公司的,原企业应予撤销,原企业的国家净资产折成的股份界定为国家股
    B. 有权代表国家投资的机构或部门直接设立的国有企业以其部分资产(连同部分负债)改建为股份公司的,如进入股份公司的净资产(指评估前净资产)累计高于原企业所有净资产的60%(含60%),或主营生产部分的全部或大部分资产进入股份制企业,其净资产折成的股份界定为国家股
    C. 有权代表国家投资的机构或部门直接设立的国有企业以其部分资产(连同部分负债)改建为股份公司的,若进入股份公司的净资产低于50%(不含50%),

则其净资产折成的股份界定为国有法人股

    D. 国有法人单位（行业性总公司和具有政府行政管理职能的公司除外）所拥有的企业，包括产权关系经过界定和确认的国有企业（集团公司）的全资子企业（全资子公司）和控股子企业（控股子公司）及其下属企业，以全部或部分资产改建为股份公司，进入股份公司的净资产折成的股份，界定为国有法人股

14.（   ）是指有权代表国家投资的机构或部门向股份公司投资形成或依法定程序取得的股份。

    A. 国家股   B. 国有法人股

    C. 独立董事股   D. 个人股

15. 国有企业进行股份制改组，要按（   ），保证国家股或国有法人股（该国有法人单位应为国有独资企业或国有独资公司）的控股地位。

    A.《在股份制试点工作中贯彻国家产业政策若干问题的暂行规定》

    B.《上市公司治理准则》

    C.《关于规范国有企业改制工作意见》

    D.《上市公司证券发行管理办法》

16. 为了规范证券发行上市保荐业务，提高上市公司质量和证券公司执业水平，保护投资者的合法权益，促进证券市场健康发展，（   ）于 2008 年 10 月 17 日发布了《证券发行上市保荐业务管理办法》。

    A. 国务院   B. 中国证监会

    C. 国资委   D. 中国保监会

17. 根据（   ），保荐机构应在发行保荐书中对发行人是否符合发行条件、发行人存在的主要风险、保荐机构与发行人的关联关系、保荐机构的推荐结论等事项发表明确意见。

    A.《上市公司证券发行管理办法》

    B.《上市公司治理准则》

    C.《证券发行上市保荐业务管理办法》

    D.《发行证券的公司信息披露内容与格式准则第 27 号——发行保荐书和发行保荐工作报告》

18. 证券发行规模达到一定数量的，可以采用联合保荐，但参与联合保荐的保荐机构不得超过（   ）家。

    A. 1   B. 2

    C. 3   D. 4

19. 主板上市公司发行新股、可转换公司债券的，持续督导的期间为证券上市当年剩余时间及其后（   ）个完整会计年度。

    A. 1   B. 3

    C. 5   D. 10

20. 创业板上市公司发行新股、可转换公司债券的，持续督导的期间为证券上市当年剩余时间及其后（   ）个完整会计年度。

A. 1   B. 2

C. 3   D. 5

21. (   )配售方式是指通过交易所交易系统公开发行股票。

    A. 向战略投资者   B. 向参与网下配售的询价对象

    C. 向参与网上发行的投资者   D. 上网竞价

22. 发行的股票向战略投资者配售的，发行完成后无持有期限制的股票数量不得低于本
    次发行股票数量的(   )。

    A. 10%   B. 20%

    C. 25%   D. 50%

23. 发行人和主承销商必须在(   )将确定的发行价格进行公告。

    A. 股票配售时   B. 资金入账前

    C. 资金解冻前   D. 网上发行后

24. 沪市投资者可以使用其所持的上海证券交易所账户在申购日（以下简称"T日"）
    向上海证券交易所申购在上海证券交易所发行的新股，申购时间为：(   )。

    A. T日上午9:30～11:30，下午1:00～3:00

    B. T日上午9:00～11:00，下午1:00～3:00

    C. T+1日上午9:00～11:00，下午1:00～3:00

    D. T+2日上午9:30～11:30，下午1:00～3:00

25. 申购日后的(   )日，中国结算上海分公司配合上海证券交易所指定的具备资格的
    会计师事务所对申购资金进行验资，并由会计师事务所出具验资报告，以实际到位
    资金作为有效申购。

    A. T   B. T+1

    C. T+2   D. T+3

26. 根据(   )，公开发行证券的公司信息披露规范包括：内容与格式准则、编报规
    则、规范问答。

    A.《证券法》

    B.《中国证监会现行规章、规范性文件目录》

    C.《首次公开发行股票并上市管理办法》

    D.《证券发行与承销管理办法》

27. 招股说明书中引用的财务报告在其最近1期截止日后(   )个月内有效。特殊情况
    下，发行人可申请适当延长，但至多不超过1个月。

    A. 2   B. 3

    C. 5   D. 6

28. (   )应当对上市公司及其他信息披露义务人披露信息进行监督，督促其依法及
    时、准确地披露信息，对证券及其衍生品种交易实行实时监控。

    A. 国务院   B. 中国人民银行

    C. 中国证监会   D. 证券交易所

29. 招股说明书的有效期为(   )个月，自中国证监会核准发行申请前招股说明书最后

1次签署之日起计算。

    A. 2   B. 3

    C. 5   D. 6

30. 在申请文件被受理后、发行审核委员会审核前，发行人应当将招股说明书（申报稿）在（   ）预先披露。

    A. 中国证监会网站   B. 发行人公司网站

    C. 中国证券报   D. 证券交易所网站

31. 股东大会就发行证券事项作出决议，必须经出席会议的股东所持表决权的（   ）以上通过。

    A. 1/4   B. 1/3

    C. 1/2   D. 2/3

32. 在发行申请提交发审会前，如果发生对发行人发行新股法定条件产生重大影响，或对发行人股票价格可能产生重大影响，以及对投资者作出投资决策可能产生重大影响的重大事项，保荐人（主承销商）应当在两个工作日内向（   ）书面说明。

    A. 国务院   B. 证券交易所

    C. 证券业协会   D. 中国证监会

33. 上市公司非公开发行股票，发行价格不低于定价基准日前 20 个交易日公司股票均价的（   ）。

    A. 30%   B. 50%

    C. 70%   D. 90%

34. 封卷后至刊登募集说明书期间，如果发行人公布了新的定期报告、重大事项临时公告或调整盈利预测，发行人、保荐人（主承销商）、律师应在（   ）个工作日内，向中国证监会报送会后重大事项说明或专业意见以及修改后的募集说明书。

    A. 2   B. 3

    C. 5   D. 10

35. 发审会后至发行前期间，如果发行人公布了新的定期报告、重大事项临时公告或调整盈利预测，发行人、保荐人（主承销商）、律师应在（   ）个工作日内，向中国证监会报送会后重大事项说明或专业意见。

    A. 2   B. 3

    C. 5   D. 10

36. 按照目前的做法，发行人申请发行可转换公司债券，（   ）应决定是否优先向原股东配售。

    A. 中国证监会   B. 监事会

    C. 股东大会   D. 董事会

37. 关于发行可转换公司债券发行的时间安排，下列说法错误的是：（   ）。

    A. T−5 日，刊登债券募集说明书概要和发行公告

    B. T−4 日，刊登债券募集说明书概要和发行公告

    C. T+1 日，冻结申购资金

D. T+4 日，摇号结果公告见报

38. 可转换公司债券发行人在发行结束后，可向证券交易所申请将可转换公司债券上市。可转换公司债券在( )上市。
    A. 上海证券交易所　　　　　　　　B. 深圳证券交易所
    C. 发行人股票上市的证券交易所　　D. 香港证券交易所

39. 发行人向交易所申请其可转换公司债券在交易所上市，应当由( )推荐。
    A. 保荐人　　　　　　　　　　　　B. 注册会计师
    C. 律师　　　　　　　　　　　　　D. 资产评估师

40. 可转换公司债券获准上市后，上市公司应当在可转换公司债券上市前( )个交易日内，在指定媒体上披露上市公告书。
    A. 2　　　　　　　　　　　　　　　B. 3
    C. 4　　　　　　　　　　　　　　　D. 5

41. 利率或利差招标时，标位变动幅度为( )；价格招标时，标位变动幅度在当期国债发行文件中另行规定。
    A. 0.01%　　　　　　　　　　　　　B. 0.02%
    C. 0.03%　　　　　　　　　　　　　D. 0.04%

42. 对于事先已确定发行条款的国债，我国仍采取( )方式，目前主要运用于不可上市流通的凭证式国债的发行。
    A. 行政分配　　　　　　　　　　　B. 市场定价
    C. 承购包销　　　　　　　　　　　D. 公开招标

43. 财政部一般委托( )分配国债承销数额。
    A. 具备国债承销团资格的机构　　　B. 国务院
    C. 中国人民银行　　　　　　　　　D. 中国证监会

44. 财政部和中国人民银行一般每年确定( )次凭证式国债承销团资格。
    A. 1　　　　　　　　　　　　　　　B. 2
    C. 3　　　　　　　　　　　　　　　D. 4

45. 全场有效投标总额( )当期国债招标额时，所有有效投标全额募入。
    A. 大于　　　　　　　　　　　　　B. 大于或等于
    C. 小于　　　　　　　　　　　　　D. 小于或等于

46. 根据香港联交所的有关规定，内地在中国香港发行股票并上市的股份有限公司，无论任何时候，公众人士持有的 H 股股份须占发行人已发行股本至少( )。
    A. 15%　　　　　　　　　　　　　　B. 20%
    C. 25%　　　　　　　　　　　　　　D. 30%

47. 根据香港联交所的有关规定，内地在中国香港发行股票并上市的股份有限公司，需指定至少( )名独立非执行董事，其中 1 名独立非执行董事必须具备适当的专业资格，或具备适当的会计或相关财务管理专长。
    A. 1　　　　　　　　　　　　　　　B. 2
    C. 3　　　　　　　　　　　　　　　D. 4

48. 资产评估的主要方法不包括( )。

    A. 加权平均法   B. 重置成本法

    C. 现行市价法   D. 收益现值法

49. 根据《股份有限公司境内上市外资股规定的实施细则》等法规，经批准，我国股份有限公司在发行 B 股时，可以与承销商在( )协议中约定超额配售选择权。

    A. 分销   B. 承销

    C. 包销   D. 代销

50. H 股的发行方式是( )。

    A. 公开发行   B. 国际配售

    C. 公开发行加国际配售   D. 定向发行

51. 在上市公司收购行为完成后( )个月内，收购人聘请的财务顾问应当在每季度前 3 日内就上一季度对上市公司影响较大的投资、购买或者出售资产、关联交易、主营业务调整以及董事、监事、高级管理人员的更换、职工安置、收购人履行承诺等情况向派出机构报告。

    A. 6   B. 12

    C. 24   D. 36

52. 在上市公司收购中，收购人持有的被收购公司的股份，在收购完成后( )个月内不得转让。

    A. 6   B. 12

    C. 24   D. 36

53. 投资者未能在规定时间内按战略投资方案完成战略投资的，审批机关的原则批复自动失效。投资者应在原则批复失效之日起( )日内，经国家外汇局核准后，将结汇所得人民币资金购汇并汇出境外。

    A. 15   B. 30

    C. 35   D. 45

54. 外国投资者在并购后所设外商投资企业注册资本中的出资比例高于( )的，该企业享受外商投资企业待遇。

    A. 20%   B. 25%

    C. 30%   D. 35%

55. 外国投资者并购境内企业设立外商投资企业，外国投资者应自外商投资企业营业执照颁发之日起( )个月内向转让股权的股东或出售资产的境内企业支付全部对价。

    A. 1   B. 2

    C. 3   D. 5

56. 上市公司拟进行"上市公司出售资产的总额和购买资产的总额占其最近 1 个会计年度经审计的合并财务会计报告期末资产总额的比例均达到( )以上"或"上市公司出售全部经营性资产，同时购买其他资产"等重大资产重组行为以及发行股份购买资产的，还应当提供上市公司的盈利预测报告。

    A. 50%   B. 60%

C. 70%   D. 80%

57. 重大资产重组的首次董事会决议经表决通过后，上市公司应当在决议当日或者次一工作日的非交易时间向（　　）申请公告。
    A. 证券交易所   B. 并购重组委员会
    C. 中国证监会   D. 财政部

58. 中国证监会核准上市公司重大资产重组申请的，上市公司应当及时实施重组方案，并于实施完毕之日起（　　）个工作日内编制实施情况报告书，向中国证监会及其派出机构、证券交易所提交书面报告，并予以公告。
    A. 1   B. 2
    C. 3   D. 5

59. 根据《最高人民检察院公安部关于公安机关管辖的刑事案件追诉标准的规定（二）》，内幕信息知情人利用内幕信息买卖上市公司股票成交额累计在（　　）万元以上，要追究刑事责任。
    A. 10   B. 20
    C. 30   D. 50

60. 上市公司破产重整，涉及公司重大资产重组拟发行股份购买资产的，其发行股份价格由相关各方协商确定后，提交股东大会作出决议，决议须经出席会议的股东所持表决权的（　　）以上通过，且经出席会议的社会公众股东所持表决权的 2/3 以上通过。
    A. 1/4   B. 1/3
    C. 2/3   D. 1/2

二、多项选择题（共 40 题，每题 1 分，多选或少选不给分）

1. 投资银行业的狭义含义只限于某些资本市场活动，着重指一级市场上的（　　）。
    A. 承销业务   B. 并购业务的财务顾问
    C. 贷款业务   D. 融资业务的财务顾问

2. 2008 年美国由于次贷危机而引发的连锁反应导致了罕见的金融风暴，在此次金融风暴中，美国著名投资银行（　　）倒闭，其原因主要在于风险控制失误和激励约束机制的弊端。
    A. 摩根斯坦利   B. 贝尔斯登
    C. 高盛   D. 雷曼兄弟

3. 2010 年 7 月，美国通过了《金融监管改革法案》，这个法案的核心内容包括：（　　）。
    A. 成立金融稳定监管委员会，负责监测并处理威胁金融系统稳定的风险
    B. 设立消费者金融保护局，监管提供消费者金融产品及服务的金融机构
    C. 将场外衍生品市场纳入监管视野
    D. 限制银行自营交易和进行高风险的衍生品交易，遏制金融机构过度投机行为

4. 发行无记名股票的，公司应当记载下列事项：（　　）。
    A. 股票数量   B. 各股东所持股份数
    C. 股票编号   D. 股份发行日期

5. 股份有限公司具有的特点是：（　　）。
　　A. 资合
　　B. 开放性
　　C. 人合
　　D. 设立程序相对复杂的

6. 以募集设立方式设立公司的股份认购，认股书应当载明下列事项：（　　）。
　　A. 发起人认购的股份数；每股的票面金额和发行价格
　　B. 无记名股票的发行总数；募集资金的用途
　　C. 认股人的权利、义务
　　D. 本次募股的起止期限及逾期未募足时认股人可以撤回所认股份的说明

7. （　　）通过发行股票，能够在短期内将分散在社会上的闲散资金集中起来，筹集到扩大生产、规模经营所需要的巨额资本，从而增强公司的发展能力。
　　A. 独资企业
　　B. 合伙企业
　　C. 股份有限公司
　　D. 有限责任公司

8. 下列不属于拟发行上市公司治理规范的独立性要求的是：（　　）。
　　A. 拟发行上市公司的股权应做到独立完整
　　B. 拟发行上市公司的人员应做到独立
　　C. 拟发行上市公司的机构应做到独立
　　D. 拟发行上市公司应做到财务独立

9. 下列不属于我国目前已经在证券交易所上市的公司的种类的是（　　）。
　　A. 合伙制企业通过资产重组，通过募集方式设立并上市
　　B. 1994年7月1日《公司法》生效前成立的定向募集公司
　　C. 2006年1月1日《公司法》修订实施前发起设立的股份有限公司
　　D. 有限责任公司整体变更成股份有限公司

10. 对本次证券发行的推荐意见部分，保荐机构应逐项说明发行人是否已就本次证券发行履行了（　　）及中国证监会规定的决策程序。
　　A.《证券法》
　　B.《证券发行上市保荐业务管理办法》
　　C.《公司法》
　　D.《首次公开发行股票并上市管理办法》

11. 上市保荐书应当包括下列内容：（　　）。
　　A. 逐项说明本次证券上市是否符合《公司法》、《证券法》及证券交易所规定的上市条件
　　B. 对发行人证券上市后持续督导工作的具体安排
　　C. 保荐机构与发行人的关联关系；相关承诺事项
　　D. 中国证监会或者证券交易所要求的其他事项

12. 在发行保荐书和上市保荐书中，保荐机构应当就下列事项作出承诺：（　　）。
　　A. 有充分理由确信发行人符合法律法规及中国证监会有关证券发行上市的相关规定
　　B. 有充分理由确信发行人申请文件和信息披露资料不存在虚假记载、误导性陈述或者重大遗漏
　　C. 有充分理由确信发行人及其董事在申请文件和信息披露资料中表达意见的依据

充分合理

　　D. 有充分理由确信申请文件和信息披露资料与证券服务机构发表的意见不存在实质性差异

13. 询价对象应当符合下列哪些条件：（　　　）。

A. 依法设立，最近 6 个月未因重大违法违规行为被相关监管部门给予行政处罚、采取监管措施或者受到刑事处罚

B. 依法可以进行股票投资；信用记录良好，具有独立从事证券投资所必需的机构和人员

C. 具有健全的内部风险评估和控制系统并能够有效执行，风险控制指标符合有关规定

D. 按照《证券发行与承销管理办法》的规定被中国证券业协会从询价对象名单中去除的，自去除之日起已满 12 个月

14. 下列机构投资者作为询价对象应当符合的条件正确的是（　　　）。

A. 保险机构投资者经批准可以经营证券自营或者证券资产管理业务

B. 证券公司经批准可以经营证券自营或者证券资产管理业务

C. 信托投资公司经相关监管部门重新登记已满两年，注册资本不低于 4 亿元，最近 12 个月有活跃的证券市场投资记录

D. 财务公司成立两年以上，注册资本不低于 5 亿元，最近 12 个月有活跃的证券市场投资记录

15. 询价对象是指符合《证券发行与承销管理办法》规定条件的（　　　）。

A. 证券投资基金管理公司、证券公司　　B. 信托投资公司、财务公司

C. 保险机构投资者　　　　　　　　　　D. 合格境外机构投资者

16. 如发行过内部职工股，发行人应披露（　　　）。

A. 内部职工股的审批及发行情况

B. 本次发行前的内部职工股托管情况

C. 发生过的违法违规情况

D. 对尚存在内部职工股潜在问题和风险隐患的，应披露有关责任的承担主体等

17. 发行人如发行过内部职工股，应披露本次发行前的内部职工股托管情况，包括：（　　　）。

A. 托管单位

B. 前 20 名自然人股东名单、持股数量及比例

C. 应托管数量、实际托管数量、托管完成时间、未托管股票数额及原因、未托管股票的处理办法

D. 省级人民政府对发行人内部职工股托管情况及真实性的确认情况

18. 发行人应简要披露员工及其社会保障的情况主要包括：（　　　）。

A. 员工人数及变化情况

B. 员工专业结构、受教育程度

C. 员工性别比例、年龄分布、婚姻状况

D. 发行人执行社会保障制度、住房制度改革、医疗制度改革情况

19. 封卷后至刊登募集说明书期间，如果发行人公布了新的定期报告、重大事项临时公告或调整盈利预测，（　　）应在 5 个工作日内，向中国证监会报送会后重大事项说明或专业意见以及修改后的募集说明书。
    A. 发行人 　　　　　　　　　　　B. 保荐人（主承销商）
    C. 注册会计师 　　　　　　　　　D. 律师

20. 对发行人申请文件的形式要求，下列说法正确的是：（　　）。
    A. 发行人和保荐人报送发行申请文件，初次应提交原件 1 份，复印件两份；在提交发审委审核之前，根据中国证监会要求的书面文件份数补报申请文件
    B. 纳入发行申请文件原件的文件，均应为原始文本。发行人不能提供有关文件的原始文本的，应由发行人律师提供鉴证意见，或由出文单位盖章，以保证与原始文件一致。如原出文单位不再存续，由承继其职权的单位或作出撤销决定的单位出文证明文件的真实性
    C. 发行申请文件的扉页应附发行人董事会秘书及有关中介机构项目负责人的姓名、电话、传真及其他有效的联系方式
    D. 在每次报送书面文件的同时，发行人应报送两份相应的电子文件（应为标准 .doc或 .rtf 文件）。发行结束后，发行人应将募集说明书的电子文件及历次报送的电子文件汇总报送中国证监会备案

21. 上市公司董事会依法就下列事项作出决议：（　　），并提请股东大会批准。
    A. 新股发行的方案 　　　　　　　B. 本次募集资金使用的可行性报告
    C. 前次募集资金使用的报告 　　　D. 其他必须明确的事项

22. 影响可转换公司债券价值的因素以下几点说法错误的是：（　　）。
    A. 票面利率越高，可转换公司债券的债权价值越低；反之，票面利率越低，可转换公司债券的债权价值越高
    B. 转股价格越高，期权价值越低，可转换公司债券的价值越低；反之，转股价格越低，期权价值越高，可转换公司债券的价值越高
    C. 股票波动率是影响期权价值的一个重要因素，股票波动率越大，期权的价值越低，可转换公司债券的价值越低；反之，股票波动率越低，期权的价值越高，可转换公司债券的价值越高
    D. 回售条款。通常情况下，回售期限越长、转换比率越高、回售价格越高，回售的期权价值就越大；相反，回售期限越短、转换比率越低、回售价格越低，回售的期权价值就越小

23. 下列对布莱克—斯科尔斯模型的假设前提说法正确的是：（　　）。
    A. 股票可被自由买进或卖出
    B. 期权是美式期权
    C. 在期权到期日前，股票无股息支付
    D. 存在一个固定的、无风险的利率，投资者可以此利率无限制地借入或贷出

24. 上市公司申请发行证券，董事会应当依法就下列事项作出决议，并提请股东大会批

准：（　　）。

    A. 本次证券发行的方案   B. 本次募集资金使用的可行性报告

    C. 前次募集资金使用的报告   D. 其他必须明确的事项

25. 根据《公司债券发行试点办法》第八条规定，存在下列情形之一的，不得发行公司债券：（　　）。

    A. 最近 48 个月内公司财务会计文件存在虚假记载，或公司存在其他重大违法行为

    B. 本次发行申请文件存在虚假记载、误导性陈述或者重大遗漏

    C. 对已发行的公司债券或者其他债务有违约或者迟延支付本息的事实，仍处于继续状态

    D. 严重损害投资者合法权益和社会公共利益的其他情形

26. 若为公司债券提供担保，则应当符合下列规定：（　　）。

    A. 担保范围包括债券的本金及利息、违约金、损害赔偿金和实现债权的费用

    B. 以保证方式提供担保的，应当为连带责任保证，且保证人资产质量良好

    C. 设定担保的，担保财产权属应当清晰，尚未被设定担保或者采取保全措施，且担保财产的价值经有资格的资产评估机构评估不低于担保金额

    D. 符合《银行法》、《证券法》和其他有关法律、法规的规定

27. 所属企业到境外上市，上市公司应当在下列哪些事件发生后次日履行信息披露义务：（　　）。

    A. 所属企业高级管理人员变动

    B. 所属企业到境外上市的董事会、股东大会决议

    C. 所属企业向中国证监会提交的境外上市申请获得受理

    D. 所属企业获准境外发行上市

28. 外资股的招股说明书应当根据不同国家和地区有关信息披露规则和具体发行形式的要求编写，其主旨在于向投资者披露公司的：（　　）。

    A. 经营状况、财务状况   B. 盈利能力

    C. 风险情况   D. 其他一切可能影响投资者购股的信息

29. 下列关于财务顾问的尽职调查说法正确的是：（　　）。

    A. 财务顾问应当按照中国证监会的规定，对上市公司所属企业到境外上市申请文件进行尽职调查、审慎核查，出具财务顾问报告

    B. 承诺有充分理由确信上市公司申请文件不存在虚假记载、误导性陈述或者重大遗漏

    C. 确信上市公司在所属企业到境外上市后仍然具备独立的持续上市地位

    D. 保留的核心资产与业务具有持续经营能力

30. 外资股招股章程的封面应当标明（　　）。

    A. 标明拟招股的公司名称与招股性质   B. 列明发行股份、每股发行价

    C. 列名保荐人及主承销商的名称   D. 还应注明发行股份的数量

31. 收购资金来源于融资安排的关注点包括：（　　）。

    A. 关注上市公司的分红政策与高管人员的薪酬待遇；上市公司及其关联方在过去

两年内是否与管理层及其近亲属以及其所任职的企业存在资金、业务往来，是否存在资金占用、担保行为及其他上市公司向管理层利益输送行为

    B. 收购人是否提供借贷协议，是否充分披露借贷协议的主要内容，包括借贷方、借贷数额、利息、借贷期限、担保及其他重要条款、偿付本息的计划及还款资金来源

    C. 除借贷协议外，是否就上市公司股份的取得、处分、质押及表决权的行使等与借款人或其他第三方存在特殊安排，是否披露该安排的具体内容

    D. 结合收购人过往的财务资料及业务、资产、收入、现金流的最新情况，关注收购人是否具备偿还能力以及偿还借款的资金来源，收购人是否具备收购实力，相关借贷协议是否真实、合法

32. 上市公司收购活动中的违法违规行为主要有：（   ）。
    A. 报告、公告不及时；未履行报告、公告义务
    B. 报告、公告存在虚假记载、误导性陈述或者重大遗漏
    C. 存在违规担保等损害上市公司和股东合法权益的情形
    D. 内幕交易和操纵市场行为

33. 外国投资者并购境内企业应符合如下基本要求：（   ）。
    A. 应符合中国法律、行政法规和规章对投资者资格的要求
    B. 应符合中国法律、行政法规和规章对涉及的产业、土地、环保等方面的政策要求
    C. 被并购境内企业原有所投资企业的经营范围应符合有关外商投资产业政策的要求，不符合要求的，应先进行调整
    D. 不得扰乱社会经济秩序和损害社会公共利益

34. 外国投资者股权并购的，投资者应根据并购后所设外商投资企业的投资总额、企业类型及所从事的行业，依照设立外商投资企业的法律、行政法规和规章的规定，向具有相应审批权限的审批机关报送下列文件：（   ）。
    A. 被并购境内有限责任公司股东一致同意外国投资者股权并购的决议，或被并购境内股份有限公司同意外国投资者股权并购的股东大会决议
    B. 外国投资者购买境内公司股东股权或认购境内公司增资的协议
    C. 经公证和依法认证的投资者的身份证明文件或注册登记证明及资信证明文件
    D. 被并购境内公司及其所投资企业的营业执照（副本）

35. 外国投资者以股权并购境内公司所涉及的境内外公司的股权，应符合以下条件：（   ）。
    A. 股东合法持有并依法可以转让
    B. 无所有权争议且没有设定质押及任何其他权利限制
    C. 境外公司的股权应在境外公开合法证券交易市场（柜台交易市场除外）挂牌交易
    D. 境外公司的股权最近 2 年交易价格稳定

36. 上市公司筹划重大资产重组事项，应当详细记载筹划过程中每一具体环节的进展情

况，包括：（　　）。

A. 盈利预测报告的制作与相关资产的定价

B. 商议相关方案、形成相关意向

C. 签署相关协议或者意向书的具体时间、地点、参与机构和人员、商议和决议内容等

D. 制作书面的交易进程备忘录并予以妥当保存

37. 特定对象以资产认购而取得的重大资产重组上市公司股份，属于下列哪些情形之一的，36 个月内不得转让：（　　）。

A. 特定对象为上市公司控股股东、实际控制人或者其控制的关联人

B. 特定对象通过认购本次发行的股份取得上市公司的实际控制权

C. 特定对象取得本次发行的股份时，对其用于认购股份的资产持续拥有权益的时间超过 12 个月

D. 特定对象取得本次发行的股份时，对其用于认购股份的资产持续拥有权益的时间不足 12 个月

38. 并购重组委员会委员应当符合（　　）。

A. 坚持原则，公正廉洁，忠于职守，严格遵守国家法律、行政法规和规章

B. 熟悉上市公司并购重组业务及有关的法律、行政法规和规章

C. 精通所从事行业的专业知识，在所从事的领域内有较高声誉

D. 没有违法、违纪记录

39. 并购重组委员会委员有下列（　　）情形之一的，中国证监会应当予以解聘。

A. 违反法律、行政法规、规章和并购重组委员会审核工作纪律的

B. 未按照中国证监会的规定勤勉尽责的

C. 本人提出辞职申请的

D. 一次无故不出席并购重组委员会会议的

40. 财务顾问从事上市公司并购重组财务顾问业务，应当履行以下职责：（　　）。

A. 接受并购重组当事人的委托，对上市公司并购重组活动进行尽职调查，全面评估相关活动所涉及的风险

B. 就上市公司并购重组活动向委托人提供专业服务，帮助委托人分析并购重组相关活动所涉及的法律、财务、经营风险，提出对策和建议，设计并购重组方案，并指导委托人按照上市公司并购重组的相关规定制作申报文件

C. 对委托人进行证券市场规范化运作的辅导，使其熟悉有关法律、行政法规和中国证监会的规定，充分了解其应承担的义务和责任，督促其依法履行报告、公告和其他法定义务

D. 在对上市公司并购重组活动及申报文件的真实性、准确性、完整性进行充分核查和验证的基础上，依据中国证监会的规定和监管要求，客观、公正地发表专业意见

三、判断题（共 60 题，每题 0.5 分，不答或答错不给分）

1. 投资银行业的广义含义涵盖众多的资本市场活动，包括公司融资、并购顾问、股票

和债券等金融产品的销售和交易、资产管理和风险投资业务等。（ ）

    A. 正确   B. 错误

2. 我国目前的股票发行管理属于市场主导型，政府仅管理股票发行实质性内容的审核，不管理发行过程的实际操作。（ ）

    A. 正确   B. 错误

3. 根据中国证监会于 2003 年 8 月 30 日发布（2004 年 10 月 15 日修订）的《证券公司债券管理暂行办法》的规定，证券公司债券是指证券公司依法发行的、约定在一定期限内还本付息的有价证券。其所指的证券公司债券，包括证券公司发行的可转换债券和次级债券。（ ）

    A. 正确   B. 错误

4. 证券公司短期融资券是指证券公司以短期融资为目的，在银行间债券市场发行的、约定在一定期限内还本付息的金融债券。（ ）

    A. 正确   B. 错误

5. 企业短期融资券是指企业依照该办法规定的条件和程序在银行间债券市场发行和交易，约定在一定期限内还本付息，最长期限不超过 182 天的有价证券。（ ）

    A. 正确   B. 错误

6. 公司章程的效力起始于公司成立，终止于公司被依法核准注销。（ ）

    A. 正确   B. 错误

7. 某些特殊行业在申请登记前，须经行业监管部门批准，如证券公司的设立须经中国证监会批准，即核准设立为例外；股份有限公司的公开募集设立，实行注册核准制度。（ ）

    A. 正确   B. 错误

8. 在《公司法》颁布之前，《股份有限公司规范意见》将募集设立分为定向募集设立和社会募集设立两种。（ ）

    A. 正确   B. 错误

9. 在公司设立的原则上，我国《公司法》第六条规定，设立公司，符合《公司法》规定的设立条件的，由公司登记机关分别登记为有限责任公司或者股份有限公司，但法律、行政法规规定设立公司必须报经批准的，应当在公司登记前依法办理批准手续。（ ）

    A. 正确   B. 错误

10. 1994 年 7 月 1 日实施的《公司法》规定我国募集设立的公司均指向社会募集设立的股份有限公司。（ ）

    A. 正确   B. 错误

11. 控股股东及其职能部门与拟发行上市公司及其职能部门之间不得存在上下级关系，任何企业不得以任何形式干预拟发行上市公司的生产经营活动。（ ）

    A. 正确   B. 错误

12. 拟发行上市公司在改组时，应避免其主要业务与实际控制人及其控制的法人从事相同、相似业务的情况，避免同业竞争。（ ）

    A. 正确   B. 错误

13. 发行人董事会应对上述关联关系的实质进行判断，而不仅仅是基于与关联方的法律联系形式，应指出关联方对发行人进行控制或影响的具体方式、途径及程度。（　　）

    A. 正确   B. 错误

14. 判断和掌握拟发行上市公司的关联方、关联关系和关联交易，除按有关企业会计准则规定外，应坚持从严原则。（　　）

    A. 正确   B. 错误

15. 无法避免的关联交易应遵循市场公开、公正、公平的原则，关联交易的价格或收费，原则上应不偏离市场独立第三方的标准。（　　）

    A. 正确   B. 错误

16. 发行人证券上市后，保荐机构则结束督导发行人履行规范运作、信守承诺、信息披露等义务。（　　）

    A. 正确   B. 错误

17. 发行保荐工作报告的必备内容包括：项目运作流程、项目存在问题及其解决情况。（　　）

    A. 正确   B. 错误

18. 终止保荐协议的，保荐机构和发行人应当自终止之日起 10 个工作日内向中国证监会、证券交易所报告，说明原因。（　　）

    A. 正确   B. 错误

19. 发行人在持续督导期间出现实际盈利低于盈利预测达 20％以上，中国证监会可根据情节轻重，自确认之日起 3～12 个月内不受理相关保荐代表人具体负责的推荐；情节特别严重的，撤销相关人员的保荐代表人资格。（　　）

    A. 正确   B. 错误

20. 准则没有明确规定的对投资者作出投资决策有重大影响的信息，可以不进行披露。（　　）

    A. 正确   B. 错误

21. 主承销商的证券自营账户不得参与本次发行股票的询价、网下配售，可以参与网上发行。（　　）

    A. 正确   B. 错误

22. 发行人及其主承销商应当向参与网下配售的询价对象配售股票，并应当与网上发行同时进行。（　　）

    A. 正确   B. 错误

23. 发行人及其主承销商应当在发行公告中披露战略投资者的选择标准、向战略投资者配售的股票总量、占本次发行股票的比例以及持有期限制等。（　　）

    A. 正确   B. 错误

24. 向参与网下配售的询价对象配售股票的，公开发行股票数量少于 4 亿股的，配售数量不超过本次发行总量的 20％。（　　）

    A. 正确   B. 错误

25. 首次公开发行股票网下发行电子化业务是指通过证券交易所网下申购电子化平台及

中国证券登记结算有限责任公司登记结算平台完成首次公开发行股票的初步询价、累计投标询价、资金代收付及股份初始登记。（　　）

  A. 正确   B. 错误

26. 发行人应披露的股本情况时涉及国有股的，应在国家股股东之后标注"SLS"，在国有法人股股东之后标注"SS"。（　　）

  A. 正确   B. 错误

27. 发行人应披露发起人、持有发行人10％以上股份的主要股东及实际控制人的基本情况。（　　）

  A. 正确   B. 错误

28. 发行人应披露实际控制人应披露到最终的国有控股主体或自然人为止。（　　）

  A. 正确   B. 错误

29. 预先披露的招股说明书（申报稿）不是发行人发行股票的正式文件，可以含有价格信息，但发行人不得据此发行股票。（　　）

  A. 正确   B. 错误

30. 发行人应在招股说明书及其摘要披露后10日内，将正式印刷的招股说明书全文文本一式五份，分别报送中国证监会及其在发行人注册地的派出机构。（　　）

  A. 正确   B. 错误

31. 股东大会就发行证券事项作出决议，必须经出席会议的股东所持表决权的1/2以上通过。（　　）

  A. 正确   B. 错误

32. 创业板上市公司发行新股的，持续督导的期间为证券上市当年剩余时间及其后2个完整会计年度。（　　）

  A. 正确   B. 错误

33. 如发生重大事项后，拟发行公司仍符合发行上市条件的，拟发行公司应在报告中国证监会后第2日刊登补充公告。（　　）

  A. 正确   B. 错误

34. 发审委会议审核上市公司非公开发行股票申请，适用特别程序。表决投票时同意票数达到3票为通过，同意票数未达到3票为未通过。（　　）

  A. 正确   B. 错误

35. 拟发行公司在刊登招股说明书或招股意向书的前一个工作日，应向中国证监会说明拟刊登的招股说明书或招股意向书与招股说明书或招股意向书（封卷稿）之间是否存在差异，保荐人（主承销商）及相关专业中介机构应出具声明和承诺。（　　）

  A. 正确   B. 错误

36. 二叉树模型（Bino－mial Model）建立了期权定价数值算法的基础，解决了美式期权的定价问题。（　　）

  A. 正确   B. 错误

37. 股票波动率是影响期权价值的一个重要因素，股票波动率越大，期权的价值越高，可转换公司债券的价值越高；反之，股票波动率越低，期权的价值越低，可转换公

司债券的价值越低。（　　）

A. 正确　　　　　　　　　　　　B. 错误

38. 由于可转换公司债券的期权是一种美式期权，因此，转股期限越长，转股权价值就越大，可转换公司债券的价值越高；反之，转股期限越短，转股权价值就越小，可转换公司债券的价值越低。（　　）

A. 正确　　　　　　　　　　　　B. 错误

39. 通常情况下，赎回期限越长、转换比率越低、赎回价格越低，赎回的期权价值就越大，越有利于发行人；相反，赎回期限越短、转换比率越高、赎回价格越高，赎回的期权价值就越小，越有利于转债持有人。（　　）

A. 正确　　　　　　　　　　　　B. 错误

40. 可转换公司债券发行申请未获核准的上市公司，自中国证监会作出不予核准的决定之日起 3 个月后，可再次提出证券发行申请。（　　）

A. 正确　　　　　　　　　　　　B. 错误

41. 公司债券每张面值 100 元，发行价格由发行人与保荐人通过市场询价确定。（　　）

A. 正确　　　　　　　　　　　　B. 错误

42. 公司与资信评级机构应当约定，在债券有效存续期间，资信评级机构每年至少公告两次跟踪评级报告。（　　）

A. 正确　　　　　　　　　　　　B. 错误

43. 2005 年 5 月 23 日，中国人民银行发布了《短期融资券承销规程》以及根据该办法制定的《短期融资券管理办法》和《短期融资券信息披露规程》。（　　）

A. 正确　　　　　　　　　　　　B. 错误

44. 中期票据投资者可就特定投资需求向证监会进行逆向询价，主承销商可与企业协商发行符合特定需求的中期票据。（　　）

A. 正确　　　　　　　　　　　　B. 错误

45. 定向发行的证券公司债券应当采用记账方式向合格投资者发行，每份面值为 50 万元，每一合格投资者认购的债券不得低于面值 100 万元。（　　）

A. 正确　　　　　　　　　　　　B. 错误

46. 企业聘请的中介机构按照《关于股份有限公司境内上市外资股的规定》等国家有关法规、政策制作发行申报材料后，提交财政部。（　　）

A. 正确　　　　　　　　　　　　B. 错误

47. 初次发行 H 股时须进行国际路演，这对于新股认购和 H 股上市后在二级市场的表现都有积极的意义。（　　）

A. 正确　　　　　　　　　　　　B. 错误

48. 按照国际金融市场的通常做法，采取配售方式，承销商可以将所承销的股份以议购方式向特定的投资者配售。（　　）

A. 正确　　　　　　　　　　　　B. 错误

49. 外资股招股说明书中应当说明综合售股的具体情况，包括发行地区、比例分配、发行价格、认购方式等。（　　）

A. 正确   B. 错误

50. 按照《国务院关于股份有限公司境内上市外资股的规定》，公司发行境内上市外资股，应当委托经证券业协会认可的境内证券经营机构作为主承销商或者主承销商之一。（ ）

    A. 正确   B. 错误

51. 投资者自愿选择以要约方式收购上市公司股份，可以采取全面要约或部分要约的方式。（ ）

    A. 正确   B. 错误

52. 收购人通过协议方式在一个上市公司中拥有权益的股份达到或超过该公司已发行股份的5%但未超过40%的，按照上市公司收购权益披露的有关规定办理。（ ）

    A. 正确   B. 错误

53. 收购人拟通过协议方式收购一个上市公司的股份超过30%的，超过30%的部分，应当改以要约方式进行。（ ）

    A. 正确   B. 错误

54. 在一个上市公司中拥有权益的股份达到或者超过该公司已发行股份的20%的，自上述事实发生之日起1年后，每12个月内增加其在该公司中拥有权益的股份不超过该公司已发行股份的5%。这种情形下当事人可以向中国证监会申请以简易程序免除以要约方式增持股份。（ ）

    A. 正确   B. 错误

55. 上市公司董事会或者独立董事聘请的独立财务顾问，可以同时担任收购人的财务顾问。（ ）

    A. 正确   B. 错误

56. 并购重组委员会委员以个人身份出席并购重组委员会会议，依法履行职责，独立发表审核意见并行使表决权。（ ）

    A. 正确   B. 错误

57. 并购重组委员会委员有义务向中国证监会举报任何以不正当手段对其施加影响的并购重组当事人及其他相关单位或者个人。（ ）

    A. 正确   B. 错误

58. 每次参加并购重组委员会会议的并购重组委员会委员为6名，每次会议设召集人1名，召集人按照中国证监会的有关规定负责召集并购重组委员会会议，组织参会委员发表意见，进行讨论，总结并购重组委员会会议审核意见，组织投票并宣读表决结果。（ ）

    A. 正确   B. 错误

59. 并购重组委员会会议表决采取记名投票方式。（ ）

    A. 正确   B. 错误

60. 证券公司、证券投资咨询机构和其他财务顾问机构最近36个月内因执业行为违反行业规范而受到行业自律组织的纪律处分不得担任财务顾问。（ ）

    A. 正确   B. 错误

参考答案

一、单项选择题

1. B	2. D	3. C	4. C	5. C
6. C	7. A	8. B	9. B	10. B
11. C	12. B	13. B	14. A	15. A
16. B	17. D	18. B	19. A	20. B
21. C	22. C	23. C	24. A	25. C
26. B	27. D	28. D	29. A	30. A
31. D	32. D	33. D	34. C	35. C
36. C	37. A	38. C	39. A	40. D
41. A	42. C	43. C	44. A	45. D
46. C	47. C	48. A	49. C	50. C
51. B	52. B	53. D	54. B	55. C
56. C	57. A	58. C	59. D	60. C

二、多项选择题

1. ABD	2. BD	3. ABCD	4. ABD	5. ABD
6. ABCD	7. ABCD	8. ABCD	9. ABC	10. AC
11. ABCD	12. ABCD	13. BCD	14. BC	15. ABCD
16. ABCD	17. ABCD	18. ABD	19. ABD	20. ABCD
21. ABCD	22. AC	23. ACD	24. ABCD	25. BCD
26. ABC	27. BCD	28. ABCD	29. ABCD	30. ABC
31. BCD	32. ABCD	33. ABCD	34. ABCD	35. ABC
36. BCD	37. ABD	38. ABCD	39. ABC	40. ABCD

三、判断题

1. A	2. B	3. B	4. A	5. B
6. A	7. A	8. A	9. A	10. A
11. A	12. A	13. A	14. A	15. A
16. B	17. A	18. B	19. A	20. B
21. B	22. A	23. A	24. A	25. A
26. B	27. B	28. A	29. B	30. A
31. B	32. A	33. A	34. A	35. A
36. A	37. A	38. A	39. A	40. B
41. A	42. B	43. B	44. B	45. A
46. B	47. A	48. A	49. A	50. B
51. A	52. B	53. A	54. B	55. B
56. A	57. A	58. B	59. A	60. B

模拟题及参考答案 (二)

模拟题

一、单项选择题（共 60 题，每题 0.5 分，不答或答错不给分）

1. 保荐机构应当于每年（ ）月份向中国证监会报送年度执业报告。
   - A. 1
   - C. 6
   - B. 4
   - D. 12

2. 首次公开发行股票并在创业板上市的，持续督导的期间为证券上市当年剩余时间及其后（ ）个完整会计年度。
   - A. 1
   - C. 3
   - B. 2
   - D. 4

3. （ ）以来，美国金融业开始逐渐从分业经营向混业经营过渡。
   - A. 20 世纪 80 年代
   - C. 20 世纪 60 年代
   - B. 20 世纪 70 年代
   - D. 20 世纪 50 年代

4. 2008 年美国由于次贷危机而引发的连锁反应导致了罕见的金融风暴，在此次金融风暴中，美国著名投资银行贝尔斯登和雷曼兄弟崩溃，其原因主要在于（ ）。
   - A. 商业银行、证券业、保险业在机构、资金操作上的混合
   - B. 美国放松金融管制
   - C. 商业银行将存款大量贷放到股票市场导致了股市泡沫
   - D. 风险控制失误和激励约束机制的弊端

5. 2008 年，为了防范华尔街危机波及高盛和摩根斯坦利，美国联邦储备委员会批准了摩根斯坦利和高盛发生了什么样的转变？（ ）
   - A. 更加复杂的衍生金融交易必须上报监管机构
   - B. 从投资银行转型为传统的银行控股公司
   - C. 投资银行业与商业银行在业务上严格分离
   - D. 要求金融机构在证券业务与存贷业务之间做出选择

6. 下列不属于公司增资的方法的是：（ ）。
   - A. 向社会公众发行股份
   - C. 向现有股东配售股份
   - B. 向特定对象发行股份
   - D. 股价上涨

7. 股份有限公司增加或减少资本，应当修改公司章程，须经出席股东大会的股东所持表决权的（ ）以上通过。
   - A. 1/3
   - C. 1/4
   - B. 2/3
   - D. 3/4

8. 公司应当自作出减少注册资本决议之日起（　　）日内通知债权人，并于（　　）日内在报纸上公告。

    A. 10　30   B. 15　45

    C. 20　30   D. 30　30

9. 关于股份的特点，不正确的一项是：（　　）。

    A. 股份的金额性   B. 股份的平等性

    C. 股份的可分性   D. 股份的可转让性

10. 《公司法》第一百四十二条规定，公司董事、监事、高级管理人员应当向公司申报所持有的本公司的股份及其变动情况，在任职期间每年转让的股份不得超过其所持有本公司股份总数的（　　）。

    A. 20%   B. 25%

    C. 30%   D. 40%

11. 从根本上讲，我国企业改革的目的在于明确（　　），塑造真正的市场竞争主体，以适应市场经济的要求。

    A. 债权   B. 所有权

    C. 产权   D. 决策权

12. 《证券法》规定申请股票上市的公司股本总额不少于人民币（　　）万元。

    A. 1000   B. 2000

    C. 3000   D. 5000

13. （　　）是公司参与市场竞争的首要条件，是公司作为独立民事主体存在的基础，也是公司作为市场生存和发展主体的必要条件。

    A. 公司法人财产的合法性   B. 公司法人财产的独立性

    C. 公司法人财产的完整性   D. 公司法人财产的稳定性

14. 《证券法》规定申请股票上市的公司公开发行的股份达到公司股份总数的（　　）以上，公司股本总额超过人民币4亿元的，公开发行股份的比例为（　　）以上。

    A. 15%　10%   B. 20%　15%

    C. 25%　10%   D. 30%　10%

15. 关于法人财产权的说法，下列错误的一项是（　　）。

    A. 规范的公司能够有效地实现出资者所有权与公司法人财产权的分离

    B. 在企业改组为股份公司后，公司拥有包括各出资者投资的各种财产而形成的法人财产权

    C. 法人财产权从法律意义上回答了资产归属问题，但是，无法从经济意义上回答资产的经营问题

    D. 公司法人财产的独立性是公司参与市场竞争的首要条件，是公司作为独立民事主体存在的基础，也是公司作为市场生存和发展主体的必要条件

16. 保荐业务的工作底稿应当至少保存（　　）年。

    A. 5   B. 10

    C. 15   D. 20

17. 持续督导工作结束后，保荐机构应当在发行人公告年度报告之日起的（　　）个工作日内向中国证监会、证券交易所报送保荐总结报告书。
    A. 5
    B. 10
    C. 15
    D. 20

18. 下列不属于保荐机构及其保荐代表人履行保荐职责可对发行人行使的权利的是：（　　）。
    A. 定期或者不定期对发行人进行回访，查阅保荐工作需要的发行人材料
    B. 列席发行人的股东大会、董事会和监事会
    C. 要求分配发行人在经营活动中获得的利润
    D. 对发行人的信息披露文件及向中国证监会、证券交易所提交的其他文件进行事前审阅

19. 刊登证券发行募集文件前终止保荐协议的，保荐机构和发行人应当自终止之日起（　　）个工作日内分别向中国证监会报告，说明原因。
    A. 5
    B. 10
    C. 15
    D. 20

20. 为了规范和指导保荐机构编制、管理证券发行上市保荐业务工作底稿，中国证监会于2009年3月制定了（　　），要求保荐机构应当按照指引的要求编制工作底稿。
    A.《上市公司治理准则》
    B.《证券发行上市保荐业务工作底稿指引》
    C.《证券发行上市保荐业务管理办法》
    D.《上市公司证券发行管理办法》

21. 为规范首次公开发行股票，提高首次公开发行股票网下申购及资金结算效率，中国证监会要求网下部分通过（　　）进行电子化发行。
    A. 发行人
    B. 银行
    C. 证券公司
    D. 证券交易所

22. 首次公开发行股票网下发行电子化业务是指通过（　　）网下申购电子化平台及中国证券登记结算有限责任公司登记结算平台完成首次公开发行股票的初步询价、累计投标询价、资金代收付及股份初始登记。
    A. 发行人
    B. 银行
    C. 证券公司
    D. 证券交易所

23. 初步询价期间，原则上每一个询价对象能提交（　　）次报价，因特殊原因（如市场发生突然变化需要调整估值、经办人员出错等）需要调整报价的，应在申购平台填写具体原因。
    A. 1
    B. 2
    C. 3
    D. 5

24. 主承销商于（　　）日7:00前将确定的配售结果数据，包括发行价格、获配股数、配售款、证券账户、获配股份限售期限、配售对象证件代码等通过PROP发送至登记结算平台。

A. T   B. T+1

C. T+2   D. T+3

25. 结算银行于( )日根据主承销商通过登记结算平台提供的电子退款明细数据，按照原留存的配售对象汇款凭证办理配售对象的退款。

A. T   B. T+1

C. T+2   D. T+3

26. 律师和律师事务所就公司控制权的归属及其变动情况出具的法律意见书是发行审核部门判断发行人最近( )年内"实际控制人没有发生变更"的重要依据。

A. 1   B. 2

C. 3   D. 5

27. 发行人应根据重要性原则披露主营业务的具体情况，存在高危险、重污染情况的，应披露安全生产及污染治理情况、因安全生产及环境保护原因受到处罚的情况、近( )年相关费用成本支出及未来支出情况，说明是否符合国家关于安全生产和环境保护的要求。

A. 1   B. 2

C. 3   D. 5

28. 发行人应披露主要产品生产技术所处的阶段，如处于基础研究、试生产、小批量生产或大批量生产阶段；披露正在从事的研发项目及进展情况、拟达到的目标，最近( )年及1期研发费用占营业收入的比例等。

A. 1   B. 2

C. 3   D. 5

29. 若曾存在工会持股、职工持股会持股、信托持股、委托持股或股东数量超过( )人的情况，发行人应详细披露有关股份的形成原因及演变情况。

A. 50   B. 100

C. 150   D. 200

30. 对于( )关联交易，应披露关联交易方名称、交易时间、交易内容、交易金额、交易价格的确定方法、资金的结算情况、交易产生的利润及对发行人当期经营成果的影响、交易对公司主营业务的影响等。

A. 经常性   B. 偶发性

C. 长期性   D. 个别性

31. 上市公司向原股东配股，拟配股数量不超过本次配股前股本总额的( )。

A. 20%   B. 30%

C. 40%   D. 50%

32. 控股股东不履行认配股份的承诺，或者代销期限届满，原股东认购股票的数量未达到拟配售数量( )的，发行人应当按照发行价并加算银行同期存款利息返还已经认购的股东。

A. 30%   B. 50%

C. 60%   D. 70%

33. 非公开发行股票的发行对象不超过（　　）名。
    A. 10　　　　　　　　　　　　B. 15
    C. 20　　　　　　　　　　　　D. 30

34. 向不特定对象公开募集股份需要满足最近 3 个会计年度加权平均净资产收益率平均不低于（　　）。扣除非经常性损益后的净利润与扣除前的净利润相比，以低者作为加权平均净资产收益率的计算依据。
    A. 2%　　　　　　　　　　　　B. 3%
    C. 5%　　　　　　　　　　　　D. 6%

35. 向不特定对象公开募集股份：除金融类企业外，最近（　　）期末不存在持有金额较大的交易性金融资产和可供出售的金融资产、借予他人款项、委托理财等财务性投资的情形。
    A. 1　　　　　　　　　　　　　B. 2
    C. 3　　　　　　　　　　　　　D. 4

36. 根据《上市公司证券发行管理办法》第二十七条规定，发行分离交易的可转换公司债券的上市公司，其最近 1 期未经审计的净资产不低于人民币（　　）亿元。
    A. 5　　　　　　　　　　　　　B. 10
    C. 15　　　　　　　　　　　　D. 20

37. 根据《上市公司证券发行管理办法》规定，公开发行可转换公司债券的上市公司，其最近 3 个会计年度加权平均净资产收益率平均不低于（　　）。扣除非经常性损益后的净利润与扣除前的净利润相比，以低者作为加权平均净资产收益率的计算依据。
    A. 3%　　　　　　　　　　　　B. 4%
    C. 5%　　　　　　　　　　　　D. 6%

38. 上市公司及其控股股东或实际控制人最近（　　）个月内存在未履行向投资者作出的公开承诺的行为，不得公开发行证券。
    A. 6　　　　　　　　　　　　　B. 12
    C. 24　　　　　　　　　　　　D. 36

39. 发行分离交易的可转换公司债券的上市公司，其最近 3 个会计年度经营活动产生的现金流量净额平均应不少于公司债券 1 年的利息，但若其最近 3 个会计年度加权平均净资产收益率平均不低于（　　），则可不作此现金流量要求。
    A. 3%　　　　　　　　　　　　B. 4%
    C. 5%　　　　　　　　　　　　D. 6%

40. 可转换公司债券发行后，累计公司债券余额不得超过最近 1 期末净资产额的（　　）。
    A. 20%　　　　　　　　　　　B. 30%
    C. 40%　　　　　　　　　　　D. 50%

41. 商业银行发行金融债券需要满足最近（　　）年连续盈利。
    A. 1　　　　　　　　　　　　　B. 2

C. 3　　　　　　　　　　　　　D. 4

42. 发行人应在每期金融债券发行前（　　）个工作日将相关的发行申请文件报中国人民银行备案，并按中国人民银行的要求披露有关信息。
   A. 1　　　　　　　　　　　　　B. 2
   C. 3　　　　　　　　　　　　　D. 5

43. 对于商业银行设立的金融租赁公司，资质良好但成立不满（　　）年的，应由具有担保能力的担保人提供担保。
   A. 1　　　　　　　　　　　　　B. 2
   C. 3　　　　　　　　　　　　　D. 5

44. 发行人应在中国人民银行核准金融债券发行之日起（　　）个工作日内开始发行金融债券，并在规定期限内完成发行。
   A. 20　　　　　　　　　　　　B. 30
   C. 50　　　　　　　　　　　　D. 60

45. 企业集团财务公司发行金融债券后，资本充足率不低于（　　）。
   A. 5%　　　　　　　　　　　　B. 10%
   C. 15%　　　　　　　　　　　D. 20%

46. 向境外投资者募集股份的股份有限公司通常以（　　）设立。
   A. 发起方式　　　　　　　　　B. 公募方式
   C. 私募方式　　　　　　　　　D. 募集方式

47. 1999 年 7 月 14 日，中国证监会发布《关于企业申请境外上市有关问题的通知》，明确提出国有企业、集体企业及其他所有制形式的企业经重组改制为股份有限公司后，凡符合境外上市条件的，均可向中国证监会提出境外上市申请。在其申请条件中净资产不少于（　　）亿元人民币。
   A. 1　　　　　　　　　　　　　B. 2
   C. 3　　　　　　　　　　　　　D. 4

48. 境内上市外资股采取记名股票形式，（　　）。
   A. 以人民币标明面值、认购、买卖
   B. 以人民币标明面值，以外币认购、买卖
   C. 以外币标明面值、认购、买卖
   D. 以外币标明面值，以人民币认购、买卖

49. 以募集方式设立公司，申请发行境内上市外资股的，发起人的出资总额不少于（　　）亿元人民币。
   A. 1　　　　　　　　　　　　　B. 1.5
   C. 2　　　　　　　　　　　　　D. 3

50. 符合境外上市条件的，向中国证监会提出境外上市申请，在其申请条件中过去 1 年税后利润不少于（　　）万元人民币，并有增长潜力。
   A. 3000　　　　　　　　　　　B. 4000
   C. 5000　　　　　　　　　　　D. 6000

51. 通过证券交易所的证券交易，投资者及其一致行动人拥有权益的股份达到一个上市公司已发行股份的 5% 时，应当在该事实发生之日起（   ）日内编制权益变动报告书，向中国证监会、证券交易所提交书面报告。

    A. 1
                B. 1
    C. 3
                D. 4

52. 关于信息披露义务人涉及计算其持股比例，下列说法正确的是：（   ）

    A. 将其所持有的上市公司已发行的可转换为公司股票的证券中有权转换部分与其所持有的同一上市公司的股份合并计算，并将其持股比例与合并计算非股权类证券转为股份后的比例相比，以二者中的较高者为准

    B. 将其所持有的上市公司已发行的可转换为公司股票的证券中有权转换部分与其所持有的同一上市公司的股份合并计算，并将其持股比例与合并计算非股权类证券转为股份后的比例相比，以二者中的较低者为准

    C. 行权期限届满未行权的，或者行权条件不再具备的，仍合并计算

    D. 按投资者持有的股份数量/上市公司已发行股份总数计算

53. 投资者及其一致行动人不是上市公司的第一大股东或者实际控制人，其拥有权益的股份达到或者超过该公司已发行股份的 5% 但未达到（   ）的，应当编制简式权益变动报告书。

    A. 10%
                B. 15%
    C. 20%
                D. 25%

54. 收购人通过证券交易所的证券交易，持有一个上市公司的股份达到该公司已发行股份的（   ）时，继续增持股份的，应当采取要约方式进行，发出全面要约或者部分要约。

    A. 10%
                B. 15%
    C. 20%
                D. 30%

55. 要约收购报告书所披露的基本事实发生重大变化的，收购人应当在该重大变化发生之日起（   ）个工作日内向中国证监会作出书面报告，同时抄报派出机构，抄送证券交易所，通知被收购公司，并予公告。

    A. 1
                B. 2
    C. 5
                D. 10

56. 上市公司并购重组财务顾问接受上市公司并购重组多方当事人委托的，不得存在利益冲突或者潜在的利益冲突。接受委托的，财务顾问应当指定（   ）名财务顾问主办人负责，同时，可以安排（   ）名项目协办人参与。

    A. 1 1
                B. 2 1
    C. 3 2
                D. 4 2

57. 上市公司并购重组财务顾问不再符合《财务顾问管理办法》规定条件的，应当在（   ）个工作日内向中国证监会报告并依法进行公告，由中国证监会责令改正。

    A. 1
                B. 2
    C. 3
                D. 5

58. 因国有股行政划转或者变更、在同一实际控制人控制的不同主体之间转让股份、继承取得上市公司股份超过（　　）的，收购人可免于聘请财务顾问。

    A. 15%　　　　　　　　　　　　B. 20%

    C. 25%　　　　　　　　　　　　D. 30%

59. 为了规范上市公司重大资产重组行为，保护上市公司和投资者的合法权益，促进上市公司质量不断提高，维护证券市场秩序和社会公共利益，根据《公司法》、《证券法》等法律、行政法规的规定，2008 年 3 月，中国证监会制定了（　　），自 2008 年 5 月 18 日起施行。

    A.《公司法》　　　　　　　　　B.《证券法》

    C.《上市公司重大资产重组管理办法》D.《财务顾问管理办法》

60. 上市公司在（　　）个月内连续对同一或者相关资产进行购买、出售的，以其累计数分别计算相应数额，但已按照《重组管理办法》的规定报经中国证监会核准的资产交易行为无须纳入累计计算的范围。

    A. 3　　　　　　　　　　　　　B. 6

    C. 12　　　　　　　　　　　　D. 18

二、多项选择题（共 40 题，每题 1 分，多选或少选不给分）

1. 中国证监会对保荐机构和保荐代表人实行注册登记管理。保荐机构的注册登记事项中包括：（　　）。

    A. 保荐机构的主要股东情况

    B. 保荐机构的董事、监事和高级管理人员情况

    C. 保荐机构的保荐业务负责人、内核负责人情况

    D. 保荐机构的盈利情况

2. 保荐机构应当于每年 4 月份向中国证监会报送年度执业报告。年度执业报告应当包括以下内容：（　　）。

    A. 保荐机构、保荐代表人年度执业情况的说明

    B. 保荐机构对保荐代表人尽职调查工作日志检查情况的说明

    C. 保荐机构对保荐代表人的年度考核、评定情况

    D. 保荐机构、保荐代表人其他重大事项的说明

3. 记账式国债在证券交易所债券市场和全国银行间债券市场发行并交易。（　　）可以在证券交易所债券市场上参加记账式国债的招标发行及竞争性定价过程，向财政部直接承销记账式国债。

    A. 证券公司　　　　　　　　　B. 商业银行

    C. 保险公司　　　　　　　　　D. 信托投资公司

4. 设立股份有限公司的董事会向公司登记机关报送下列文件：（　　）。

    A. 公司登记申请书；创立大会的会议记录

    B. 公司章程；验资证明

    C. 法定代表人、董事、监事的任职文件及其身份证明；发起人的法人资格证明或者自然人身份证明

D. 公司住所证明

5. 下列哪项属于股份有限公司发起人的权利：（   ）。

   A. 参加公司筹委会

   B. 推荐公司董事会候选人、起草公司章程

   C. 公司成立后，享受公司股东的权利

   D. 公司不能成立时，在承担相应费用之后，可以收回投资款项和财产产权

6. 公司章程的内容即章程记载的事项，分为必须记载的必要记载事项和由公司决定记载的任意记载事项。哪些项是我国《公司法》第八十二条规定的必须记载的事项：（   ）。

   A. 公司名称和住所，公司经营范围

   B. 公司设立方式

   C. 公司股份总数、每股金额和注册资本

   D. 发起人的姓名或者名称、认购的股份数、出资方式和出资时间

7. 关于拟发行上市公司应在章程中对关联交易决策权力与程序作出规定，下列说法正确的是：（   ）。

   A. 股东大会对有关关联交易进行表决时，应严格执行公司章程规定的回避制度

   B. 需要由独立董事、财务顾问、监事会成员发表意见的关联交易，应由他们签字表达对关联交易公允性意见后方能生效

   C. 需要由独立董事、财务顾问、监事会成员发表意见的关联交易，口头承诺即可生效

   D. 需要由董事会、股东大会讨论的关联交易，关联股东或有关联关系的董事应予以回避或作必要的公允声明

8. 企业及其财务顾问根据企业自身的实际情况，按照有关法规政策和中国证监会的要求，提出关于本次股份制改组及发行上市的总体方案。总体方案一般包括（   ）。

   A. 发起人企业概况，包括历史沿革（含控股、参股企业概况）；经营范围；资产规模；经营业绩；组织结构

   B. 资产重组方案，包括重组目的及原则；重组的具体方案（包括业务、资产、人员、机构、财务等方面的重组安排）

   C. 改制后企业的管理与运作

   D. 拟上市公司的筹资计划

9. 改组为拟上市的股份有限公司需要聘请的中介机构除了财务顾问外，一般还包括（   ）。

   A. 具有从事证券相关业务资格的会计师事务所

   B. 证券经纪商

   C. 具有从事证券相关业务资格的资产评估机构

   D. 律师事务所

10. 发行人在持续督导期间出现下列情形之一的，中国证监会可根据情节轻重，自确认之日起3~12个月内不受理相关保荐代表人具体负责的推荐；情节特别严重的，撤

销相关人员的保荐代表人资格：（　　）。

    A. 证券上市当年累计 30％以上募集资金的用途与承诺不符

    B. 公开发行证券并在主板上市当年营业利润比上年下滑 50％以上

    C. 首次公开发行股票并上市之日起 12 个月内控股股东或者实际控制人发生变更

    D. 首次公开发行股票并上市之日起 12 个月内累计 50％以下资产或者主营业务发生重组

11. 发行人有下列情形之一的，应当及时通知或者咨询保荐机构，并将相关文件送交保荐机构：（　　）。

    A. 变更募集资金及投资项目等承诺事项

    B. 发生关联交易、为他人提供担保等事项

    C. 履行信息披露义务或者向中国证监会、证券交易所报告有关事项

    D. 发生违法违规行为或者其他重大事项

12. 下列关于保荐机构与其他证券服务机构的说法正确的是：（　　）。

    A. 发行人为证券发行上市聘用的会计师事务所、律师事务所、资产评估机构以及其他证券服务机构，保荐机构不得以任何理由更换

    B. 保荐机构对证券服务机构及其签字人员出具的专业意见存有疑义的，应当主动与证券服务机构进行协商，并可要求其作出解释或者出具依据

    C. 保荐机构有充分理由确信证券服务机构及其签字人员出具的专业意见可能存在虚假记载、误导性陈述或重大遗漏等违法违规情形或者其他不当情形的，应当及时发表意见；情节严重的，应当向中国证监会、证券交易所报告

    D. 证券服务机构及其签字人员应当保持专业独立性，对保荐机构提出的疑义或者意见进行审慎的复核判断，并向保荐机构、发行人及时发表意见

13. 股票配售对象限于下列类别：（　　）。

    A. 全国社会保障基金

    B. 经批准设立的证券公司集合资产管理计划

    C. 信托投资公司设立并已向相关监管部门履行报告程序的集合信托计划

    D. 合格境外机构投资者管理的证券投资账户

14. 下列关于初步询价的说法正确的是：（　　）。

    A. 初步询价开始日前 3 个交易日内，发行人应当向交易所申请股票代码

    B. 发行人及主承销商在获得股票代码后刊登招股意向书、发行安排及初步询价公告

    C. 初步询价期间，原则上每 1 个询价对象只能提交 1 次报价，因特殊原因（如市场发生突然变化需要调整估值、经办人员出错等）需要调整报价的，应在申购平台填写具体原因

    D. 询价对象修改报价的情况、申购平台记录的本次发行的每 1 次报价情况将由主承销商向中国证监会报备

15. 上海证券交易所上网发行资金申购的时间一般为 4 个交易日，根据发行人和主承销商的申请，可以缩短 1 个交易日。下列说法正确的是：（　　）。

A. 投资者申购（T日）。申购当日（T日）按《发行公告》和申购办法等规定进行申购

B. 资金冻结、验资及配号（T+1日）。申购日后的第1天（T+1日），由中国结算上海分公司将申购资金冻结。16：00前，申购资金须全部到位，中国结算上海分公司配合上海证券交易所指定的具备资格的会计师事务所对申购资金进行验资，并由会计师事务所出具验资报告，上海证券交易所以实际到位资金作为有效申购进行配号（即16：00后按相关规定进行验资，确认有效申购和配号）

C. 摇号抽签、中签处理（T+2日）。申购日后的第2天（T+2日），公布确定的发行价格和中签率，并按相关规定进行摇号抽签、中签处理

D. 资金解冻（T+3日）。申购日后的第3天（T+3日）公布中签结果，并按相关规定进行资金解冻和新股认购款划付

16. 首次公开发行股票网下发行电子化业务是指通过证券交易所网下申购电子化平台及中国证券登记结算有限责任公司登记结算平台完成首次公开发行股票的（   ）。

A. 初步询价　　　　　　　　　B. 累计投标询价

C. 资金代收付　　　　　　　　D. 股份初始登记

17. 财务状况分析一般应包括以下内容，下列正确的是：（   ）。

A. 发行人应披露公司资产、负债的主要构成，分析说明主要资产的减值准备提取情况是否与资产质量实际状况相符；最近1期资产结构、负债结构发生重大变化的，发行人还应分析说明导致变化的主要因素

B. 发行人应分析披露最近1期流动比率、速动比率、资产负债率、息税折旧摊销前利润及利息保障倍数的变动趋势，并结合公司的现金流量状况、在银行的资信状况、可利用的融资渠道及授信额度、表内负债、表外融资情况及或有负债等情况，分析说明公司的偿债能力；发行人最近1期经营活动产生的现金流量净额为负数或者远低于当期净利润的，应分析披露原因

C. 发行人应披露最近3年及1期应收账款周转率、存货周转率等反映资产周转能力的财务指标的变动趋势，并结合市场发展、行业竞争状况、公司生产模式及物流管理、销售模式及赊销政策等情况，分析说明公司的资产周转能力

D. 发行人最近1期末持有金额较大的交易性金融资产、可供出售的金融资产、借与他人款项、委托理财等财务性投资的，应分析其投资目的、对发行人资金安排的影响、投资期限、发行人对投资的监管方案、投资的可回收性及减值准备的计提是否充足

18. 发行人运行3年以上的，应披露最近3年及1期的（   ）。

A. 资产负债表　　　　　　　　B. 利润表

C. 现金流量表　　　　　　　　D. 股东权益增减变动表

19. 发行人编制合并财务报表的，应同时披露：（   ）。

A. 合并财务报表　　　　　　　B. 母公司财务报表

C. 财务报表的编制基础　　　　D. 合并财务报表范围及变化情况

20. 盈利能力分析一般应包括以下内容，下列正确的是：（   ）。

    A. 发行人应列表披露最近 3 年及 1 期营业收入的构成及比例,并分别按产品(或服务)类别及业务、地区分部列示,分析营业收入增减变化的情况及原因;营业收入存在季节性波动的,应分析季节性因素对各季度经营成果的影响

    B. 发行人应依据所从事的主营业务、采用的经营模式及行业竞争情况,分析公司最近 3 年及 1 期利润的主要来源、可能影响发行人盈利能力连续性和稳定性的主要因素。发行人应按照利润表项目逐项分析最近 3 年及 1 期经营成果变化的原因,对于变动幅度较大的项目应重点说明

    C. 发行人应列表披露最近 3 年及 1 期公司综合毛利率、分行业毛利率的数据及变动情况;报告期内发生重大变化的,还应用数据说明相关因素对毛利率变动的影响程度

    D. 发行人最近 5 年非经常性损益、合并财务报表范围以外的投资收益以及少数股东损益对公司经营成果有重大影响的,应当分析原因及对公司盈利能力稳定性的影响

21. 上市公司发行新股的方式包括:( )。
    A. 向特定对象发行股票   B. 向不特定对象公开募集股份
    C. 原股东配售股份   D. 向原股东公开募集股份

22. 除金融类企业外,上市公司募集资金可以做下列哪种使用:( )。
    A. 可以为持有交易性金融资产和可供出售的金融资产
    B. 借予他人
    C. 委托理财等财务性投资
    D. 可以直接或间接投资于以买卖有价证券为主要业务的公司

23. 在发行申请提交发审会前,如果发生( )的重大事项,保荐人(主承销商)应当在两个工作日内向中国证监会书面说明。
    A. 对发行人业务发生影响
    B. 对发行人发行新股法定条件产生重大影响
    C. 对发行人股票价格可能产生重大影响
    D. 对投资者作出投资决策可能产生重大影响

24. 上市公司发行证券,保荐人关于本次证券发行的文件包括:( )。
    A. 证券发行保荐书   B. 法律意见书
    C. 招股意向书   D. 保荐人尽职调查报告

25. 上市公司行使赎回权时,应当在每年首次满足赎回条件后的 5 个交易日内至少发布 3 次赎回公告。赎回公告应当载明赎回的( )等内容。
    A. 程序   B. 价格
    C. 付款方法   D. 时间

26. 证券交易所按照下列哪些规定可停止可转换公司债券的交易:( )。
    A. 可转换公司债券流通面值少于 2000 万元时,在上市公司发布相关公告 3 个交易日后停止其可转换公司债券的交易
    B. 可转换公司债券自转换期结束之前的第 5 个交易日起停止交易

C. 可转换公司债券在赎回期间停止交易

D. 可转换公司债券还应当在出现中国证监会和证券交易所认为必须停止交易的其他情况时停止交易

27. 发行可转换公司债券的上市公司出现以下情况之一时，应当及时向证券交易所报告并披露：（　　）。

A. 因发行新股、送股、分立及其他原因引起股份变动，需要调整转股价格，或者依据募集说明书约定的转股价格向下修正条款修正转股价格的

B. 出现减资、合并、分立、解散、申请破产及其他涉及上市公司主体变更事项

C. 可转换公司债券转换为股票的数额累计达到可转换公司债券开始转股前公司已发行股份总额10%的

D. 未转换的可转换公司债券数量少于5000万元的

28. 2005年12月8日，（　　）在银行间市场发行了首批资产支持证券，总量为71.94亿元。

A. 国家开发银行　　　　　　　　B. 中国人民银行

C. 中国农业发展银行　　　　　　D. 中国建设银行

29. 信托投资公司担任特定目的信托受托机构，应当具备以下条件：（　　）。

A. 根据国家有关规定完成重新登记5年以上

B. 注册资本不低于3亿元人民币，并且最近3年年末的净资产不低于5亿元人民币

C. 原有存款性负债业务全部清理完毕，没有发生新的存款性负债或者以信托等业务名义办理的变相负债业务

D. 具有良好的社会信誉和经营业绩，到期信托项目全部按合同约定顺利完成，没有挪用信托财产的不良记录，并且最近3年内没有重大违法、违规行为

30. 合格投资者是指自行判断具备投资债券的独立分析能力和风险承受能力，且符合下列条件的投资者：（　　）。

A. 依法设立的法人或投资组织

B. 按照规定和章程可从事债券投资

C. 注册资本在1000万元以上或者经审计的净资产在2000万元以上

D. 最近5年未受到刑事处罚，最近3年未因违法经营受到行政处罚

31. 债券申请上市应当符合下列条件：（　　）。

A. 债券发行申请已获批准并发行完毕

B. 实际发行债券的面值总额不少于5000万元

C. 申请上市时仍符合公开发行的条件

D. 中国证监会规定的其他条件

32. 为了实现境外募股与上市目标，企业股份制改组方案一般应当遵循以下基本原则：（　　）。

A. 突出主营业务；避免同业竞争，减少关联交易

B. 保持较高的利润总额与资产利润率

    C. 避免出现可能影响境外募股与上市的法律障碍

    D. 明确股份有限公司与各关联企业的经济关系

33. 境内上市外资股的审计机构包括（　　）。

    A. 中国境内具有证券相关业务资格的会计师事务所

    B. 国际会计师事务所

    C. 境内的律师事务所

    D. 境内的资产评估机构

34. 尽职调查的主要内容有（　　）。

    A. 有关拟募股企业的发展历史与背景；公司发展战略；拟募股企业与关联企业的关系和结构

    B. 产品类别及市场占有率分析；产品的技术特点及发展方向；同业竞争与关联交易；生产程序、企业管理与质量控制；原材料的购进渠道、采购政策、订货程序

    C. 与供应商的合作情况；国家补贴情况；技术产品的开发、销售、市场推广及售后服务

    D. 财务资料及业绩；董事、管理阶层及员工；外汇风险；中国加入世界贸易组织对企业的影响；企业知识产权、物业和各类财产权利的详细情况；企业未来的发展和募集资金的用途等等

35. 收购后整合的内容包括收购后（　　）。

    A. 公司经营战略的整合　　　　　B. 管理制度的整合

    C. 经营上的整合　　　　　　　　D. 人事安排与调整

36. 为保护投资者和目标公司合法权益，维护证券市场正常秩序，收购公司应当按照（　　）及其他法律和相关行政法规的规定，及时披露有关信息。

    A.《公司法》　　　　　　　　　　B.《企业国有资产监督管理暂行条例》

    C.《证券法》　　　　　　　　　　D.《上市公司收购管理办法》

37. 财务顾问为收购公司提供的服务包括：（　　）。

    A. 寻找目标公司

    B. 提出收购建议

    C. 商议收购条款

    D. 帮助准备要约文件、股东通知和收购公告等其他服务

38. 关于上市公司并购重组财务顾问的委托人的法律义务，下列说法正确的是：（　　）。

    A. 财务顾问的委托人应当依法承担相应的责任，配合财务顾问履行职责

    B. 向财务顾问提供有关文件及其他必要的信息

    C. 不得拒绝、隐匿、谎报。财务顾问履行职责

    D. 不能减轻或者免除委托人、其他专业机构及其签名人员的责任

39. 上市公司并购重组财务顾问及其财务顾问主办人出现下列哪些情形之一的，中国证监会对其采取监管谈话、出具警示函、责令改正等监管措施：（　　）。

A. 内部控制机制和管理制度、尽职调查制度以及相关业务规则存在重大缺陷或者未得到有效执行的

B. 未按照《财务顾问管理办法》规定发表专业意见的，或者在受托报送申报材料过程中，未切实履行组织、协调义务，申报文件制作质量低下的

C. 未按照《财务顾问管理办法》的规定向中国证监会报告或者公告的

D. 违反其就上市公司并购重组相关业务活动所作承诺的；违反保密制度或者未履行保密责任的

40.《重组管理办法》适用于上市公司及其控股或者控制的公司在日常经营活动之外购买、出售资产或者通过其他方式进行资产交易达到规定的比例，导致上市公司的主营业务、资产、收入发生重大变化的资产交易行为。上述所称的"通过其他方式进行资产交易"包括：（　　）。

A. 与他人新设企业、对已设立的企业增资或者减资

B. 受托经营、租赁其他企业资产或者将经营性资产委托他人经营、租赁

C. 接受附义务的资产赠与或者对外捐赠资产

D. 中国证监会根据审慎监管原则认定的其他情形

三、判断题（共 60 题，每题 0.5 分，不答或答错不给分）

1. 证券公司和个人应当保证申请文件真实、准确、完整。申请期间，申请文件内容发生重大变化的，应当自变化之日起 5 个工作日内向中国证监会提交更新资料。（　　）
   A. 正确　　　　　　　　　　　　B. 错误

2. 国债承销团成员资格有效期为 3 年，期满后，成员资格依照《国债承销团成员资格审批办法》再次审批。（　　）
   A. 正确　　　　　　　　　　　　B. 错误

3. 记账式国债承销团成员的资格审批由财政部会同中国人民银行和中国证监会实施，并征求中国银监会和中国保险监督管理委员会（以下简称"中国保监会"）的意见。（　　）
   A. 正确　　　　　　　　　　　　B. 错误

4. 凭证式国债承销团成员的资格审批由财政部会同中国人民银行实施，并征求中国证监会的意见。（　　）
   A. 正确　　　　　　　　　　　　B. 错误

5. 净资本是指根据证券公司的业务范围和公司资产负债的流动性特点，在净资产的基础上对资产负债等项目和有关业务进行风险调整后得出的综合性风险控制指标。（　　）
   A. 正确　　　　　　　　　　　　B. 错误

6. 以募集方式设立的，发起人认购的股份不得少于公司股份总数的 30%。（　　）
   A. 正确　　　　　　　　　　　　B. 错误

7. 同次发行的同种类股票，每股的发行条件和价格可以不同。（　　）
   A. 正确　　　　　　　　　　　　B. 错误

8. 不同单位或者个人所认购的股份，依据不同情况支付每股价额。（　　）

    A. 正确　　　　　　　　　　　　B. 错误

9. 以募集方式设立股份有限公司公开发行股票的，还应当提交国务院证券监督管理机构的核准文件。（　　）

    A. 正确　　　　　　　　　　　　B. 错误

10. 公司发行的股票，可以为记名股票，也可以为无记名股票。（　　）

    A. 正确　　　　　　　　　　　　B. 错误

11. 办理完工商注册登记手续，取得企业法人营业执照，这时股份有限公司才正式成立。（　　）

    A. 正确　　　　　　　　　　　　B. 错误

12. 清产核资工作按照统一规范、分级管理的原则，由同级证券业协会组织指导和监督检查。（　　）

    A. 正确　　　　　　　　　　　　B. 错误

13. 清产核资主要包括账务清理、资产清查、价值重估、资产分配、资金核实和完善制度等内容。（　　）

    A. 正确　　　　　　　　　　　　B. 错误

14. 企业清产核资机构负责组织企业的清产核资工作，向同级国有资产监督管理机构报送相关资料，根据同级国有资产监督管理机构清产核资批复，组织企业本部及子企业进行调账。（　　）

    A. 正确　　　　　　　　　　　　B. 错误

15. 有权代表国家投资的机构或部门向股份制企业投资形成的股份，但不包括现有已投入公司的国有资产形成的股份，构成股份制企业中的国家股，界定为国有资产。（　　）

    A. 正确　　　　　　　　　　　　B. 错误

16. 证券发行上市保荐业务工作底稿包括三部分：保荐机构尽职调查文件、保荐机构从事保荐业务的记录和申请文件及其他文件。（　　）

    A. 正确　　　　　　　　　　　　B. 错误

17. 公司首次公开发行股票必须制作招股说明书。（　　）

    A. 正确　　　　　　　　　　　　B. 错误

18. 资产评估报告的有效期为评估基准日起的2年。（　　）

    A. 正确　　　　　　　　　　　　B. 错误

19. 审计报告是审计工作的最终结果，具有法定的证明效力。（　　）

    A. 正确　　　　　　　　　　　　B. 错误

20. 盈利预测是指发行人对未来会计期间经营成果的预计和测算。（　　）

    A. 正确　　　　　　　　　　　　B. 错误

21. 投资者参与网上发行，应当按价格区间上限进行申购，如最终确定的发行价格低于价格区间上限，差价部分退还给投资者。（　　）

    A. 正确　　　　　　　　　　　　B. 错误

22. 我国股票发行历史上曾采取过全额预缴款方式、与储蓄存款挂钩方式、上网竞价和市值配售等方式。（   ）

    A. 正确   B. 错误

23. 首次公开发行股票数量在 4 亿股以下的，发行人及其主承销商可以在发行方案中采用超额配售选择权。（   ）

    A. 正确   B. 错误

24. 超额配售选择权是指发行人授予主承销商的一项选择权，获此授权的主承销商按同一发行价格超额发售不超过包销数额 10% 的股份，即主承销商按不超过包销数额 110% 的股份向投资者发售。（   ）

    A. 正确   B. 错误

25. 发行人计划实施超额配售选择权的，应当提请股东大会批准，因行使超额配售选择权而发行的新股为本次发行的一部分。（   ）

    A. 正确   B. 错误

26. 首次公开发行股票向战略投资者配售股票的，发行人及其主承销商应当在网下配售结果公告中披露战略投资者的名称、认购数量及承诺持有期等情况。（   ）

    A. 正确   B. 错误

27. 招股说明书全文文本书脊应标明"××××公司首次公开发行股票招股说明书"字样。（   ）

    A. 正确   B. 错误

28. 发行人最近 1 年及 1 期内收购兼并其他企业资产（或股权），且被收购企业资产总额或营业收入或净利润超过收购前发行人相应项目 20%（含）的，应披露被收购企业收购前 1 年资产负债表。（   ）

    A. 正确   B. 错误

29. 发行人应依据经注册会计师核验的非经常性损益明细表，以合并财务报表的数据为基础，披露最近 3 年及 1 期非经常性损益的具体内容、金额及对当期经营成果的影响，并计算最近 3 年及 1 期扣除非经常性损益后的净利润金额。（   ）

    A. 正确   B. 错误

30. 发行人应扼要披露最近 1 期末主要固定资产类别、折旧年限、原价、净值；对外投资项目及各项投资的投资期限、初始投资额、期末投资额、股权投资占被投资方的股权比例及会计核算方法，编制合并报表时采用成本法核算的长期股权投资按照权益法进行调整的方法及影响金额。（   ）

    A. 正确   B. 错误

31. 发审委委员在审核上市公司非公开发行股票申请和中国证监会规定的其他非公开发行证券申请时，可以提议暂缓表决。（   ）

    A. 正确   B. 错误

32. 自中国证监会核准发行之日起，上市公司应在 6 个月内发行证券；超过 6 个月未发行的，核准文件失效，须重新经中国证监会核准后方可发行。（   ）

    A. 正确   B. 错误

33. 上市公司公开发行股票,应当由证券公司承销;非公开发行股票,发行对象均属于原前 10 名股东的,可以由上市公司自行销售。(   )

 A. 正确　　　　　　　　　　　B. 错误

34. 网下网上同时定价发行是发行人和主承销商按照"发行价格应不低于公告招股意向书前 15 个交易日公司股票均价或前 10 个交易日的均价"的原则确定增发价格。(   )

 A. 正确　　　　　　　　　　　B. 错误

35. 配股价格区间通常以股权登记日前 20 个或 30 个交易日该股二级市场价格的平均值为上限,下限为上限的一定折扣。(   )

 A. 正确　　　　　　　　　　　B. 错误

36. 无论是否可分离交易,可转换公司债券的最短期限为 1 年,最长期限为 6 年。(   )

 A. 正确　　　　　　　　　　　B. 错误

37. 对于分离交易的可转换公司债券,发行后累计公司债券余额不得高于最近 1 期末公司净资产额的 40%。(   )

 A. 正确　　　　　　　　　　　B. 错误

38. 修正后的转股价格不低于前项规定的股东大会召开日前 10 个交易日该公司股票交易均价和前 1 个交易日的均价。认股权证的行权价格应不低于公告募集说明书日前 10 个交易日公司股票均价和前 1 个交易日的均价。(   )

 A. 正确　　　　　　　　　　　B. 错误

39. 可转换公司债券每张面值 50 元。可转换公司债券的利率由发行公司与主承销商协商确定,但必须符合国家的有关规定。分离交易的可转换公司债券的面值和利率确定方式与此相同。(   )

 A. 正确　　　　　　　　　　　B. 错误

40. 转股价格或行权价格是指可转换公司债券转换为每股股份所支付的价格。(   )

 A. 正确　　　　　　　　　　　B. 错误

41. 发行人应在中国人民银行核准金融债券发行之日起 90 个工作日内开始发行金融债券,并在规定期限内完成发行。(   )

 A. 正确　　　　　　　　　　　B. 错误

42. 金融债券存续期间,发行人应于每年 3 月 31 日前向投资者披露年度报告,年度报告应包括发行人上一年度的经营情况说明、经注册会计师审计的财务报告以及涉及的重大诉讼事项等内容。(   )

 A. 正确　　　　　　　　　　　B. 错误

43. 信息披露涉及的财务报告,应经注册会计师审计,并出具审计报告;信息披露涉及的法律意见书和信用评级报告,应分别由执业律师和具有债券评级能力的信用评级机构出具。(   )

 A. 正确　　　　　　　　　　　B. 错误

44. 发行人及有关中介机构应按要求在所提供的有关文件上发表声明或签字,对申请文

件的真实性、准确性和完整性作出承诺。（　　）

    A. 正确   B. 错误

45. 在债券交易流通期间，发行人应在每年 6 月 30 日前向市场投资者披露上一年度的
年度报告和信用跟踪评级报告。（　　）

    A. 正确   B. 错误

46. 新申请人预期上市时的市值须至少为：如新申请人具备 24 个月活跃业务记录，则
实际上不得少于 5000 万港元；如新申请人具备 12 个月活跃业务记录，则不得少于
5 亿港元。（　　）

    A. 正确   B. 错误

47. 公司不得聘请国外证券公司担任国际协调人。（　　）

    A. 正确   B. 错误

48. 境内上市外资股的评估机构主要由境内的评估机构担任。（　　）

    A. 正确   B. 错误

49. 内地企业在香港创业板发行与上市，如发行人具备 12 个月活跃业务记录，至少有
300 名股东，其中持股量最高的 5 名及 25 名股东合计的持股量分别不得超过公众持
有的股本证券的 15％及 50％。（　　）

    A. 正确   B. 错误

50. 境内上市外资股一般发行新股至少需聘请两类法律顾问：一类是企业的法律顾问；
另一类是承销商的法律顾问。（　　）

    A. 正确   B. 错误

51. 外国投资者并购境内有限责任公司并将其改制为股份有限公司的，或者境内公司为
股份有限公司的，适用关于设立外商股份有限公司的相关规定。其中没有规定的，
再参照《关于外国投资者并购境内企业的规定》办理。（　　）

    A. 正确   B. 错误

52. 在完成外资并购后，境外公司或其股东凭商务部和登记管理机关颁发的无加注批准
证书和营业执照，到相应的税务机关办理税务变更登记。（　　）

    A. 正确   B. 错误

53. 外国投资者、被并购境内企业、债权人及其他当事人可以对被并购境内企业的债
权、债务的处置另行达成协议，但是该协议不得损害第三人利益和社会公共利益。
债权、债务的处置协议应报送审批机关。（　　）

    A. 正确   B. 错误

54. 外国投资者以股权并购境内公司，境内公司或其股东应当聘请在中国注册登记的中
介机构担任顾问（即"并购顾问"）。并购顾问应就并购申请文件的真实性、境外公
司的财务状况以及并购是否符合规定的要求作尽职调查，并出具并购顾问报告，就
尽职调查的事项逐项发表明确的专业意见。（　　）

    A. 正确   B. 错误

55. 特殊目的公司是指中国境内公司或自然人为实现以其实际拥有的境内公司权益在境
外上市而直接或间接控制的境外公司。（　　）

A. 正确 B. 错误

56. 上市公司董事会如再次作出发行股份购买资产的决议，应当以该次董事会决议公告日作为发行股份的定价基准日。（　　）

A. 正确 B. 错误

57. 特定对象因认购上市公司发行股份导致其持有或者控制的股份比例超过30%或者在30%以上继续增加，且上市公司股东大会同意其免于发出要约的，可以在上市公司向中国证监会报送发行股份申请的同时，提出豁免要约义务的申请。（　　）

A. 正确 B. 错误

58. 对于开发性房地产，土地使用权性质应与土地实际用途相符合，土地使用应符合规划，在确定评估参数时应结合目前房地产行业的政策环境、市场环境和标的公司的实际情况。（　　）

A. 正确 B. 错误

59. 上市公司必须严格按照《重组管理办法》规定实施重大资产重组，未经核准擅自实施重大资产重组的，可直接处以警告、罚款，并可以对有关责任人员采取市场禁入的措施。（　　）

A. 正确 B. 错误

60. 上市公司董事、监事和高级管理人员在重大资产重组中，未履行诚实守信、勤勉尽责义务，导致重组方案损害上市公司利益的，可直接处以警告、罚款，并可以采取市场禁入的措施；涉嫌犯罪的，依法移送司法机关追究刑事责任。（　　）

A. 正确 B. 错误

参考答案

一、单项选择题

1. B	2. C	3. A	4. D	5. B
6. A	7. B	8. A	9. C	10. B
11. C	12. C	13. B	14. C	15. C
16. B	17. B	18. C	19. A	20. B
21. D	22. C	23. A	24. C	25. C
26. C	27. C	28. C	29. D	30. B
31. B	32. D	33. A	34. D	35. A
36. C	37. D	38. B	39. C	40. C
41. C	42. D	43. C	44. C	45. C
46. A	47. D	48. B	49. B	50. D
51. C	52. A	53. C	54. D	55. C
56. B	57. D	58. D	59. C	60. C

二、多项选择题

1. ABC 2. ABCD 3. ACD 4. ABCD 5. ABCD

6. ABCD	7. ABD	8. ABCD	9. ACD	10. BC
11. ABCD	12. BCD	13. ABCD	14. BCD	15. ABCD
16. ABCD	17. CD	18. ABC	19. ABCD	20. ABC
21. BC	22. ABCD	23. BCD	24. AD	25. ABCD
26. CD	27. ABC	28. AD	29. CD	30. ABC
31. ABCD	32. ABCD	33. AB	34. ABCD	35. ABCD
36. ACD	37. ABCD	38. ABCD	39. ABCD	40. ABCD

三、判断题

1. B	2. A	3. A	4. B	5. A
6. B	7. B	8. B	9. A	10. A
11. A	12. B	13. B	14. A	15. B
16. A	17. A	18. B	19. A	20. A
21. A	22. A	23. B	24. B	25. A
26. A	27. A	28. B	29. A	30. A
31. B	32. A	33. A	34. B	35. A
36. B	37. A	38. B	39. B	40. A
41. B	42. B	43. A	44. A	45. A
46. B	47. B	48. A	49. B	50. A
51. A	52. B	53. A	54. A	55. A
56. A	57. A	58. A	59. B	60. B

图书在版编目(CIP)数据

证券发行与承销/杨长汉主编.—8 版.—北京:经济管理出版社,2011.8

ISBN 978-7-5096-1568-3

Ⅰ.①证… Ⅱ.①杨… Ⅲ.①有价证券-销售-资格考试-自学参考资料 Ⅳ.①F830.91

中国版本图书馆 CIP 数据核字(2011)第 164551 号

出版发行:**经济管理出版社**

北京市海淀区北蜂窝 8 号中雅大厦 11 层

电话:(010)51915602 邮编:100038

印刷:北京交通印务实业公司 经销:新华书店

组稿编辑:陆雅丽	责任编辑:陆雅丽
责任印制:杨国强	责任校对:李玉敏

787mm×1092mm/16 18.75 印张 410 千字

2011 年 8 月第 1 版 2011 年 8 月第 1 次印刷

定价:38.00 元

书号:ISBN 978-7-5096-1568-3